Die rechtliche Problematik
von HIV und Aids an öffentlichen Schulen

Europäische Hochschulschriften
Publications Universitaires Européennes
European University Studies

Reihe II
Rechtswissenschaft

Série II Series II
Droit
Law

Bd./Vol. 3097

PETER LANG
Frankfurt am Main · Berlin · Bern · Bruxelles · New York · Oxford · Wien

Anja Böckmann

Die rechtliche Problematik von HIV und Aids an öffentlichen Schulen

Eine Betrachtung zu den Bereichen Gefahrenabwehr, Datenschutz und Dienstrecht

PETER LANG
Europäischer Verlag der Wissenschaften

Die Deutsche Bibliothek - CIP-Einheitsaufnahme

Böckmann, Anja:

Die rechtliche Problematik von HIV und Aids an öffentlichen Schulen : Eine Betrachtung zu den Bereichen Gefahrenabwehr, Datenschutz und Dienstrecht / Anja Böckmann. - Frankfurt am Main ; Berlin ; Bern ; Bruxelles ; New York ; Oxford ; Wien : Lang, 2001
(Europäische Hochschulschriften : Reihe 2, Rechtswissenschaft ; Bd. 3097)
Zugl.: Berlin, Freie Univ., Diss., 2000
ISBN 3-63137530-1

D 188
ISSN 0531-7312
ISBN 3-631-37530-1

Meinen Eltern

Danksagung

An dieser Stelle möchte ich allen danken, die mir in den letzten Jahren stets beigestanden haben; meiner Familie und meinen Freunden, die mich mit ihrem scheinbar unerschütterlichen Glauben an mein Durchhaltevermögen auch in schwierigen Momenten motiviert haben.

Danken möchte ich auch denjenigen, die mich bei meinen Recherchen zu dieser sehr komplexen und für eine Juristin eher unbekannten Materie unterstützt haben; insbesondere Frau Ute Blecher, die mir Einblicke in den praktischen Schulalltag gegeben hat, und Frau Dr. med. Vocks-Hauck, von der ich wertvolle Informationen über ihre Erfahrungen mit HIV-infizierten Kinder erhalten habe.

Ein besonderer Dank gilt natürlich auch Herrn Prof. Dr. Philip Kunig, der die Thematik von Anfang an unterstützt und mir stets mit Anregungen und Rat zur Seite stand.

Inhaltsverzeichnis

Literaturnachweise

Achterberg, Norbert/ Püttner, Günter (Hrsg.) — „Besonderes Verwaltungsrecht"
Band I
Heidelberg 1990
Band II
Heidelberg 1992
(zit.: Bearbeiter in Achterberg/Püttner).

Albilt, Hans-Joachim — „Haften Eltern für ihre Kinder?"
Pfaffenweiler 1986.

Ancôt, Jürgen — „Sächsisches Datenschutzgesetz"
Stuttgart, München, Hannover, Berlin, Weimar 1993.

Amelung, Knut — „Nochmals: § 34 StGB als öffentlich-rechtliche Eingriffsnorm?"
in NJW 1978, 623 f.

„Erweitern allgemeine Rechtfertigungsgründe, insbesondere § 34 StGB, hoheitliche Eingriffsbefugnisse des Staats?"
in NJW 1977, 833 ff.

Amelung, Knut/Schall, Hero — „Zum Einsatz von Polizeispitzeln: Hausfriedensbruch und Notstandsrechtfertigung, Wohnungsgrundrecht und Durchsuchungsbefugnis - OLG München, DVBl 1973, 221"
in JuS 1975, 565 ff.

Arloth, Frank — „Anmerkungen zu LG München I, Urt. v. 20.7.1987 - 6 Kls 123 Js 3265/87"
in MedR 1987, 290 ff.

„Arztgeheimnis und Auskunftspflicht bei AIDS im Strafvollzug"
in MedR 1986, 295 ff.

Baartmann, Beatrix — „Ratgeber AIDS"
Niedernhausen 1986.

Bachmann, W. — „HIV-Infektion und Seuchenrecht"
in MedR 1987, 275 ff.

Badura, Peter — „Staatsrecht"
2. Aufl., München 1996.

v. Bar, Christian — „Vorbeugender Rechtsschutz vor Verkehrspflichtverletzungen"
in „25 Jahre Karlsruher Forum", Beilage Nr. 1, S. 80 ff. zu VersR 1983.

„Verkehrspflichten"
Köln, Berlin, Bonn, München 1980.

Barth, Friedrich-Wilhelm/ Habermalz, Wilhelm/Kieslich, Rudolf — „Grundriß des Schulrechts in Niedersachsen"
4. Aufl., Neuwied, Frankfurt/Main 1990.

Battis, Ulrich — „Bundesbeamtengesetz"
2. Aufl., München 1997.

Beckstein, Günther — „Die Empfehlungen der AIDS-Enquête-Kommission des Deutschen Bundestages - kritisch betrachtet"
in AIFO 1991, 171 ff.

Behrens, Hans-Jörg — „Beamtenrecht"
München 1996.

Beilecke, Eckhard — „Landesdatenschutzgesetz Schleswig-Holstein"
2. Aufl., Kiel 1996.

Bender, Reinhard — „Rechtsfragen im Zusammenhang mit Aids und Schule"
in NJW 1987, 2903 ff.

Bleckmann, Albert — „Staatsrecht II - Die Grundrechte"
4. Aufl., Berlin, Bonn, Köln, München 1997.

Bochow, Michael — „Die Reaktionen homosexueller Männer auf Aids in Ost- und Westdeutschland"
Berlin, 1993

Bock, Klaus Dietrich — „AIDS - die unbewältigte Herausforderung"
in AIFO 1987, 357 ff.

Bockelmann, Paul — „Notrechtsbefugnisse der Polizei"
in Festschrift für Eduard Dreher
Berlin, New York 1977.

Böckenförde, Ernst-Wolfgang	„Der verdrängte Ausnahmezustand“ in NJW 1978, 1881 ff.
Böhm, Thomas	„Grundriß des Schulrechts in Deutschland“ Berlin, Kriftel, Neuwied 1995.
Bottke, Wilfried	„AIDS und Recht“ in AIFO 1993, 419 ff., 471 ff.
Brackmann, Kurt	„Handbuch der Sozialversicherung - Gesetzliche Unfallversicherung“ 12. Aufl., Loseblattsammlung Stand: Dezember 1998 (zit: Bearbeiter in Brackmann).
Brandes, Thomas	„AIDS-Anwendung des Seuchenrechts und besondere Auswirkungen auf die Schule“ in RdJB 1988, 10 ff.
	„AIDS: Test und Einwilligung“ in VersR 1987, 747 ff.
Brandner, Thilo	„Gefahrenerkennbarkeit und polizeirechtliche Verhaltensverantwortlichkeit“ Trier 1990.
Brandt, Edmund/ Smeddinck, Ulrich	„Der Gefahrenbegriff im Polizeirecht“ in Jura 1994, 225 ff.
Bruns, Manfred	„Aids im Betrieb und im Arbeitsleben“ in MDR 1988, 95 ff.
	„Aids, Alltag und Recht“ in MDR 1987, 353 ff.
Buchborn, Eberhard	„Ärztliche Erfahrungen und rechtliche Fragen bei AIDS“ in MedR 1987, 260 ff.
Bundesministerium für Gesundheit (Hrsg.)	„Modellprogramm AIDS und Kinder“ Baden-Baden, 1994. (Zit.: Bearbeiter in „AIDS und Kinder“).
Bundschuh, Gerhard/ Schneeweiss, Burkhard/ Bräuer, Hans	„Lexikon der Immunologie“ 2. Aufl., München 1992.

Burkel, Ernst (Hrsg.) — „Der AIDS-Komplex"
Frankfurt/Main, Berlin, 1988
(zit.: Bearbeiter in Burkel).

Canaris, Claus-Wilhelm — „Gesetzliches Verbot und Rechtsgeschäfte"
Heidelberg 1983.

Christiani, Roland — „AIDS und Zufallsbekanntschaften"
Regensburg 1993.

Costard, Andreas — „Öffentlich-rechtliche Probleme beim Auftreten einer neuen übertragbaren Krankheit am Beispiel AIDS"
Schriften zum öffentlichen Recht Bd. 565
Berlin 1989.

Däubler, Wolfgang/ Klebe, Thomas/ Wedde, Peter — „Bundesdatenschutzgesetz"
Köln 1996
(zit.: Bearbeiter in Däubler/Klebe/Wedde)

Dahs, Hans — „Wehrhafter Rechtsstaat und freie Verteidigung - ein Widerspruch?"
in ZRP 1977, 164 ff.

Dargel, Helmut — „Die rechtliche Behandlung HIV-infizierter Gefangener"
in NStZ 1989, 207 ff.

„Die rechtliche Zulässigkeit der Bekanntgabe von HTLV III-Infektionen oder AIDS-Erkrankungen der Gefangenen durch die Vollzugsbehörde"
in Zeitschrift für Strafvollzug und Straffälligenhilfe 1987, 156 ff.

de Lazzer, Dieter/ Rohlf, Dietwalt — „Der 'Lauschangriff'"
in JZ 1977, 207 ff.

Deutsch, Erwin — „Allgemeines Haftungsrecht"
2. Aufl., Köln, Berlin, Bonn, München, 1996
(zit.: Deutsch „Allgemeines Haftungsrecht").

„Unerlaubte Handlungen, Schadensersatz und Schmerzensgeld"
3. Aufl., Köln, Berlin, Bonn, München 1995
(zit.: Deutsch „Unerlaubte Handlungen").

Deutsch, Erwin — „Die Infektion als Zurechnungsgrund"
in NJW 1986, 757 ff.

„AIDS und Blutspende"
in NJW 1985, 2746.

DeVita, V./Hellman, S./ Rosenberg, S. (Hrsg.) — „AIDS etiology, diagnosis, treatment, and prevention"
Philadelphia u.a. 1985
(zit. Bearbeiter in DeVita/Hellman/Rosenberg).

Dreher, Eduard/ Tröndle, Herbert — „Strafgesetzbuch"
48. Aufl., München 1997.

Drews, Bill/Wacke, Gerhard/Vogel, Klaus/Martens, Wolfgang — „Gefahrenabwehr"
9. Aufl., Köln,. Berlin, Bonn, München 1986.

Eberbach, Wolfram H. — „Anonymisierte Prävalenz- und Inzidenzstudie zu HIV: Rechtliche und politische Aspekte"
in AIFO 1989, 283 ff.

„Heimliche Aids-Tests"
in NJW 1987, 1470 ff.

„Aids-rechtliche Verantwortung und Vertrauen"
in ZRP 1987, 395 ff.

„Juristische Probleme der HTLV-III-Infektion (AIDS)"
in JR 1986, 230 ff.

Eberle, Carl-Eugen — „Gesetzesvorbehalt und Parlamentsvorbehalt"
in DöV 1984, 485 ff.

Ebert, Kurt/Bieler, Frank — „Das gesamte öffentliche Dienstrecht"
2. Aufl., Berlin, Loseblattsammlung, Stand: September 1999.

Eich, Rolf-Achim — „Aids und Arbeitsrecht"
in NZA Beil. 2/1987, 10 ff.

Eiselt, Gerhard/ Heinrich, Wolfgang — „Grundriß des Schulrechts in Berlin"
3. Aufl., Frankfurt/Main, Neuwied 1990.

Engler, Konrad — „Rechtliche Aspekte schulischer Aids-Prävention“
in RdJB 1988, 23 ff.

„Schweigerechte und Informationspflichten des Lehrers - am Beispiel von Drogenproblemen in der Schule betrachtet“
in RdJB 1979, 62 ff., 130 ff.

Erfurter Kommentar — „Erfurter Kommentar zum Arbeitsrecht“
München 1998
(zit.: ErfK/Bearbeiter).

Erichsen, Hans-Uwe (Hrsg.) — „Allgemeines Verwaltungsrecht“
11. Aufl., Berlin, New York 1998
(zit.: Bearbeiter in Erichsen AllgVerwR).

„Schule und Parlamentsvorbehalt“
in Festschrift zum 125-jährigen Bestehen der Juristischen Gesellschaft zu Berlin; herausgegeben von Dieter Wilke
Berlin, New York 1984, S. 113 ff.

„Der Schutz der Allgemeinheit und der individuellen Rechte durch die polizei- und ordnungsrechtlichen Handlungsvollmachten der Exekutive“
in VVDStRL 35, 171 ff.

Erichsen, Hans-Uwe/ Weiß, Richard — „Die Störung der Ratssitzung“
in Jura 1993, 103 ff.

Esser, Josef/ Weyers, Hans-Leo — „Schuldrecht“
Band II
7. Aufl., Heidelberg 1991.

Eyermann, Erich/ — „Verwaltungsgerichtsordnung“
10. Aufl., München 1998
(zit.: Bearbeiter in Eyermann/Bearbeiter).

Falckenberg, Dieter/ Schiedermair, Werner/ Amberg, Hellmuth — „Bayerisches Gesetz über das Erziehungs- und Unterrichtswesen“
2. Aufl., München 1989.

Fikentscher, Wolfgang — „Schuldrecht“
9. Aufl., Berlin, New York 1997.

Finkelnburg, Klaus
„Über die Konkurrentenklage im Beamtenrecht“
in DVBl. 1980, 809 ff.

Fleiner, Fritz
„Institutionen des Deutschen Verwaltungsrechts“
8. Aufl., Tübingen 1928.

Frank, Andreas
„Engagierte Zärtlichkeit - Das schwul-lesbische Handbuch“
Internet Version 1997
http://www.uni-karlsruhe.de/~schwung/texte/zart/ezi.htm.

Frankenberg, Günter
„Aids und Grundgesetz-Eine Zwischenbilanz“
in ZRP 1989, 412 ff.

„AIDS-Bekämpfung im Rechtsstaat“
Baden-Baden 1988
(zit.: Frankenberg „AIDS-Bekämpfung“).

Frösner, Gert G.
„AIDS-Bekämpfung: II. Die unterschiedliche Seuchenbekämpfung in verschiedenen Ländern“
in AIFO 1989, 597 ff.

Fürst, Walther
„Gesamtkommentar Öffentliches Dienstrecht“
Band I, Teil 2 a
Berlin, Loseblattsammlung, Stand: August 1999
(zit.: Fürst GKÖD).

Gallwas, Hans-Ullrich
„Gesundheitsrechtliche Aspekte der Bekämpfung von AIDS“
in AIFO 1986, 31 ff.

„AIDS als Problem des Schul-und Jugendrechts“
in RdJB 1988, 2 ff.

Goebel, Frank-Detlef/Hehlmann, Rüdiger/ Gauweiler, Peter (Hrsg.)
„AIDS AKTUELL“
Loseblattsammlung, Stand: Dezember 1994
(zit.:Bearbeiter in Goebel/Hehlmann/Gauweiler)

Gloria, Christian/Dischke, Eduard
„Der „finale Todesschuß“ im Landesrecht von Nordrhein-Westfalen“
in NWVBl. 1989, 37 ff.

Gössel, Karl Heinz — „Über die Rechtmäßigkeit befugnisloser strafprozessualer rechtsgutsbeeinträchtigender Maßnahmen“
in JuS 1979, 162 ff.

Götz, Volkmar — „Allgemeines Polizei- und Ordnungsrecht“
12. Aufl., Göttingen 1995.

Gola, Peter/ Schomerus, Rudolf — „Bundesdatenschutzgesetz“
6. Aufl., München 1997.

Gramm, Christof — „Rechtsfragen der staatlichen Aids-Aufklärung“
in NJW 1989, 2917 ff.

Grebing, Gerhardt — „Die Grenzen des rechtfertigenden Notstands im Strafrecht“
in GA 1979, 81 ff.

Günther, Hellmuth — „Konkurrenzklage von Angestellten im öffentlichen Dienst um höherbewertete Tätigkeit?“
in ZTR 1993, 281 ff.

„Vorverfahren als Prozeßvoraussetzung beamtenrechtlicher Fortsetzungsfeststellungsklage“
in DöD 1991, 78 ff.

„Einstweiliger Rechtsschutz im Vorfeld der Beförderung“
in NVwZ 1986, 697 ff.

Haase, Rainer — „Neuer Erlaß zum Datenschutz in Schulen und zu den Klassenbüchern“
in SVBl. 1988, 288 f.

Hachmann, Monika/ Langemann, Udo/Bargstedt, Peter — „AIDS-Prävention an Schulen: Zwischenbilanz des Berliner Schoolworker-Programms“
Berlin, 1990.

Haesen, Wilfried — „HIV-Test bei Beamtenanwärtern?“
in ZRP 1989, 15 f.

„Zur Aids-Problematik im Arbeitsrecht und öffentlichen Dienstrecht“
in RdA 1988, 158 ff.

Heckel, Hans/ Avenarius, Hermann — „Schulrechtskunde“
6. Aufl., Neuwied, Darmstadt 1986.

Henckel, Wolfram — „Vorbeugender Rechtsschutz im Zivilrecht"
in AcP 174 (1974), S. 97 ff.

Hermes, Georg — „Das Grundrecht auf Schutz von Leben und Gesundheit"
Dissertation, Freiburg 1987.

Herzberg, Rolf Dietrich — „Die Strafdrohung als Waffe im Kampf gegen Aids?"
in NJW 1987, 1461 ff.

Heußner, Hermann — „Vorbehalt des Gesetzes und „Wesentlichkeitstheorie" - Aus der neueren Rechtsprechung des Bundesverfassungsgerichts zum Schulrecht"
in Festschrift für Erwin Stein
Bad Homburg 1983, S. 111 ff.

Hilg, Günter — „Beamtenrecht"
3. Aufl., München 1990.

von Hippel, Eike — „Aids als rechtspolitsche Herausforderung"
in ZRP 1987, 123 ff.

Hirsch, Günter E. — „Gesetzesinitiativen gegen AIDS"
in MedR 1987, 278 ff.

Hochstetter, Herbert/ Muser, Eckart — „Schulgesetz für Baden-Württemberg"
18. Aufl., Berlin, Köln, Stuttgart 1992.

Hofmann, Jochen — „Verfassungs- und verwaltungsrechtliche Probleme der Virus-Erkrankung Aids unter besonderer Berücksichtigung des bayerischen Maßnahmenkatalogs"
in NJW 1988, 1486 ff.

Hohloch, Gerhard — „Die negatorischen Ansprüche und ihre Beziehungen zum Schadensersatzrecht"
Frankfurt/Main 1976.

Hohm, Karl-Heinz — „Grundrechtsträgerschaft und „Grundrechtsmündigkeit" Minderjähriger am Beispiel öffentlicher Heimerziehung"
in NJW 1986, 3107 ff.

Hunsmann, Gerhard — „Die biologischen Eigenschaften des humanen Immunmangelvirus HIV (LAV/HTLV-III): Eine Übersicht"
in AIFO 1987, 341 ff.

Isensee, Josef — „Das Grundrecht auf Sicherheit"
Berlin, New York 1983.

Isensee, Josef/ Kirchhof, Paul (Hrsg.) — „Handbuch des Staatsrechts"
Band III
Heidelberg 1988
(zit.: Bearbeiter in HStR III)
Band V
Heidelberg 1992
(zit.: Bearbeiter in HStR V)
Band VI
Heidelberg 1989
(zit.: Bearbeiter in HStR VI).

Jäger, Hans (Hrsg.) — „AIDS und HIV-Infektionen"
München, Loseblattsammlung Stand: Dezember 1998
(zit: Bearbeiter in Jäger).

Jakobs, Günther — „Strafrecht Allgemeiner Teil"
2. Aufl., Berlin, New York 1991.

Jarass, Hans D. — „Zum Grundrecht auf Bildung und Ausbildung"
in DöV 1995, 674 ff.

„Grundrechte als Wertentscheidungen bzw. objektivrechtliche Prinzipien in der Rechtsprechung des Bundesverfassungsgerichts"
in AöR 110 (1985), 363 ff.

Jarke, Jens — „Berufsbedingte HIV-Infektionen bei medizinischem Personal"
in InfFo 1996, 12 ff.

Kernbach, Uwe — „Die Konkurrentenklage im Beamtenrecht"
Aachen 1995.

Kirchhof, Paul — „Polizeiliche Eingriffsbefugnisse und private Nothilfe"
in NJW 1978, 969 ff.

Kisker, Gunter — „Neue Aspekte im Streit um den Vorbehalt des Gesetzes"
in NJW 1977, 1313 ff.

Klein, Eckart — „Grundrechtliche Schutzpflicht des Staates"
in NJW 1989, 1633 ff.

Klein, Hans H. — „Die grundrechtliche Schutzpflicht"
in DVBl 1994, 489 ff.

Klietmann, Wolfgang (Hrsg.) — „AIDS-Diagnose, Epidemiologie, Klinik, Therapie, Pathologie -eine Synopsis-"
Stuttgart, New York 1987
(zit.:Bearbeiter in Klietmann)

Klinkhardt, Ingo — „Die Selbsthilferechte des Amtsträgers"
in VerwArch 55 (1964), S. 297 ff.

Kloepfer, Michael — „Der Vorbehalt des Gesetzes im Wandel"
in JZ 1984, 685 ff.

„Zum Grundrecht auf Umweltschutz"
Berlin, New York 1978.

Klusmann, Dietrich/ Weber, Andreas/Schmidt, Gunter — „Die Wahrnehmung der Bedrohung durch AIDS bei 16- und 17jährigen Jugendlichen"
in AIFO 1993, 81 ff

Knack, Hans Joachim — „Verwaltungsverfahrensgesetz"
6. Aufl., Köln, Berlin, Bonn, München 1998
(zit.: Bearbeiter in Knack).

Knemeyer, Franz-Ludwig — „Polizei- und Ordnungsrecht"
7. Aufl., München 1998.

Knoke, Thomas — „Betriebliche Ordnungsgewalt in Räumlichkeiten des Verwaltungsvermögens"
in AöR 94 (1969), 388 ff.

Kötz, Hein — „Deliktsrecht"
8. Aufl., Neuwied, Kriftel, Berlin 1998.

Kopp, Ferdinand O. — „Verwaltungsverfahrensgesetz"
6. Aufl., München 1996.

Kopp, Ferdinand O./ Schenke, Wolf-Rüdiger — „Verwaltungsgerichtsordnung"
11. Aufl., München 1998.

Kränz, Joachim — „Zustandsverantwortlichkeit im Recht der Gefahrenabwehr"
München 1990.

Kremer, Arnold — „Versetzung, Abordnung, Umsetzung und Geschäftsplanänderung"
in NVwZ 1983, 6 ff.

Kreuzer, Arthur — „Strafrecht als Hindernis sinnvoller AIDS-Prophylaxe?"
in NStZ 1987, 268 ff.

Krüger, Herbert — „Die Einschränkung von Grundrechten nach dem Grundgesetz"
in DVBl 1950, 625 ff.

Kunig, Philip/Mager, Ute — „Schulsport und Islam"
in Jura 1992, 364 ff.

Lange, Richard — „Terrorismus kein Notstandsfall?"
in NJW 1978, 784 ff.

Larenz, Karl — „Lehrbuch des Schuldrechts"
II. Band, 1. Halbband
13. Aufl., München 1986.

Larenz, Karl/Canaris, Claus-Wilhelm — „Lehrbuch des Schuldrechts"
Zweiter Band, Besonderer Teil, 2. Halbband
13. Aufl., München 1994.

Laufs, Adolf/Laufs, Rainer — „Aids und Arztrecht"
in NJW 1987, 2257 ff.

Lecheler, Helmut — „Die Treuepflicht des Beamten - Leerformel oder Zentrum der Beamtenpflichten?"
in ZBR 1972, 228 ff.

Leipziger Kommentar — „Strafgesetzbuch Leipziger Kommentar"
Zweiter Band
10. Aufl., Berlin, New York 1985.
(zit.: LK/Bearbeiter).

Lerche, Peter — „Bayerisches Schulrecht und Gesetzesvorbehalt"
München 1981.

Lerche, Peter — „Der gezielt tödliche Schuß nach künftigem einheitlichen Polizeirecht-Zum Verhältnis hoheitlicher Eingriffsbefugnisse zu den allgemeinen Notrechten"
in Festschrift für Friedrich August Freiherr von der Heydte
Zweiter Halbband
Berlin 1977, S. 1033 ff.

Lichtenberg, Peter/ Schücking, Prosper — „Stand der arbeitsrechtlichen Diskussion zur HIV-Infektion und Aids-Erkrankung"
in NZA1990, 41 ff.

Lichtenberg, Peter/ Winkler, Werner — „Die Immunschwäche Aids und das Beamtenrecht unter besonderer Berücksichtigung des HIV-Antikörpertests als Einstellungsvoraussetzung"
in DVBl 1990, 10 ff.

Löhning, Bernd — „Der Vorbehalt des Gesetzes im Schulverhältnis"
in Schriften zum Öffentlichen Recht Bd. 239
Berlin 1974.

Löwisch, Manfred — „Arbeitsrechtliche Fragen von AIDS-Erkrankung und AIDS-Infektion"
in DB 1987, 936 ff.

Loschelder, Wolfgang — „Gesundheitsrechtliche Aspekte des Aids-Problems"
in NJW 1987, 1467 ff.

Lyman, William D. — „Pediatric AIDS: clinical, pathologic, and basic science"
New York 1993.

v. Mangoldt, Hermann/ Klein, Friedrich — „Das Bonner Grundgesetz"
Band I
2. Aufl. Berlin, Frankfurt/Main 1966 (unveränderter Nachdruck der 2. Aufl. von 1955).

Mann, Thomas/ Müller, Rolf-Georg — „Präventiver Lauschangriff via Telefon?"
in ZRP 1995, 181 ff.

Margies, Dieter/Roeser, Karsten — „Grundlagen des Schulrechts"
Düsseldorf 1979.

Margies, Dieter/Gampe, Harald/Gelsing, Ulrich/ Rieger, Gerald — „Allgemeine Schulordnung (ASchO) für Nordrhein-Westfalen"
4. Aufl., Neuwied, Kriftel 1998.

Maunz, Theodor/ Dürig, Günter (Hrsg.) — „Grundgesetz“
Loseblattsammlung, 34. Lieferung, Stand: Juli 1998
(zit.: Maunz/Dürig/Bearbeiter).

Maurach, Reinhart/ Zipf, Heinz — „Strafrecht Allgemeiner Teil“
Teilband 1
8. Aufl., Heidelberg 1992.

Maurer, Hartmut — „Allgemeines Verwaltungsrecht“
12. Aufl., München 1999.

Mayer, Franz — „Rechtsgutachten“
in „Verfassungsrechtliche Grenzen einer Reform des öffentlichen Dienstrechts“, Band 5, S. 557 ff.
Baden-Baden 1973
(zit.: Mayer „Rechtsgutachten“).

Mayer, Otto — „Deutsches Verwaltungsrecht“
Erster Band
3. Aufl., Berlin 1969 (unveränderter Nachdruck der 3. Aufl. von 1924).

Merten, Detlef (Hrsg.) — „Aktuelle Probleme des Polizeirechts“
in Schriftenreihe der Hochschule Speyer Band 64
Berlin 1977
(zit.: Bearbeiter in Merten).

Müller, Dirk — „AIDS-Verhütung und -Bekämpfung: Handlungsmöglichkeiten der Gesundheitsbehörden nach dem Bundesseuchengesetz (BSeuchG)“
in DVBl 1991, 143 ff.

Müller, Elfriede — „Spannungsfeld Elternhaus - Schule“
Bamberg 1978.

v. Münch, Ingo/ Kunig, Philip — „Grundgesetzkommentar“
Band 1
4. Aufl. München 1992
Band 2
3. Aufl. München 1995
(zit.: v. Münch/Kunig/Bearbeiter).

Münchener Kommentar — „Münchener Kommentar zum Bürgerlichen Gesetzbuch“
Band 1
3. Aufl., München 1993
Band 4
3. Aufl. München 1997
Band 6
3. Aufl. München 1997
(zit.: MüKo/Bearbeiter).

Münder, Johannes — „AIDS und Jugendhilfe“
Münster 1989.

Murswiek, Dietrich — „Die staatliche Verantwortung für Risiken der Technik“
in Schriften zum Umweltrecht Bd. 3, 1985
(zit.: Murswiek).

von. Mutius, Albert — „Grundrechtsmündigkeit“
in Jura 1987, 272 ff.

„Die Generalklausel im Polizei- und Ordnungsrecht“
in Jura 1986, 649 ff.

Niehues, Norbert — „Schul- und Prüfungsrecht“
2. Auflage, München 1983.

N.N. — „AIDS-Pathogenese: Von der Hyperstimulation zum Kollaps“
in InfFo 1996, 12 ff.

Nikisch, Arthur — „Arbeitsrecht“
Erster Band
3. Aufl., Tübingen 1961.

Nipperdey, H.C. — „Rechtswidrigkeit, Sozialadäquanz, Fahrlässigkeit, Schuld im Zivilrecht“
in NJW 1957, 1777 ff.

Nungesser, Jochen — „Hessisches Datenschutzgesetz“
Mainz 1988.

Oppermann, Thomas — „Die erst halb bewältigte Sexualerziehung“
in JZ 1978, 289 ff.

Ossenbühl, Fritz — „Staatshaftungsrecht“
5. Aufl., München 1998.

Ossenbühl, Fritz	„Schule im Rechtsstaat“ in DöV 1977, 801 ff.
Otto, Harro	Anmerkungen zu OLG München, Beschluß vom 10. März 1972, 2 Ws 40/72 in NJW 1978, 667 f.
Palandt	„Bürgerliches Gesetzbuch“ 58. Aufl., München 1999 (zit.: Palandt/Bearbeiter).
Peter, Christoph	„Konkurrentenrechtsschutz im Beamtenrecht“ in JuS 1992, 1042 ff.
Peter, Hartmut. H./ Pichler, Wolfgang J.	„Klinische Immunologie“ 2. Aufl., München 1996 (zit.: Bearbeiter in Peter/Pichler).
Peters, Anke	„Erziehungs- und Ordnungsmaßnahmen im Schulrecht“ Göttingen 1991.
Pieroth, Bodo/ Schlink, Bernhard	„Grundrechte Staatsrecht II“ 14. Aufl., Heidelberg 1998 (zit.: Pieroth/Schlink).
Pietzcker, Jost	„Polizeirechtliche Störerbestimmung nach Pflichtwidrigkeit und Risikosphäre“ in DVBl 1984, 457.
	„Vorrang und Vorbehalt des Gesetzes“ in JuS 1979, 710 ff.
Preu, Peter	„Freiheitsgefährdung durch die Lehre von den grundrechtlichen Schutzpflichten“ in JZ 1991, 265 ff.
Prittwitz, Cornelius	„Das AIDS-Urteil des Bundesgerichtshofs“ in StV 1989, 123 ff.
	„Die Ansteckungsgefahr bei AIDS“ in JA 1988, 427 ff.

Richardi, Reinhard — „Arbeitsrechtliche Probleme bei Einstellung und Entlassung Aids-infizierter Arbeitnehmer"
in NZA 1988, 73 ff.

Robbers, Gerhard — „Sicherheit als Menschenrecht"
Baden-Baden 1987.

Roell, Monika — „Die Geltung der Grundrechte für Minderjährige"
in Schriften zum Öffentlichen Recht Band 468
Berlin 1984.

Ronellenfitsch, Michael — „Der vorläufige Rechtsschutz im beamtenrechtlichen Konkurrentenstreit"
in VerwArch 82 (1991), 121 ff.

„Das atomrechtliche Genehmigungsverfahren"
in Schriftenreihe der Hochschule Speyer, Band 91
Berlin 1983
(zit.: Ronellenfitsch „Genehmigungsverfahren").

„Das besondere Gewaltverhältnis - ein zu früh totgesagtes Rechtsinstitut"
in DöV 1981, 933 ff.

Rose, Matthias — „Gentechnik und Vorbehalt des Gesetzes"
in DVBl 1990, 279 ff.

Rosenbaum, Christian — „Der grundrechtliche Schutz vor Informationseingriffen"
in Jura 1988, 178 ff.

Rottmann, Frank — „Der Vorbehalt des Gesetzes und die grundrechtlichen Gesetzesvorbehalte"
in EuGRZ 1985, 277 ff.

Roxin, Claus — „Zur Tatbestandsmäßigkeit und Rechtswidrigkeit der Entfernung von Leichenteilen (§ 168 StGB), insbesondere zum rechtfertigenden, strafrechtlichen Notstand (§ 34 StGB) - OLG Frankfurt, NJW 1975, 271"
in JuS 1976, 505 ff.

Rübsaamen, Martina — „Der Ansteckungsverdacht im Sinne des Bundes-Seuchengesetzes insbesondere im Zusammenhang mit AIDS"
in AIFO 1987, 165 ff., 207 ff., 276 ff.

Rudin, Christoph — „HIV-Infektion im Kindesalter"
Stuttgart, Jena, New York 1995.

Rupp, Hans-Heinrich — Anmerkungen zu HessVGH, Beschluß v. 6.11.1989 - 8 TH 685/89
in JZ 1990, 91 f.

Schaffstein, Friedrich — „Die strafrechtlichen Notrechte des Staates"
in Gedächtnisschrift für Horst Schröder
München 1978, S. 97 ff.

Scheerbarth, Hans Walter/ Höffken, Heinz/Bauschke, Hans-Joachim/Schmidt, Lutz — „Beamtenrecht"
6. Aufl., Siegburg 1992.

Schenke, Wolf-Rüdiger — „Verwaltungsprozeßrecht"
6. Aufl., Heidelberg 1998.

„Nochmals: Seuchenbekämpfung durch Blutuntersuchung und Zwangsinformation"
in NJW 1989, 755 ff.

„Rechtsfragen der Bekämpfung von Aids"""
in DVBl 1988, 165 ff.

Schindler-Fiedler, Renate — „Die Treuepflicht des Beamten und die freiheitliche Demokratie"
München 1979.

Schmidt-Aßmann, Eberhard — „Leistungsgrundsatz des Art. 33 II GG und soziale Gesichtspunkte bei der Regelung des Zugangs zum Beamtenverhältnis"
in NJW 1980, 16 ff.

„Besonderes Verwaltungsrecht"
11. Aufl., Berlin, New York 1999
(zit.:Bearbeiter in Schmidt-Aßmann BesVerwR)

Schmidt-Bleibtreu, Bruno/ Klein, Franz — „Kommentar zum Grundgesetz"
9. Aufl., Neuwied, Kriftel, Berlin, 1999.

Schnur, Roman — „Probleme um den Störerbegriff im Polizeirecht"
in DVBl 1962, 1 ff.

Schoch, Friedrich — „Grundfälle zum Polizei- und Ordnungsrecht“ in JuS 1994, 667 ff.

Scholz, Karsten — „Der Begriff der Zumutbarkeit im Deliktsrecht“ Berlin 1996 (zit.: Scholz „Zumutbarkeit“).

Scholz, Rupert — „Nichtraucher contra Raucher -OVG Berlin, NJW 1975, 2261 und VG Schleswig, JR 1975, 130“ in JuS 1976, 232 ff.

Schönke, Adolf/ Schröder, Horst — „Strafgesetzbuch“ 25. Aufl., München 1997 (zit.: Sch/Sch/Bearbeiter).

Schulz, Hartmut — „Haftung für Infektionen“ Frankfurt am Main 1988.

Schünemann, Bernd/ Pfeiffer, Gerd (Hrsg.) — „Die Rechtsprobleme von AIDS“ Baden-Baden 1988 (zit.: Bearbeiter in Schünemann/Pfeiffer).

Schwabe, Jürgen — „Zur Geltung von Rechtfertigungsgründen des StGB für Hoheitshandeln“ in NJW 1977, 1902 ff.

Seewald, Otfried — „Zur Zulässigkeit von Gesundheitsuntersuchungen, insbesondere von HIV-Tests, bei Beamtenbewerbern“ in VerwArch 80 (1989), 163 ff.

„Zu den Voraussetzungen der Seuchenbekämpfung durch Blutuntersuchung und Zwangsinformation“ in NJW 1988, 2921 ff.

„Zur Verantwortlichkeit des Bürgers nach dem Bundesseuchengesetz“ in NJW 1987, 2265 ff.

„Gesundheit als Grundrecht“ Königstein 1982 (zit.: Seewald „Gesundheit als Grundrecht“).

Seitz, Stefan — „Die arbeitsrechtliche Konkurrentenklage“ Heidelberg 1995.

Semianer, Robert — „Antrag und Vorverfahren vor beamtenrechtlichen Fortsetzungs- und Feststellungsklagen"
in ZBR 1992, 71 ff.

Seume, Manfred — „Der HIV-Antikörpertest bei Einstellungsuntersuchungen von Beamtenbewerbern"
in AIFO 1987, 703 ff.

Simitis, Spiros/Dammann, Ulrich/ Geiger, Hansjörg/ Mallmann, Otto/Walz, Stefan — „Kommentar zum Bundesdatenschutzgesetz"
4. Aufl., Baden-Baden
Loseblattsammlung, Stand: Dezember 1998
(zit.: Bearbeiter in Simitis/Dammann/Geiger/Mallmann/ Walz).

Smend, Rudolf — „Zur Verantwortlichkeit des Bürgers nach dem Bundesseuchengesetz"
in NJW 1987, 2265 ff.

Spießhofer, Birgit — „"Der Störer im allgemeinen und im Sonderpolizeirecht"
Frankfurt am Main 1989.

Starck, Christian — „Staatliche Schulhoheit, pädagogische Freiheit und Elternrecht"
in DöV 1979, 269 ff.

v. Staudinger, J. — „Kommentar zum Bürgerlichen Gesetzbuch"
§§ 134- 163
13. Bearbeitung, Berlin 1996
§§ 249-254
13. Bearbeitung., Berlin 1998
§§ 611-619
13. Bearbeitung., Berlin 1999
§§ 823-825
13. Bearbeitung, Berlin 1999
§§ 830-838
13. Bearbeitung, Berlin 1997
§§ 985 - 1011
13. Aufl., Berlin 1993
(zit.: Staudinger/Bearbeiter).

Stein, Ekkehart/ Roell, Monika — „Handbuch des Schulrechts"
Berlin, Bonn, Köln, München 1988.

Steiner, Gert H. — „Schadensverhütung als Alternative zum Schadensersatz"
Köln, Berlin, Bonn, München 1984.

Stelkens, Paul/Bonk, Heinz Joachim/Sachs, Michael — „Verwaltungsverfahrensgesetz"
5. Aufl., München 1998
(zit.: Bearbeiter in Stelkens/Bonk/Sachs).

Stern, Klaus — „Das Staatsrecht der Bundesrepublik Deutschland"
Band I
2. Aufl., München 1984
Band III/1
München 1988.

Strehlow, U./Haffner, J. — „Jugendliche und AIDS: Wissen, Einstellungen, Ängste. Ergebnisse einer Untersuchung an Heidelberger Schülerinnen und Schülern"
in Zeitschrift für Sexualforschung 1989, 227 ff.

Sydow, Fritz — „Forum: § 34 StGB - kein neues Ermächtigungsgesetz!"
in JuS 1978, 222 ff.

Teichner, Matthias — „Haftung bei post-transfusionellem AIDS (Aquired immune deficiency syndrome)"
in MedR 1986, 110 ff.

„Nochmals: AIDS und Bluspende"
in NJW 1986, 761 f.

Tinnefeld, Marie-Theres/Ehmann, Eugen — „Datenschutzrecht"
3. Aufl., München, Wien 1998.

Vogelgesang, Klaus — „Grundrecht auf informationelle Selbstbestimmung?"
Baden-Baden 1987.

Wahl, Rainer — „Gesetzgeber und Juristenausbildung"
in DVBl 1985, 822 ff.

Wahl, Rainer/Masing, Johannes — „Schutz durch Eingriff"
in JZ 1990, 553 ff.

Westermann, Ulrich — „Dogmatik und Bedeutung der allgemeinen Fürsorge- und Treuepflicht im Arbeits- und Beamtenrecht"
Münster 1982.

Welzel, Hans — „Das Deutsche Strafrecht"
11. Aufl., Berlin 1969.

Wiese, Walter — „Beamtenrecht"
3. Aufl., Köln, Berlin, Bonn, München, 1988

Wilke, Dieter — „Anmerkung zu BVerfG, Beschluß v. 20.10.1981 - 1 BvR 640/80"
in JZ 1982, 755 ff.

Wind, Ferdinand/Schimana, Rudolf/Wichmann, Manfred — „Öffentliches Dienstrecht"
4. Aufl., Köln 1998.

Wittkowski, Bernd — „Die Konkurrentenklage im Beamtenrecht unter besonderer Berücksichtigung des vorläufigen Rechtsschutzes"
in NJW 1993, 817 ff.

Wolff, Hans J./Bachof, Otto/ Stober, Rolf — „Verwaltungsrecht I"
10. Aufl., München 1994
„Verwaltungsrecht II"
5. Aufl., München 1987.

Zuck — „AIDS"
in MDR 1987, 460 ff.

Es werden die allgemein üblichen Abkürzungen verwendet, bei Bundesgesetzen gemäß den Kopfleisten der gängigen Gesetzessammlungen „Schönfelder" und „Sartorius", bei Landesgesetzen gemäß den Kopfleisten der entsprechenden Gesetzessammlungen mit vorn oder hinten angefügter Abkürzung für das Land.

Vorwort

Bislang beschäftigte das Thema HIV und Aids die juristische Literatur weitgehend nur im Hinblick auf Rechtsfragen, die sich aus Ansteckungsgefahren zwischen Erwachsenen ergeben. Die Gefährdung Minderjähriger durch Gleichaltrige oder Erwachsene wie zum Beispiel Lehrer fand hingegen nur vereinzelt Beachtung.[1] Dabei fällt auf, daß die Diskussion im Schulbereich von einer gewissen Oberflächlichkeit gekennzeichnet ist. Die Autoren verweisen hinsichtlich der zu treffenden Maßnahmen überwiegend auf allgemeine Rechtsgrundsätze, ohne deren Rechtsnatur und Anwendbarkeit im Schulbereich eingehend zu überprüfen. Eine ausführliche Untersuchung, welche Maßnahmen in der Schule denkbar, notwendig und in den einzelnen Bundesländern derzeit rechtlich möglich sind, fehlt bislang.

Gespräche mit Ärzten, Lehrern und Eltern zeigen, daß eine weitere Klärung der mit Aids verbundenen Rechtsfragen im Schulbereich dringend erforderlich ist. Die Situation ist auf beiden Seiten von Unsicherheit in Folge vieler Ängste und Vorurteile geprägt. Die betroffenen Eltern und infizierten Lehrer neigen dazu, aus Angst vor einem allgemeinen Bekanntwerden der Krankheit und der sich daraus ergebenden Gefahr einer Diskriminierung und Ausgrenzung die Infektion zu verheimlichen. Darüber hinaus befürchten sie übereilte Reaktionen der Schule, die bis zu einem Ausschluß vom allgemeinen Schulbetrieb führen können. Die Schule und Eltern gesunder Kinder haben hingegen ein Interesse daran, über das Auftreten einer HIV-Infektion informiert zu sein, da sie nur dann mögliche Gefahren erkennen und sich und die Kinder entsprechend auf diese einstellen können. Aber auch im Schulbetrieb selbst bestehen teilweise Unklarheiten über die tatsächlichen Gefahren und die rechtlich möglichen und notwendigen Maßnahmen. Die Bandbreite schulischer Reaktionen verdeutlichen zwei Fälle: In Wesel mußte ein HIV-infizierter Junge nach Bekanntwerden der Infektion die Schule verlassen. Erst nach einigen Wochen fand sich ein Lehrer bereit, das Kind zu unterrichten.[2] In Berlin konnte ein Mädchen mit Einverständnis der anderen Mitschüler und deren Eltern noch im letzten Stadium der Krankheit - teilweise vom Bett aus - am Unterricht teilnehmen.[3] So ermutigend

---

1 Bender in NJW 1987, 2903 ff.; Brandes in RdJB 1988, 10 ff.; Costard S. 159 ff.; Engler in RdJB 1988, 23 ff.; Gallwas in RdJB 1988, 2ff.

2 Der Stern Nr. 9, 1987, S. 23.

3 Interview mit Frau Dr. med. Vocks-Hauck im Juni 1994.

der letzte Fall auch sein mag, eine Garantie für derart positive Reaktionen gibt es für die Betroffenen - wie schon der erste Fall zeigt - nicht.

Diese Arbeit soll auch dazu beitragen, bestehende Ängste abzubauen, indem die tatsächlichen Gefahren im Schulbereich und die daraus resultierenden Rechte und Pflichten der am Schulverhältnis beteiligten Personen aufgezeigt werden. Zum allgemeinen Verständnis der speziell mit Aids und HIV verbundenen Probleme werden daher zunächst der Krankheitsverlauf, Therapiemöglichkeiten, Übertragungswege, Ausbreitung sowie Gefährdungen im Schulbereich dargestellt.

Einen Schwerpunkt dieser Arbeit bilden im weiteren die informationsrechtlichen Probleme. Angesichts der Tatsache, daß betroffene Eltern und Lehrer dazu neigen, weder die Schule noch andere Eltern oder Schüler zu informieren, die Schule sowie die Gesunden aber genau diese Information benötigen, um überhaupt auf die Krankheit reagieren zu können, ist im Schulbereich von entscheidender Bedeutung, wer, wann und warum über das Auftreten einer HIV-Infektion zu unterrichten ist. Dabei ist vor allem zu überprüfen, ob und inwieweit die für den allgemeinen Datenschutz entwickelten Grundsätze, wie sie sich im Volkszählungsurteil des Bundesverfassungsgerichts aus dem Jahr 1983[4] und den Datenschutzgesetzen der Länder widerspiegeln, durch das Schulrecht und die Minderjährigkeit der Betroffenen beeinflußt werden.

Im Anschluß daran soll aufgezeigt werden, welche Maßnahmen die Schule sowohl im Bereich der allgemeinen Aids-Prävention durch Aufklärungsunterricht als auch beim Auftreten eines HIV-Falls in der Schule treffen kann oder sogar muß. Angesichts der Auswirkungen einer Ansteckung und der Folgen, die ein Bekanntwerden der Infektion in der Öffentlichkeit haben kann, sollen anschließend im Rahmen eines Exkurses mögliche Staatshaftungsansprüche aufgezeigt werden.

Abschließend ist anhand der so gewonnenen Ergebnisse zu überprüfen, ob die derzeit möglichen Maßnahmen zum Schutz der am Schulverhältnis beteiligten Personen ausreichen oder ob in einzelnen Bundesländern weitergehende Regelungen angezeigt sind.

---

4 BVerfGE 65, 1 ff.

Wie sich bereits aus dem Titel dieser Arbeit ergibt, soll sich die Untersuchung auf öffentliche Schulen beschränken. Darunter sind in Übereinstimmung mit den Schulgesetzen der Länder diejenigen Schulen zu verstehen, die in der Trägerschaft des Staates, der Gemeinden oder - soweit in einzelnen Schulgesetzen ausdrücklich normiert - anderer Körperschaften des öffentlichen Rechts (z. B. Zweckverbänden) stehen.[5]

[5] vgl. § 2 I SchulGBW; Art. 3 I BayEUG; § 2 I SchulGBln; § 2 Nr. 2 SchulGBbg; § 1 BremSchulG; § 111 HmbSchulG; § 178 II HessSchulG; § 103 SchulGMV; § 1 III NSchulG; § 3 SchulVGNW; § 17 II SchulGRP; § 7 I SchulOGS; § 3 II SächsSchulG; § 2 II SchulGLSA; § 2 II SchulGSH; § 13 ThürSchulG.

1. Kapitel: Einführung

A. Medizinische Aspekte

I. Historische Entwicklung von HIV und Aids

In den frühen achtziger Jahren erkrankten auffällig viele junge Männer in den USA an einer bisher unbekannten Krankheit, die durch eine Störung der zellulären Immunität gekennzeichnet war. Diese Krankheit erhielt den Namen Aids (aquired immune deficiency syndrome). Sie ist auf eine Infektion mit sogenannten HI-Viren (human immunodeficiency virus) zurückzuführen, die bewirken, daß das Immunsystem des Infizierten schrittweise zusammenbricht. Inzwischen wurden bereits verschiedene dieser Viren entdeckt und isoliert. Die in Deutschland am weitesten verbreitete Virusgruppe wird HIV-1 genannt. Hierzu zählen auch das 1983 von Luc Montagnier am Institut Pasteur in Paris isolierte LAV sowie das HTLV-III, das 1984 von einer Arbeitsgruppe um Robert Gallo am National Institute of Health in Washington beschrieben wurde. In den letzten Jahren breitete sich noch eine weitere Virusgruppe (HIV-2) in Europa aus. Dabei handelt es sich unter anderem um die Viren LAV 2, HTLV-IV und SBL. Diese Viren wurden in Westafrika isoliert. Seren aus den sechziger Jahren belegen, daß diese Viren schon damals dort verbreitet waren.[6] Neben HIV-1 und 2 existieren noch weitere Typen, die mit diesen beiden wiederum nicht identisch sind. So isolierte beispielsweise Robert Gallo neue Viren in Nigeria. Es ist deshalb damit zu rechnen, daß noch weitere Unterarten des Virus gefunden werden, die jeweils eigene Merkmale aufweisen. Bis jetzt ähneln sie sich immerhin noch so sehr, daß die Übertragungswege identisch sind und somit alle Viren mit denselben Maßnahmen, die im einzelnen umstritten sind, bekämpft werden können.

Die Entstehung von HIV ist noch immer nicht abschließend geklärt. Die Erklärungsversuche reichen von seriösen wissenschaftlichen Untersuchungen bis hin zu nahezu abenteuerlich anmutenden Theorien. Angeblich wird oder wurde sogar die Meinung vertreten, daß Aids auf eine gezielte Genmanipulation zurückzuführen sei,[7] und in kirchlichen Kreisen wird die Krankheit teilweise als Strafe

---

6 Gallo in Goebel/Hehlmann/Gauweiler I.3a.b S. 1, 23.

7 vgl. Zuck in MDR 1987, 460, Fn. 8.

Gottes angesehen.[8] Am wahrscheinlichsten ist jedoch, daß das Virus vom Primaten abstammt und sich im Lauf der Zeit bei Mensch und Tier unterschiedlich weiterentwickelt hat. Bei afrikanischen Affen wurden dem HI-Virus sehr ähnliche Viren entdeckt. Zunächst nahm man daher an, daß die Infektion vom Affen auf den Menschen übertragen worden ist. Untersuchungen ergaben jedoch, daß eine Infizierung der Affen mit dem menschlichen Virus nicht gelingt.[9] Aus diesem Grund ist auch der umgekehrte Infektionsweg sehr unwahrscheinlich. Es wurde daher vermutet, daß beide Erreger lediglich denselben Vorfahren haben.[10] Für diese Theorie spricht auch, daß bei gesunden Afrikanern Virusstämme isoliert wurden, die dem Prototypen des HI-Virus sehr ähnlich sind.[11] Außerdem konnte eine gewisse Immunität gegen Aids bei afrikanischen Menschen festgestellt werden, da die wenigen, bisher unerklärbaren Heilungen, in Afrika beobachtet wurden.[12] Dies läßt sich am ehesten damit erklären, daß der Erreger dort schon lange bekannt ist und der Körper sich so auf ihn einstellen konnte.[13]

Zur plötzlichen Ausbreitung der Krankheit konnte es kommen, weil sich Lebensstrukturen und Sexualverhalten, auch durch die Zunahme des Tourismus, verändert haben und so den Viren ermöglichten, ihre angestammten Gebiete zu verlassen.[14]

II. Krankheitsverlauf

Die HI-Viren befallen diejenigen Zellen im Körper, die an der Oberfläche einen sogenannten CD-4-Rezeptor tragen.[15] Das Virus lagert sich mit seinem äußeren Hüllprotein an diesen CD-4-Rezeptor an. Nach Eintritt des Virus in die

---

8 vgl. „AIDS - Eine Handreichung für Eltern, Lehrer und Schüler", hrsg. von der Zentralstelle Bildung der Deutschen Bischofskonferenz IV, 1, 1987.

9 Bundschuh/Schneeweiss/Bräuer S. 72; Gallo in Goebel/Hehlmann/Gauweiler I. 3 a. a, S. 16; Hunsmann in AIFO 1987, 341, 345.

10 Gallo in Goebel/Hehlmann/Gauweiler I. 3. a. b, S. 21.

11 Kurth in Klietmann, S. 13.

12 Baartmann S. 20.

13 Baartmann S. 20; Kurth in Klietmann S. 13.

14 Laufs/Laufs in NJW 1987, 2257.

15 Hierbei handelt es sich um die T-4-Lymphozyten, B-Lymphozyten, Monozyten, sowie die aus den Monozyten entstehenden Makrophagen (Freßzellen) und die Langerhans-Zellen, einer unter der Haut- und Schleimhautoberfläche sitzende Sonderform der Makrophagen sowie die Mikrogliazellen im Gehirn (Rudin S. 69).

befallene Zelle wird die Monostrang-DNS des Virus freigesetzt, und das daran haftende Enzym (reverse transcriptase) induziert die Bildung einer komplementären Doppelstrang-DNS. Dieses Enzym ist einzigartig in der Natur und kommt im menschlichen Organismus nicht vor. Nach ihm wurde auch die gesamte Virusgruppe benannt: Retroviren. Die Doppelstrang-DNS wird in der befallenen menschlichen Zelle im Zellkern integriert. Dadurch erhält diese Zelle zusätzliche Erbinformationen des Virus. Dies führt dazu, daß die Nachkommenschaft dieser Zelle ebenfalls die Erbinformation des Virus in sich trägt. Zunächst wurde angenommen, daß der Erreger dann eine ungewiß lange Zeit im Zellkern verweilt, bis er aktiviert wird und mit der Bildung seiner Nachkommenschaft beginnt.[16] Inzwischen weiß man aber, daß das Virus von Anfang an explosionsartig Nachkommen bildet, die als fertige HI-Viren auf der Zellhülle knospen. Der Körper reagiert mit einer ebenso starken Produktion von Abwehrzellen, die die freigesetzten Viren und die infizierten Abwehrzellen vernichten. Erst wenn nach Jahren das Immunsystem erschöpft ist, bricht die Krankheit aus.[17] Die medizinische und körpereigene Bekämpfung der Infektion wird wegen der ungenauen Arbeit des Enzyms reverse transcriptase zusätzlich erschwert. Durch den unsauberen Kopiervorgang sind schon bald unzählig verschiedene Mutationen des Virus im Körper vorhanden, auf die Abwehrkräfte und Medikamente erneut reagieren müssen.[18]

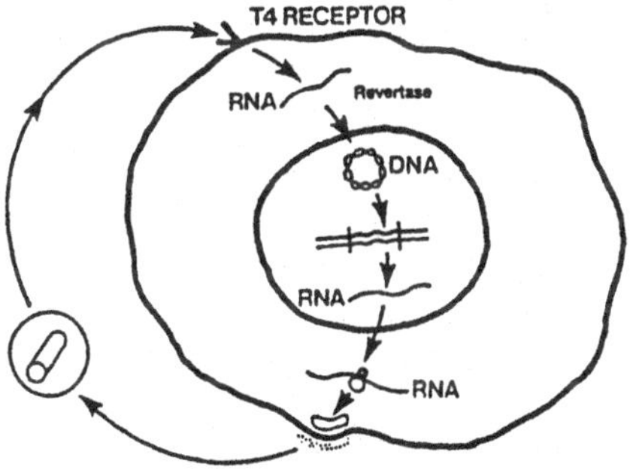

Schematische Darstellung der Replikation eines Retrovirus[19]

[16] Laufs/Laufs in NJW 1987, 2257, 2258.

[17] Haas/Vaith in Peter/Pichler S. 239, 242; Marcus in Jäger XIII-8, S. 1, 3; DER SPIEGEL Nr. 6, 1995, S. 176.

[18] Marcus in Jäger II-1, S. 1; DER SPIEGEL Nr. 28, 1995, S. 171.

[19] Schaubild entnommen: Farthing/Brown/Staughton/Cream/Mühlemann S. 11.

Neben der Infizierung der Abwehrzellen hat das Virus noch weitere Auswirkungen auf den Körper. Virusspezifische Hüllproteine lagern sich an die CD-4-Rezeptoren anderer Lymphozyten an und maskieren deren Oberfläche. Dieser Vorgang führt zur Produktion von Antikörpern, die die vermeintlichen Fremdkörper zerstören, obwohl die Lymphozyten weder infiziert noch fremd sind. Außerdem gelingt es den HI-Viren die Stammzellen im Knochenmark selbst zu infizieren und so bereits die Ausreifung der für die Abwehr bedeutenden Zellen zu verhindern. Weiterhin kann HIV die Gehirnfunktionen beeinträchtigen, indem Zellen im Gehirn zerstört werden oder bereits infizierte Monozyten chemische Stoffe freisetzen, die für die Gehirnzellen schädlich sind. Eine weitere Folge der Infektion ist die Vermehrung der B-Zellen, die zur Bildung von B-Zell-Lymphonen (Lymphknotengeschwulst) und Kaposi-Sarkomen (Tumorart) führen kann.

Mit der fortschreitenden Infektion nimmt die Zahl der T-Helferzellen ab[20] und das gesamte Immunsystem wird stufenweise zerstört. Dadurch wird das Gleichgewicht zwischen den Mikroorganismen, die auch in der normalen menschlichen Flora vorkommen, und den Abwehrzellen gestört. Die in jedem menschlichen Organismus existierenden Parasiten können plötzlich gefährlich werden. Schließlich kommt es mit dem Ausbruch sogenannter opportunistischer Infektionen und bestimmter Tumorerkrankungen zur Manifestation von Aids. Aids ist demnach keine eigenständige Krankheit, sondern bezeichnet bestimmte in einem von der CDC ständig aktualisierten, abschließenden Katalog definierte Krankheitsbilder, die wegen der Schwächung des Immunsystems durch HIV ermöglicht und/oder durch die Zerstörung bestimmter Zellen z. B. im Gehirn durch HIV verursacht werden. Etwa 70 % der Aids-Patienten sterben an den opportunistischen Infektionen und bei ca. 30 % stehen die bösartigen Tumore im Vordergrund.[21] Dabei gibt es neben den bereits erwähnten Kaposi-Sarkomen und B-Zell-Lymphonen noch weitere Tumore, wozu auch Krebsgeschwüre zählen.

In der Regel können während der gesamten Infektion vier Phasen unterschieden werden:

---

20 worauf diese Abnahme zurückzuführen ist, ist derzeit noch nicht abschließend geklärt. Zu den einzelnen Theorien vgl. InfFO 1996, 20 ff.

21 Laufs/Laufs in NJW 1987, 2257, 2258.

1. Phase/Infektion

In der ersten Phase der Infektion baut das Virus sein genetisches Material in das chromosomale Erbgut der befallenen Zelle ein. Dieser Vorgang wird rein äußerlich nur sehr selten bemerkt. Manchmal treten flüchtiges Fieber, eine Lymphknotenschwellung, Muskelschmerzen und leichte Hautausschläge auf.

2. Phase/Latenzphase

In dieser Phase werden zwar ständig neue Viruszellen produziert, der Infizierte ist aber symptomfrei, da sein Immunsystem dem Angriff noch standhält. Diese Latenzphase kann bei Bi- und Heterosexuellen 8-10 Jahren dauern. Bei Homosexuellen ist sie aufgrund einer höheren Anfälligkeit gegenüber Zusatzinfektionen, die das Immunsystem zusätzlich schwächen, kürzer anzusetzen (etwa 5 Jahre).[22]

3. Phase/LAS

Diese Phase ist nicht bei allen Patienten zu beobachten. Es zeigt sich die erste Schwächung des Immunsystems. Äußerlich erkennbar ist sie an Lymphknotenschwellungen von mindestens einem Zentimeter Größe, die länger als drei Monate andauern und an mindestens zwei Stellen des Körpers auftreten. Weiterhin können Fieber, Gewichtsverlust, Durchfälle und Leistungsabfälle beobachtet werden.

4. Phase/manifestes Aids

Das Immunsystem ist bereits sehr geschwächt. Es kommt zu Krankheiten, die nach der CDC-Definition den Ausbruch von Aids indizieren. Hierbei handelt es sich in erster Linie um bestimmte Arten der Lungenentzündung, Hefepilze in Mund, Lunge und Magen-Darm-Trakt, offene Tuberkulose, den herpes-simplex-Virus, Hepatitis, Pneunomien sowie starke Durchfälle. Weiterhin kann es zu neurologischen Ausfällen wie Konzentrationsschwäche, Bewußtseinsstörungen und Vergeßlichkeit kommen. Auch Tumore und das Kaposi-Sarkom indizieren den Ausbruch von Aids. Bei Kindern unter 13 Jahren gelten auch schwere bakterielle Infektionen sowie die

22 Buchborn in MedR 1987, 260, 261.

interstielle lymphoide Pneunomie als Indikatorerkrankungen.[23] Man geht davon aus, daß etwa 75 % der Infizierten diese Phase erreichen.[24] Aufgrund der langen Latenzphase ist aber nicht auszuschließen, daß die Zahl der tatsächlich Erkrankten noch wesentlich höher liegen wird.

Bei Kindern, die bereits im Säuglingsalter infiziert werden, stellt sich der Verlauf der Krankheit etwas anders als beim erwachsenen Menschen dar. Dies ist darauf zurückzuführen, daß das Immunsystem noch nicht vollständig ausgebildet ist. Außerdem handelt es sich bei Kleinstkindern bei den meisten opportunistischen Infektionen um Primärinfektionen, für die der Körper noch keine Gedächtniszellen produziert hat, während beim Erwachsenen oftmals die Reaktivierung einer latenten Infektion vorliegt. Weiterhin wird diskutiert, ob aufgrund der besonderen Empfindlichkeit des Gewebes des Fetus bzw. des Neugeborenen eine raschere Replikation des HI-Virus in den kindlichen Lymphozyten und Monozyten ermöglicht wird.[25]

Kinder, deren Mütter während der Schwangerschaft infektiös sind, sind zunächst alle HIV-positiv. Dies ist darauf zurückzuführen, daß bei der Geburt die Antikörper der Mutter, die erst im Laufe der nächsten Monate abgebaut werden, über die Plazenta übertragen wurden. Erst nach Ablauf von etwa 18 Monaten kann mit Sicherheit festgestellt werden, ob die Kinder tatsächlich infiziert sind. HIV-positiv sind letztendlich nur etwa 13-20 %.[26] Bei einem Großteil dieser Kinder sind bereits in dieser ersten Phase klinische Frühsymptome wie leichte bakterielle Infektionen oder ekzematische Hautveränderungen zu beobachten. Worauf dies zurückzuführen sein könnte, ist noch nicht geklärt.[27] Die Kinder, bei denen die Infektion noch nicht sicher feststeht, nennt man HIV-exponiert.

In der zweiten Phase der nunmehr nachweisbaren Infektion, der sogenannten asymptomatischen Infektion sind unspezifische Frühsymptome wie Gedeihstörungen, Fieber, Mittelohr- und Ohrspeicheldrüsenentzündungen, häufig wiederkehrende Durchfälle, Pilzbefall im Mund und im Verdauungstrakt, Vergrößerung von Milz und Leber sowie Lymphknotenschwellungen zu beobachten.

---

23 Bunikowski in „AIDS und Kinder“ S. 9.

24 Brandes in RdJB 1988, 10, 13; Buchborn in MedR 1987, 260, 262.

25 vgl. hierzu Notheis/Wintergerst/Belohradsky in „AIDS und Kinder“ S. 55 f.

26 Kropp/Wahn in Goebel/Hehlmann/Gauweiler II 8 a, S. 2; in den späten achtziger Jahren war man hingegen noch von einem Infektionsrisiko von 40-60 % ausgegangen: vgl. Laufs/Laufs in NJW 1987, 2257, 2260.

27 Kropp/Wahn in Goebel/Hehlmann/Gauweiler II. 8 a, S. 2 f.

In der dritten Phase, der sogenannten symptomatischen Infektion kommt es zu schwer verlaufenden bakteriellen Infektionen, neurologischen Komplikationen, dermatologischen Krankheitsbildern, einigen opportunistischen Infektionen, die auch beim Erwachsenen auftreten, wie zum Beispiel bestimmten Arten der Lungenentzündung. Hingegen sind Tumore wie das Kaposi-Sarkom selten zu beobachten.

III. Übertragungswege

Das Virus kann in allen Stadien der Infektion übertragen werden, also auch wenn der Infizierte selbst völlig symptomfrei ist und von seiner Erkrankung eventuell gar nichts weiß. Gerade hier liegt die besondere Gefahr der Krankheit, die ihre Bekämpfung und Vermeidung der Ausbreitung so schwierig macht.[28] Wer von seiner Krankheit nichts weiß, wird sich in aller Regel nicht ausreichend vorsichtig verhalten. Aber wer geht regelmäßig zum Aids-Test? Es ist daher davon auszugehen, daß eine HIV-positive Person, nichtsahnend von ihrer Infektion, über einen längeren Zeitraum auch andere gefährdet und so die Verbreitung von Aids fördert.

Allerdings ist die Übertragung durch bloße Sozialkontakte wie Händeschütteln, gemeinsame Geschirrbenutzung oder Umarmungen ausgeschlossen. Es muß vielmehr ein Austausch von Körperflüssigkeiten stattfinden. Heute ist sicher, daß die Konzentration des Virus im Blut und in der Samen- und Vaginalflüssigkeit für eine Übertragung ausreicht.[29] Unsicher ist dagegen, inwiefern die geringere Konzentration in Speichel, Urin, Stuhl, Tränen und eventuell auch Erbrochenen zu einer Infizierung führen kann. Hierzu gibt es noch keine abschließenden Ergebnisse.[30] Allerdings sind inzwischen zwei Fälle bekannt, in denen eine Ansteckung mit großer Wahrscheinlichkeit sogar über einen unblutigen Biß erfolgt ist.[31] Solange diese Frage nicht geklärt werden kann, muß daher von einer, wenn auch geringen, Infektionsmöglichkeit ausgegangen werden, da das

---

28 DER SPIEGEL Nr. 5, 1987, S. 177 f. berichtet von einem afrikanischen Geschäftsmann, der innerhalb weniger Jahre, nichtsahnend von der eigenen Infektion, mindestens zehn Frauen während Reisen nach Belgien angesteckt hat.

29 Bundschuh/Schneeweiss/Bräuer S. 43; Brandes in RdJB 1988, 10, 12; Buchborn in MedR 1987, 260, 261; Haas/Vaith in Peter/Pichler S. 239, 243.

30 Buchborn in MedR 1987, 260, 261; Hehlmann in Goebel/Hehlmann/Gauweiler II. 1 c, S. 4 f.

31 AIFO 1994, 400; AIFO 1987, 191; DER SPIEGEL Nr. 30, 1987, S. 67.

Vorhandensein des lebenden Virus in diesen Körperflüssigkeiten ohne Zweifel feststeht.[32] Andere Übertragungswege sind nicht denkbar, da das Virus außerhalb des Körpers nur kurzfristig überlebt, wobei die Überlebensdauer offenbar von den jeweiligen klimatischen und hygienischen Umständen abhängt. In diesem Zusammenhang muß erwähnt werden, daß die Erforschung der einzelnen Übertragungswege sehr schwierig ist, da sich die Infektion wegen der zumeist späten Erkennung im Einzelfall oft nicht zurückverfolgen läßt.

Auch Kinder können mit dem HIV-Virus infiziert werden. Eine Ansteckung kann beispielsweise während der Schwangerschaft bzw. bei der Geburt durch die HIV-infizierte Mutter erfolgen. Die Wahrscheinlichkeit einer Übertragung liegt hier bei 13-20%.[33] Nach der Geburt kann eine HIV-infizierte Mutter ihr Kind über die Muttermilch anstecken. Darüber hinaus besteht die Möglichkeit, daß Kinder verseuchte Bluttransfusionen oder Blutpräparate erhalten haben, die in Deutschland noch in den neunziger Jahren nicht sicher HIV-frei waren.[34] Denkbar ist aber auch jeder andere ansteckungsrelevante Kontakt mit einem Infizierten.

IV. Therapie

Die Heilungschancen sind sehr gering. Bei nur etwa fünf von 20.000 Untersuchungen konnte man einen zunächst positiven Befund nicht mehr bestätigen.[35] Worauf dies genau zurückzuführen ist, ist leider nicht bekannt.

Die Medizin selbst hat noch keine Heilungsmöglichkeiten.[36] Bislang existieren lediglich Medikamente, die zwar die Erkrankung hinauszögern, die Infektion aber nicht beheben. Diese Medikamente haben zudem starke Nebenwirkungen wie Erbrechen, Anämien und Muskelschmerzen. Gegen die opportunistischen Infektionen hilft derzeit nur eine Chemotherapie, die in der Regel ebenfalls

---

32 Bundschuh/Schneeweiss/Bräuer S. 43; Haas/Vaith in Peter/Pichler S. 239, 251; Kurth in Klietmann, S. 12.

33 Kropp/Wahn in Goebel/Hehlmann/Gauweiler II 8 a, S. 2; in den späten achtziger Jahren war man hingegen noch von einem Infektionsrisiko von 40-60 % ausgegangen: vgl. Laufs/Laufs in NJW 1987, 2257, 2260.

34 DER SPIEGEL Nr. 41, 1993, S. 24.

35 Laufs/Laufs in NJW 1987, 2257, 2261.

36 zum aktuellen Stand siehe DER SPIEGEL Nr. 28, 1996, S. 160.

nicht ohne erhebliche Nebenwirkungen abläuft. Weiterhin ist zu beachten, daß eine positive Wirkung nur erzielt werden kann, wenn der Patient sich hinsichtlich Häufigkeit und Zeitpunkt der Einnahme genau an die Anweisungen des Arztes hält.

Die bisher entwickelten Medikamente zielen auf zwei Momente im Infektionsverlauf ab: Die zu Beginn der Forschungsarbeiten entwickelten Medikamente sollen die reverse transcriptase bei ihrer Arbeit behindern, um so das Einspeichern der Erbinformation des Virus in der menschlichen Zelle zu unterbinden. Allerdings stellte sich schon bald heraus, daß das Virus schon nach kurzer Zeit gegen diese Wirkstoffe resistent wird. Die neue Generation von Medikamenten, die sogenannten Proteinase-Hemmer, sollen verhindern, daß sich die Viruszelle vermehrt, indem sie die Hüllbildung für neue Viruszellen unterbrechen. Durch eine Kombination beider Therapien ist es gelungen, den Ausbruch der Krankheit bedeutend herauszuzögern. Es wäre angesichts der Neuartigkeit dieser Therapie und der in der Vergangenheit immer wieder erfolgten Rückschläge in der Forschung aber noch verfrüht zu sagen, daß Aids nunmehr zu einer chronischen Erkrankung oder gar heilbar geworden ist.[37]

Eine Impfmöglichkeit gegen HIV gibt es derzeit ebenfalls noch nicht. Zwar hat man durch die Injektion abgeschwächter HI-Viren bei Affen ermutigende Forschungsergebnisse erzielt. Das Problem ist jedoch, daß man Versuche am Menschen nicht wagen kann. Geklärt werden muß auch die Frage, ob durch die Impfung wirklich nur Antikörper gegen HIV gebildet werden oder ob die Krankheit nicht doch irgendwann ausbricht. Eine Antwort wird die Wissenschaft auch wegen der langen Latenzphase erst nach Jahren erhalten können. Außerdem muß noch sichergestellt werden, daß die Impfung keine Nebenwirkungen wie beispielsweise Krebs nach sich zieht.[38]

Aus diesen Gründen ist man zunächst noch darauf angewiesen, die Ansteckung zu verhindern. Wichtigstes Mittel dazu ist die Diagnose der Krankheit. Zu diesem Zweck wurde der Aids-Test entwickelt. Dieser Test erfolgt durch Nachweis der Antikörperbildung im Blut gegen HIV mittels serologischer Methoden. Zunächst wird ein sogenannter ELISA-Vortest durchgeführt. Dieser ist jedoch

---

37 Marcus in Jäger VII-6.4, S. 1, 5; DIE ZEIT Nr. 27, 1997, S. 58; Berichten zufolge sind in jüngerer Zeit die ersten Fälle bekannt geworden, in denen das Virus auch gegen diese Therapie resistent ist, vgl. DER TAGESSPIEGEL vom 13. Juli 1997, S. 25.

38 DER SPIEGEL Nr. 28, 1995, S. 174.

aufgrund der großen Empfindlichkeit sehr ungenau, so daß bei positiven Befund ein Bestätigungstest (Western-Blot) zur Verifizierung vorgenommen werden muß. In der ersten Zeit einer möglichen HIV-Infektion kann auch der Aids-Test negativ ausfallen, da das Virus sich noch nicht in das Genom einer Zelle eingenistet hat. Diese Zeitspanne wird mit etwa 3-12 Wochen angegeben.[39] Aus diesem Grund ist ein negatives Testergebnis noch keine Garantie, daß man nicht HIV-infiziert ist. Eine Weiterentwicklung der Tests, insbesondere die Erforschung anderer Methoden ist daher sehr wichtig.

B. Psychologische Aspekte

Der Infizierte muß sich mit einer Vielzahl von Problemen auseinandersetzen, die seine Psyche in erheblichem Maß beeinträchtigen. Durch die Diagnose wird er mit einer schweren Krankheit konfrontiert, die mit großer Wahrscheinlichkeit zum Tod führt. Außerdem muß er seine Lebensweise radikal ändern, um sich und seine Umwelt zu schützen. Auf diese Art wird ihm eine doppelte Verantwortung übertragen: Er muß seine Umwelt entweder über die Infektion in Kenntnis setzen oder sich zumindest so verhalten, daß er sie keinem Ansteckungsrisiko aussetzt, und er muß sich selbst vor Infektionen schützen, die sein angegriffenes Immunsystem noch weiter schwächen könnten.

Viele Patienten werden in der Regel zunächst von Ängsten vor dem Tod, Schmerzen, Entstellungen und Isolation befallen, auf die nicht wenige mit Depressionen oder psychosomatischen Erkrankungen reagieren. Dies kann bis hin zum Selbstmord führen. Verstärkt werden diese Probleme dadurch, daß der Patient bislang keine Hoffnung auf Heilung haben kann, an der er sich festhalten könnte. Selbst Erfolgserlebnisse, wie das Abklingen einer opportunistischen Infektion, können ihm nicht helfen, da er weiß, daß die allem Übel zugrundeliegende, im Hintergrund wütende Krankheit weiter besteht. Er empfindet die Krankheit als eine Zeitbombe in seinem Körper, die er nicht beherrscht und die jederzeit explodieren kann. Ein großes Problem stellen auch die Schuldgefühle dar, die viele Patienten entwickeln, die sich permanent fragen, warum sie sich die Krankheit geholt haben und ob sie die Infektion hätten verhindern können. Andere, bei denen die Krankheit über Blutpräparate, -transfusionen o.ä. übertragen wurde, reagieren beispielsweise mit ohnmächtiger Wut, Verzweiflung

---

39 Bundschuh/Schneeweiss/Bräuer S. 46; Haas/Vaith in Peter/Pichler S. 239, 247.

oder Bestrafungsgefühlen. Erschwerend kommt hinzu, daß Medikamente, die den Verlauf von Aids hemmen, zusätzlich Depressionen verursachen können.[40]

Besonders wichtig für Infizierte ist der Rückhalt in einem sozialen Umfeld, sei es durch die Familie, Freunde, Ärzte oder einen Beruf. Untersuchungen haben ergeben, je offener ein Infizierter mit seiner Krankheit umgehen kann und je mehr er in einem gesicherten sozialen Umfeld integriert ist, desto geringer sind die psychischen Belastungen.[41] Aus diesem Grund hat ein Infizierter auch im besonderen Maß Angst vor einer Isolation. Viele verschweigen daher ihre Krankheit und reagieren nahezu panisch, wenn erste sichtbare Zeichen ihrer Erkrankung auftreten.

All diese Konflikte führen dazu, daß der Patient in erheblichen Maß geschwächt wird und zwar zu einer Zeit, in der er vor allen Dingen viel Kraft braucht, um den Ausbruch der Krankheit zumindest zu verzögern. HIV-Infizierte sind daher in erster Linie auf Verständnis, Toleranz und Hilfe angewiesen. Ein anderes Verhalten ihrer Umwelt kann den Infizierten in eine Welt der Depressionen führen und es ist nicht auszuschließen, daß dadurch das Immunsystem die entscheidende Schwäche erleidet, die die Krankheit zum endgültigen Ausbruch bringt und damit zum sicheren Tod führt.[42]

HIV-infizierte Kinder haben ähnliche psychische Probleme. Auch Kinder reagieren mit Depressionen und psychosomatischen Erkrankungen auf ihre eingeschränkte Lebensweise. Sie fühlen, daß sie sich von anderen unterscheiden, wodurch ein Gefühl der Einsamkeit entstehen kann. Eine besondere Gefahr liegt darin, daß durch Vorurteile der Eltern anderer Kinder das infizierte Kind gemieden wird. Gerade Kinder brauchen aber die Gemeinschaft anderer, gleichaltriger für ihre Weiterentwicklung. Außerdem ist ihnen das Verhalten ihrer Mitmenschen nur schwer zu erklären, so daß viele Kinder sich zusätzlich zu ihrer Krankheit in erheblichem Maß bestraft vorkommen. Ein besonderes Problem von Aids bei Kindern stellt die Reaktion des Körpers auf den Virus dar. Besonders Kleinstkinder können noch keine Antikörper bilden.[43] Dies führt unter anderem dazu, daß die Schwerpunkte der Krankheitserscheinungen etwas

---

40 Christ/Wiener in DeVita/Hellman/Rosenberg S. 280.

41 Christ/Wiener in DeVita/Hellman/Rosenberg S. 286; Leiberich/Engeter/Schumacher/Harrer/ Kalden/Olbrich in Goebel/Hehlmann/Gauweiler X. 1 q, S. 13.

42 Bruns in MDR 1987, 353, 354.

43 Grosch-Wörner/Vocks in Goebel/Hehlmann/Gauweiler II. 9 c, S. 4, DER SPIEGEL Nr. 30, 1987, S. 51.

anders gelagert sind als bei Erwachsenen. So ist die Aids-Erkrankung eines Kindes z. B. stärker als beim Erwachsenen durch verschiedenste neurologische Ausfälle gekennzeichnet.[44] Dabei kann es auch vorkommen, daß ein Kind aggressiv auf seine Umwelt reagiert.[45]

Die betroffenen Kinder sind nur in den wenigsten Fällen über ihre Erkrankung informiert. Bei einer Anfang der neunziger Jahre durchgeführten Datenerhebung in den Aids-Zentren Berlin, Düsseldorf, Frankfurt und München wußten nur 6% der Kinder im Alter zwischen 4 und 12 Jahren von ihrer Krankheit.[46] Dies ist darauf zurückzuführen, daß die Eltern Angst haben, durch die Bekanntgabe würde die Krankheit publik und damit die Gefahr der sozialen Ächtung erhöht. Andererseits stellen die Kinder Fragen, da sie häufig zum Arzt müssen bzw. mit Infektionen oder ähnlichem zu kämpfen haben. Außerdem stellt die Krankheit ein Thema in der Familie dar und weckt dadurch die Phantasie und Neugier der Kinder. Die so häufig entstehenden Ängste können im Einzelfall sogar die psychische Gesundheit und die Entwicklung des Kindes beeinträchtigen. Es ist daher am besten, die Kinder je nach Alter und Verständnisfähigkeit über die Erkrankung zu informieren. Dabei ist es nicht nötig, ausdrücklich auf Aids hinzuweisen, vielmehr benötigt das Kind altersgerechte Erklärungen, um mögliche Ängste abzubauen. Je älter die Kinder werden und damit eventuell auch sexuelle Erfahrungen und Neugier ins Spiel kommen, desto wichtiger ist die Offenheit der Eltern, da nur dann ein entsprechend verantwortungsvoller Umgang mit der Krankheit von dem Kind erwartet werden kann.

Die post- und perinatal infizierten Kinder werden zusätzlich dadurch belastet, daß die eigene Mutter oder sogar beide Elternteile ebenfalls infiziert sind, wenn sie nicht sogar bereits erkrankt oder gestorben sind. Viele Kinder können daher nicht dauerhaft von ihren Eltern versorgt werden. Die bereits erwähnte Datenerhebung ergab, daß 64 % der HIV-infizierten Kinder bei ihren Eltern, zumindest aber bei einem der leiblichen Eltern lebten.[47] Etwa weitere 12 % waren bei Verwandten untergebracht. Diese Form der Unterbringung wird von den Jugendämtern unterstützt, da es schwierig ist, HIV-infizierte Kinder bei Pflegefamilien unterzubringen. 20% lebten in einer Pflegefamilie oder waren

---

44 siehe im einzelnen Belman in „Pediatric AIDS“ S. 107 ff.

45 DER SPIEGEL Nr. 30, 1987, S. 68.

46 Kamp in „AIDS und Kinder“ S. 245.

47 Kamp in „AIDS und Kinder“ S. 234.

adoptiert. Etwa 2 % lebten in einem Heim oder einer ähnlichen Einrichtung. Die Situation in den Familien, in denen zumindest ein Elternteil ebenfalls infiziert ist, ist darüber hinaus durch eine Vielfalt sozialer Probleme gekennzeichnet, da in den überwiegenden Fällen die Infektion der Eltern auf Drogenmißbrauch zurückzuführen ist.[48] Neben den Problemen der Krankheit müssen diese Familien sich noch mit Suchtproblemen bzw. mit den damit verbundenen Auswirkungen auseinandersetzen. Verschuldung, belastende Wohnverhältnisse, der Abbruch sozialer Verbindungen, Arbeitslosigkeit sind häufige Probleme. Das Kind wird dabei oftmals als Chance für einen Neuanfang gesehen. Andererseits ist die Familie durch die Infektion zumindest eines Elternteils und die damit verbundenen Belastungen mit der Verpflegung des Kindes chronisch überfordert. Verstärkt werden die Probleme dadurch, daß die Eltern stets mit der Sorge konfrontiert sind, nicht lange genug gesund zu sein, um dem Kind die nötige Pflege und Aufmerksamkeit zu geben. Außerdem treten häufig Schuldgefühle auf, da das Kind die Krankheit durch die Eltern bekommen hat.

Die Probleme aller Infizierten werden durch die Reaktion vieler Gesunder verschärft. Nicht selten ist geradezu eine Aids-Phobie zu beobachten, die auf mangelnde Aufklärung zurückzuführen ist. Die Gefahr der Isolation der Infizierten wird dadurch noch erhöht. Diese Phobie kann sich zu nahezu panischen Reaktionen verstärken, so daß hier tatsächlich von einer neuen Erkrankung auf Seiten der Gesunden gesprochen werden muß.[49]

C. Statistik[50]

Die ersten Fälle von HIV-infizierten Kinder wurden im Jahre 1983 in den USA bekannt. In der Bundesrepublik traten die ersten Fälle 1985 auf.[51] Ende 1997 waren beim Robert-Koch-Institut in Berlin insgesamt 81.757 Fälle von HIV gemeldet, davon 2.819 (= 3,4 %) Kinder im schulrelevanten Alter zwischen 5 und 19 Jahren. Die meisten Kinder unter 13 Jahren wurden von ihren Müttern bei oder nach der Geburt angesteckt (78,9%). Übertragungen durch

48 Enenkel-Stoodt/Landwehr-Dobberstein/Schlittgen in „AIDS und Kinder" S. 158.

49 ausführlich dazu: Ermann in Goebel/Hehlmann/Gauweiler X. 1 h, S. 1 ff.

50 soweit nicht anders angegeben, sind alle Zahlen dieses Abschnitts dem „128. Bericht des Aids-Zentrums im Robert Koch-Institut über aktuelle epidemiologische Daten", Quartalsbericht IV/97 entnommen.

51 Wahn/Grosch-Wörner in „AIDS und Kinder" S. 19.

Transfusionen oder Blutpräparate spielten bis vor wenigen Jahren gerade bei älteren Kindern eine wichtige Rolle. Seit 1995 ist aber in Deutschland kein Fall bei Kindern unter 13 Jahren mehr bekannt geworden, in dem die Infektion auf eine Transfusion oder Verwendung von Blutpräparaten zurückzuführen war. In der Zukunft werden sich aufgrund der besseren Kontrollen bei Transfusionen und Blutpräparaten die HIV-Infektionen bei Kindern auf die Fälle konzentrieren, in denen die Ansteckung bereits während oder vor der Geburt durch die eigene Mutter erfolgt. Die Zahl der infizierten Kinder wird dabei im erheblichen Maß davon abhängen, wie sich die epidemiologische Lage bei Frauen entwikkelt.

Seit 1989 werden jährlich etwa 1.000 Frauen HIV-positiv gemeldet. Der Anteil der Frauen an den Infizierten hat sich kontinuierlich von 15,2 % im Jahr 1987 auf rund 21 % im Jahr 1997 gesteigert. In diesem Zusammenhang muß beachtet werden, daß das Infektionsrisiko für Frauen durch heterosexuelle Kontakte in den letzten Jahren zugenommen hat. Die Hauptinfektionsrisiken bei Frauen sind der heterosexuelle Kontakt sowie die intravenöse Drogenabhängigkeit. Die in dem Zeitraum Januar bis Dezember 1997 gemeldeten insgesamt 94 neuen Aids-Fälle bei weiblichen Jugendlichen und Erwachsenen sind bei 36,2 % der Betroffenen auf intravenösen Drogengebrauch und bei 29 % auf heterosexuelle Kontakte zurückzuführen. Bei den in diesem Zeitraum erstmals gemeldeten HIV-Bestätigungstests überwiegen ebenfalls diese beiden Infektionsquellen, wobei bei 808 gemeldeten HIV-Infektionen in 106 Fällen heterosexuelle Kontakte und in 78 Fällen intravenöser Drogengebrauch zugrundelagen. Die HIV-Zahlen sind allerdings nicht sehr aussagekräftig. Sie basieren auf einer anonymen Laborberichtsverordnung. Die näheren Angaben über die infizierte Person, wie Geschlecht, Alter, Infektionsrisiko etc. sind freiwilliger Natur. Das Infektionsrisiko wird lediglich in etwa 30 % der Fälle angegeben. Auch in dem genannten Zeitraum war das Infektionsrisiko in 423 Fällen nicht angegeben. Außerdem sind wegen der Anonymität Doppelmeldungen nicht auszuschließen. Lediglich erkennbare Doppelmeldungen werden nicht mehr berücksichtigt. Andererseits fehlen viele Fälle, da mangels Zwangstest und Erkennbarkeit der Infektion über einen langen Zeitraum viele Infizierte von ihrer Infektion nichts wissen. Es ist dabei völlig unmöglich, die Dunkelziffer einzuschätzen. Besonders deutlich wird dies, wenn man sich folgendes Beispiel vor Augen führt: Von Januar bis Juni 1993 wurden in Berlin sechs Frauen als bekannt HIV-infiziert entbunden, während im Screening 15 seropositive Befunde identifiziert wurden, das heißt, daß bei neun Müttern die bestehende HIV-Infektion zum Zeitpunkt der Entbindung unbekannt war - und wahrscheinlich auch noch heute ist.[52] Ob die Kinder der betroffenen Mütter HIV-positiv sind, ist entsprechend ebenfalls unbekannt.

Von den post- bzw. perinatal infizierten Kindern entwickeln 72 % innerhalb der ersten drei Lebensjahre Aids.[53] Nach der Manifestation von Aids beträgt die Überlebenszeit je nach Art der jeweils vorliegenden Infektionen 5 bis 22 Monate.[54] Bei diesen Zahlen sind jedoch zwei Aspekte zu berücksichtigen: Zum einen basieren diese Zahlen auf zu wenigen Fällen, als daß eine sichere Prognose bereits möglich wäre. Es ist daher nicht auszuschließen, daß die Überlebenszeit auch länger sein kann.[55] Zum anderen muß beachtet werden, daß neue Medikamente die Latenzzeit so verlängern können,[56] daß in absehbarer Zeit die meisten dieser Kinder auch das schulfähige Alter erreichen.

D. Probleme im schulischen Bereich

Derzeit gibt es noch nicht sehr viele HIV-positive Kinder in der Schule. In Anbetracht der langen Latenzphase muß aber weiterhin davon ausgegangen werden, daß viele Infizierte, nicht wissend um ihre Infektion, die Krankheit weiterverbreiten. Wenn man sich die Entwicklung der Zahlen der Aids-Infektionen in den letzten Jahren ansieht, erkennt man, daß dabei immer mehr heterosexuelle Frauen betroffen sind. Es ist daher wahrscheinlich, daß in Zukunft auch die Zahl der HIV-infizierten Kinder zunehmen wird. Außerdem wird sich die Überlebenszeit der bei der Geburt infizierten Kinder durch neue Medikamente verlängern, so daß wahrscheinlich in einigen Jahren vermehrt auch Kinder mit HIV und Aids die Schule besuchen werden. HIV-infizierte Lehrer gibt es allerdings auch heute schon häufiger.

Es gibt Stimmen, die behaupten, daß eine Ansteckung in der Schule praktisch ausgeschlossen sei, da in der Schule nur Sozialkontakte stattfänden.[57] Dem sind

52 Bunikowski in „AIDS und Kinder“ S. 16.
53 Bunikowski in „AIDS und Kinder“ S. 9.
54 Bunikowski in „AIDS und Kinder“ S. 13.
55 Wahn/Grosch-Wörner in „AIDS und Kinder“ S. 24.
56 Wahn/Grosch-Wörner in „AIDS und Kinder“ S. 24.
57 Bender in NJW 1987, 2903, 2907, der zwar Gefahren sieht, die aber derart von einer Kette wenig wahrscheinlicher Ereignisse abhingen, daß das Risiko lediglich „spekulativ“ sei.

jedoch einige Situationen entgegenzuhalten, in denen zumindest eine Gefährdung gegeben ist:

- Die Gewalt an Schulen hat in den letzten Jahren in bedenklichen Maße zugenommen.[58] Blutende Wunden, die sich berühren können, oder Bißverletzungen sind keine Seltenheit mehr. Zwar ist nicht sicher, ob der Speichel-Blut-Kontakt, der bei einer Bißwunde entstehen kann, für eine Infizierung ausreicht, doch ist zumindest ein Fall bekannt, wo genau dieser Ansteckungsweg angenommen wird.[59] Es wäre also verantwortungslos, die Möglichkeit einer Ansteckung hier völlig auszuschließen.
- Weiterhin kann es beim Sport- oder Werkunterricht zu Verletzungen kommen. Hier erscheint die Gefährdung auf den ersten Blick nur gering zu sein, da eine Berührung von Körperflüssigkeiten relativ unwahrscheinlich ist. Allerdings sollte man beachten, daß heute immer mehr Kinder an ekzematösen Hauterkrankungen leiden, die gerade im Kindesalter aufgrund ständigen Kratzens zu offenen Wunden und rissigen Hautpartien führen können. Bei medizinischem Personal hat die Berührung der erkrankten Haut mit dem Blut eines Infizierten in mehreren Fällen bereits für eine Übertragung ausgereicht.[60]
- Eine weitere Gefahr besteht darin, daß Kinder à la Karl May „Blutsbrüderschaft“ schließen. Dieses Spiel ist auch heute noch, nicht nur unter Jungen, sehr beliebt.
- Mit Beginn der Pubertät wird zunehmend auch der sexuelle Bereich eine Rolle spielen. Viele Jugendliche machen heute ihre ersten sexuellen Erfahrungen noch in der Schulzeit. Eine im Jahr 1992 in den Großräumen Frankfurt, Hamburg und Leipzig durchgeführte Umfrage hat ergeben, daß 38 % der 16-17-jährigen Jugendlichen bereits mindestens einmal Geschlechtsverkehr hatten,[61] wobei von diesen 50 % ein Kondom benutzten.[62] Lediglich 3,9 % der Jugendlichen hatten schon einmal einen Aids-Test gemacht.[63] Eine Umfrage des Emnid-Instituts Ende 1994 kam sogar zu dem Ergebnis, daß bereits 65% aller Mädchen und 59 % aller Jungen mit siebzehn ihren ersten Geschlechtsverkehr schon hinter sich hatten.[64] Weiterhin ist zu bedenken, daß

58 vgl. DER SPIEGEL Nr. 42, 1992, S. 36 ff.
59 AIFO 1987, 191; DER SPIEGEL Nr. 30, 1987, S. 67.
60 Jarke in InfFo 1996, 12, 16.
61 Klusmann/Weber/Schmidt in AIFO 1993, 81, 84.
62 Klusmann/Weber/Schmidt in AIFO 1993, 81, 87 f.
63 Klusmann/Weber/Schmidt in AIFO 1993, 81, 87 f.
64 DER SPIEGEL Nr. 16, 1995, S. 184.

auch bei Zungenküssen eine Ansteckung nicht vollkommen ausgeschlossen werden darf. Zwar ist das Ansteckungsrisiko sehr gering, es steht aber fest, daß das Virus im Speichel enthalten ist. Bei Wunden im Mund oder an der Zunge (man denke dabei an die weit verbreitete Parodontose) ist daher entsprechende Vorsicht geboten.[65]

Bei all diesen Gefahren kommt es in erster Linie auf den Einzelfall an. Die Situation in einer Halbtagsschule kann anders zu beurteilen sein als die in einer Ganztagsschule oder einem Internat. Auch die soziale Herkunft und das individuelle Verhalten der Kinder können die Gefahren verstärken oder vermindern. Aufgeklärte, besonnene Kinder werden weniger gefährdet sein als wilde, unbedachte. Mit zunehmendem Alter gehen die Kinder auch verantwortungsvoller mit sich und ihrer Umwelt um. Die Gefahren sind also je nach Alter, Charakter und Umgebung des Kindes unterschiedlich zu bewerten. Trotz allem ist nicht auszuschließen, daß, wenn ein HIV-infiziertes Kind die Schule besucht, die Gefahr einer Ansteckung besteht.

Manche dieser Gefahren sind zwar nicht ausgesprochen schulspezifisch, da Kinder ihnen in allen Bereichen mit Gleichaltrigen begegnen können.[66] In diesem Zusammenhang ist aber zu beachten, daß die meisten Kinder ihren Freundeskreis in der Schule bilden und sie dort in der Regel auch die Kontakte knüpfen, die sie außerhalb des Unterrichts pflegen.[67] Solange ein HIV-infiziertes Kind die Schule besucht, ist daher nicht auszuschließen, daß es zu ansteckungsrelevanten Kontakten innerhalb oder außerhalb des Schulbereichs mit anderen Mitschülern kommt. Dementsprechend darf die Schule die Augen vor möglichen Infektionen ihrer Schüler nicht verschließen. Eine andere Frage ist aber, *wie* die Schule reagieren kann bzw. muß. Hier stehen sich die Interessen der Gesunden, die sich vor Ansteckung fürchten und geschützt werden wollen, und die der Kranken, die ein Interesse an und ein Recht auf Bildung haben, offenbar diametral gegenüber. Geht die Schule offen mit dem Problem um, setzt sie das kranke Kind der Gefahr einer Diffamierung und Isolation aus. In den USA,[68] aber auch in Deutschland,[69] sind panikartige Reaktionen zu verzeichnen

---

65 Christiani S. 49 f.; angeblich ist nunmehr auch der erste Fall nachgewiesen, vgl. BERLINER MORGENPOST vom 13. Juli 1997, S. 23.

66 Bender in NJW 1987, 2903, 2907 meint, daß die Schule eben nicht besser sei als die Gesellschaft, deren Bestandteil sie sei; Loschelder in NJW 1987, 1467, 1470.

67 Engler in RdJB 1988, 23, 24 spricht von schulbezogenen Anlässen.

68 DER SPIEGEL Nr. 5, 1987, S. 283.

69 Der Stern Nr. 9, 1987, S. 23.

gewesen, als bekannt wurde, daß ein HIV-infiziertes Kind die Schule besucht. Die jeweiligen Kinder mußten die Schule verlassen.

Das große Problem für eine Schule ist also:

Wie können alle Schüler möglichst optimal vor einer Ansteckung geschützt werden, ohne daß das kranke Kind auf Bildung und den sicheren Halt einer Gemeinschaft verzichten muß?

2. Kapitel: Informationsrechte und -pflichten

Eine Information über Aids ist im Schulbereich auf zwei Arten denkbar: Zum einen ist es möglich, Dritte über eine konkrete Infektion zu informieren, wobei der Name des Infizierten genannt werden kann oder nicht. Zum anderen kann die Schule allgemein über Risiken und Gefahren der Infektion aufklären. Beide Arten der Information werfen Probleme auf.

Die Bekanntgabe einer konkreten HIV-Infektion hat den Vorteil, daß sich die Gesunden auf das Risiko einstellen und durch ihr Verhalten eine Infektion praktisch ausschließen können. Andererseits wird der Infizierte jedoch der Gefahr einer Isolation und Diskriminierung durch die Gesunden ausgesetzt. Es stellen sich demnach folgende Fragen: Muß der Infizierte gegenüber der Schule seine Infektion offenbaren? Ist die Schule befugt, eine wie auch immer erlangte Information über das Auftreten der Infektion an der Schule an andere Schüler, Eltern oder Lehrer weiterzugeben?

Bei der allgemeinen Aufklärung scheinen sich auf den ersten Blick keine Probleme zu ergeben. Schließlich sollen die Schüler lediglich vor einer gefährlichen Krankheit gewarnt werden. Die Übertragungsarten und Schutzmöglichkeiten bei Aids verlangen aber einen sehr offenen Umgang mit den Fragen der Sexualität, der sich möglicherweise mit den moralischen Vorstellungen mancher Eltern nicht vereinbaren läßt. Es ist deshalb zu untersuchen, welchen Inhalt der Aufklärungsunterricht bzgl. Aids haben darf bzw. haben sollte und welchen Einfluß die Eltern auf diesen Unterricht nehmen können.

A. Informationen, die mit einer namentlichen Nennung des Infizierten verbunden sind

Die namentliche Nennung des Infizierten ist dann von Bedeutung, wenn er selbst oder bei Minderjährigen seine Eltern die Schule informieren bzw. die Schule den Namen des Infizierten an Dritte weitergibt. Hierbei stellen sich solange keine Probleme, wie die Infizierten oder bei Minderjährigen deren Eltern die Information freiwillig geben bzw. mit deren Weitergabe an andere einverstanden sind. Soweit es aber an dieser Freiwilligkeit bzw. diesem Einverständnis fehlt, stellt sich die Frage, ob es eine Verpflichtung zur Offenbarung der Infektion gegenüber der Schule gibt und ob die Schule auch ohne

Einwilligung der Infizierten oder deren Eltern Dritte über die Erkrankung informieren darf oder muß.

I. Verfassungsrechtliche Vorfragen

1) Grundrechtliche Relevanz derartiger Informationen für den Infizierten

Die namentliche Nennung des Infizierten könnte diesen unabhängig davon, ob er Auskunft geben soll oder die Schule die Information weitergeben will, vor allem in seinem Grundrecht auf informationelle Selbstbestimmung berühren. Dieses Recht wurde vom Bundesverfassungsgericht im sogenannten Volkszählungsurteil[70] aus dem allgemeinen Persönlichkeitsrecht, wie es sich aus Art. 2 I und Art. 1 I GG ergibt, entwickelt. Danach kann der Einzelne über die Preisgabe bzw. Verwendung von ihn betreffenden Daten selbst bestimmen. Daten sind dabei Einzelangaben über persönliche oder sachliche Verhältnisse einer bestimmten oder bestimmbaren natürlichen Person.[71] Die Angabe über eine Infektion einer bestimmten Person, also einer persönlichen Eigenschaft, ist ein Datum in diesem Sinn. Daher ist der Infizierte durch derartige Informationen in seinem allgemeinen Persönlichkeitsrecht betroffen und kann grundsätzlich selbst bestimmen, ob er seine Infektion preisgeben will und an wen diese Information weitergegeben werden darf. Obwohl das Recht auf informationelle Selbstbestimmung im Zusammenhang mit der automatisierten Datenverarbeitung entwickelt wurde, erstreckt es sich doch auf alle Gebiete staatlicher Informationstätigkeit. Die Möglichkeiten und Gefahren der modernen Datenverarbeitung haben zwar die Notwendigkeit des Schutzes persönlicher Daten deutlicher hervortreten lassen, sind aber nicht Grund und Ursache ihrer Schutzbedürftigkeit. Ein umfassender Persönlichkeitsschutz, und dieser ist Grundlage für das Recht auf informationelle Selbstbestimmung, verlangt vielmehr, daß jeder unabhängig von der jeweiligen Verarbeitungsform selbst bestimmen darf, wer, was, wann über ihn weiß.[72]

---

70 BVerfGE 65, 1 ff.

71 diese Legaldefinition findet sich in § 3 BDSG und in allen Datenschutzgesetzen der Länder (z.B. § 4 I BlnDSG).

72 BVerfGE 78, 77, 84; Rosenbaum in Jura 1988, 178, 179; Simitis in Simitis/Dammann/Geiger/ Mallmann/Walz § 1 BDSG Rn. 184; Vogelgesang S. 55 f.

Das Recht auf informationelle Selbstbestimmung gilt jedoch nicht unbeschränkt. Das Bundesverfassungsgericht hat hierzu ausgeführt:

> „Dieses Recht auf „informationelle Selbstbestimmung" ist nicht schrankenlos gewährleistet. Der Einzelne hat nicht ein Recht im Sinne einer absoluten, unbeschränkbaren Herrschaft über „seine" Daten; er ist vielmehr eine sich innerhalb der sozialen Gemeinschaft entfaltende, auf Kommunikation angewiesene Persönlichkeit. Information, auch insoweit sie personenbezogen ist, stellt ein Abbild sozialer Realität dar, das nicht ausschließlich dem Betroffenen allein zugeordnet werden kann. Das Grundgesetz hat, wie in der Rechtsprechung des Bundesverfassungsgerichts mehrfach hervorgehoben ist, die Spannung Individuum - Gemeinschaft im Sinne der Gemeinschaftsbezogenheit und Gemeinschaftsgebundenheit der Person entschieden. Grundsätzlich muß daher der Einzelne Einschränkungen seines Rechts auf informationelle Selbstbestimmung im überwiegendem Allgemeininteresse hinnehmen."[73]

Das Bundesverfassungsgericht machte außerdem deutlich, daß für Eingriffe in dieses Recht der Gesetzesvorbehalt gilt.[74] Es bedarf daher einer gesetzlichen Regelung, die die Voraussetzungen und den Umfang derartiger Beschränkungen deutlich erkennbar festlegt.[75] Bei der zwangsweisen Erhebung persönlicher Daten, wie sie bei der Verpflichtung des Infizierten zur Information der Schule über eine Erkrankung gegeben ist, wird darüber hinaus verlangt, daß das die Erhebung rechtfertigende Gesetz den Zweck der Erhebung deutlich macht und die spätere Verwendung, also auch die Weitergabe, an diesen Zweck gebunden bleibt.[76] Somit bedarf die namentliche Information, unabhängig davon, ob der Infizierte sie geben muß oder ob die Schule sie weitergibt, einer gesetzlichen Grundlage, die diesen Voraussetzungen entspricht.

---

73 BVerfGE 65, 1, 43 f.

74 BVerfGE 65, 1, 44 f.

75 BVerfGE 65, 1, 44.

76 BVerfGE 65, 1, 46.

2) Umfang des Gesetzesvorbehalts

a) Die Lehre vom Besonderen Gewaltverhältnis

Nach der früher herrschenden Lehre vom besonderen Gewaltverhältnis sollten die Grundrechte im Schulbereich nur beschränkt Wirkung entfalten. Der Begriff des besonderen Gewaltverhältnisses wurde erstmals von Otto Mayer geprägt.[77] Ein solches zeichnet sich durch eine rechtliche und tatsächliche Bindung des Bürgers an eine bestimmte staatliche Einrichtung aus, deren Intensität über die sonst üblichen Beziehungen zwischen Staat und Bürger hinausgeht.[78] Durch diese Bindung wird die Funktionsfähigkeit der entsprechenden Einrichtungen erhalten, indem Pflichten, aber auch Rechte der einzelnen einbezogenen Bürger begründet werden.[79] In dieser Sonderrechtsbindung sollten die Grundrechte zwar grundsätzlich gelten, ihre Ausübung war jedoch insofern beschränkt, als daß Grundrechtseingriffe auch ohne gesetzliche Grundlage durch die Verwaltung zulässig sein sollten, solange sie dem Zweck des jeweiligen besonderen Gewaltverhältnisses entsprachen.[80] Bei von dem Betroffenen freiwillig eingegangenen Bindungen, wie beispielsweise dem Beamtenverhältnis, wurde dies teilweise aus einem konkludenten Verzicht auf die Ausübung der Grundrechte in diesem Rahmen hergeleitet.[81] Bei zwangsweise begründeten Beziehungen, wie sie auch in der Schule durch die Schulpflicht gegeben sind, sollte das Gesetz, das den Eintritt in das besondere Gewaltverhältnis begründet, für diese Beschränkungen ausreichen.[82]

Diese Ansicht ist durch die Rechtsprechung des Bundesverfassungsgerichts zum besonderen Gewaltverhältnis[83] und später speziell zum Schulverhältnis[84] nicht mehr aufrechtzuerhalten. Im sogenannten besonderen Gewaltverhältnis

---

77 Mayer S. 101 f.

78 Mayer S. 101; Ronellenfitsch in DöV 1981, 933; Stern III/1 § 74 III 5.

79 Stern III/1 § 74 III 5.

80 OLG Celle in MDR 1969, 163, 164; Fleiner S. 167; Krüger in DVBl 1950, 625, 629; v. Mangoldt/Klein Vorb. B XVI 5; Smend in VVDStRL 4 (1928), 44, 54.

81 Krüger in DVBl 1959, 625, 629.

82 BayVerfGH in NJW 1968, 1227,1228; Krüger in DVBl 1959, 625, 629; v. Mangoldt/Klein Vorb. B XVI 4 f.

83 BVerfGE 41, 251ff (Strafgefangene).

84 BVerfGE 41, 251 ff. (Schulausschluß als Ordnungsmaßnahme); BVerfGE 45, 400 ff. (Neuordnung der gymnasialen Oberstufe); BVerfGE 47, 46 ff. (Sexualerziehung); BVerfGE 58, 257 ff. (Schulentlassung).

gilt der Gesetzesvorbehalt in demselben Umfang wie im allgemeinen Gewaltverhältnis, d.h. für Grundrechtseingriffe ist auch im besonderen Gewaltverhältnis eine gesetzliche Grundlage erforderlich.[85] Dafür spricht vor allem Art. 1 III GG, der alle staatliche Gewalt, also auch die der Exekutive, an die Grundrechte, in die aber nur mittels einer gesetzlichen Grundlage eingegriffen werden darf, bindet.[86] Außerdem gebietet es das Demokratieprinzip, daß zumindest die Grundzüge der Ordnung wichtiger Lebensbereiche vom demokratisch legitimierten Gesetzgeber geregelt werden und ihnen somit auch ein öffentlicher Willensbildungsprozeß zugrundeliegt.[87] Die Grundrechte würden, sofern man Eingriffe durch die Verwaltung ohne gesetzliche Grundlage zuließe, in einer „unerträglichen Unbestimmtheit relativiert werden",[88] da praktisch jeder Grundrechtseingriff mit Hinweis auf den Zweck des jeweiligen besonderen Gewaltverhältnisses erlaubt wäre. Damit steht fest, daß Maßnahmen im Schul- und Beamtenverhältnis heute einer gesetzlichen Grundlage bedürfen.

b) Anforderungen an die gesetzliche Regelung

Die Reichweite dieses Gesetzesvorbehalts, insbesondere wann eine Materie vom Gesetzgeber selbst geregelt werden muß (sog. Parlamentsvorbehalt), wann eine Verordnungsermächtigung im Sinne des Art. 80 I GG oder eine Satzung ausreichen und welche Anforderungen an die jeweilige Regelungsdichte zu stellen sind, ist jedoch konkretisierungsbedürftig.[89] Ziel dabei ist, den Kompetenzbereich der Legislative von dem der Exekutive abzugrenzen.

---

85 so inzwischen heute auch die einhellige Meinung in Rechtsprechung und Literatur, siehe dazu: BVerwGE 47, 194, 197; HessStGH in ESVGH 35, 1, 4; v. Münch/Kunig/ I. v. Münch Vorb. Art. 1-19 Rn. 61; Stern III/1 § 74 III 5 f β) αα); Wolff/Bachof/ Stober § 101, Rn. 54 f. mwN.

86 BVerfGE 33, 1, 10 f.

87 BVerfGE 41, 251, 260.

88 BVerfGE 33, 1, 10.

89 Eine ausführliche Darstellung dieses Problems würde den Umfang dieser Arbeit sprengen. Es soll daher nur ein grober Überblick über die einzelnen Meinungen gegeben werden; vgl. im übrigen die ausführlichen Darstellungen bei Erichsen in Festschrift zum 125jährigen Bestehen der Juristischen Gesellschaft zu Berlin, S. 113 ff.; Heußner in Festschrift für Erwin Stein, S. 111 ff.; Lerche „Bayerisches Schulrecht und Gesetzesvorbehalt"; Löhning „Der Vorbehalt des Gesetzes im Schulverhältnis"; Niehues Rn. 64 ff.; Peters S. 6 ff.

(1) „Wesentlichkeitstheorie“ des Bundesverfassungsgerichts

Nach der ständigen Rechtsprechung des Bundesverfassungsgerichts, der sich die übrige Rechtsprechung und Teile der Literatur angeschlossen haben, ist der Gesetzgeber verpflichtet, -losgelöst vom Merkmal des Eingriffs- die wesentlichen Entscheidungen selbst zu treffen (sog. „Wesentlichkeitstheorie“).[90] Dies ergibt sich aus dem in Art. 20 GG verankerten Demokratie- und Rechtsstaatsprinzip. Das Parlament als direkt vom Volk gewähltes Organ besitzt die größte demokratische Legitimation und sollte daher die wesentlichen Fragen auch selbst regeln.[91] Außerdem bietet das parlamentarische Gesetzgebungsverfahren ein höchstes Maß an Offenheit der Auseinandersetzung und Entscheidungssuche und damit bessere Möglichkeiten des Ausgleichs widerstreitender Interessen.[92] Andererseits ist ein genereller Parlamentsvorbehalt nicht zu bejahen. Dies zeigt zum einen Art. 80 I GG, der eine Delegation der Regelungskompetenz an den Verordnungsgeber und damit an die Exekutive ausdrücklich vorsieht. Zum anderen erlauben die meisten Grundrechtsartikel nicht nur den Eingriff durch, sondern auch aufgrund eines Gesetzes. Aufgabe des parlamentarischen Gesetzgebers ist daher, der Exekutive die normativen Grundlagen zu geben, ihre Entscheidungen (z. B. in Gestalt von Rechtsverordnungen) zu treffen, nicht aber die die Normen ausfüllenden konkreten Entscheidungen der Exekutive zu ersetzen.[93] Dadurch werden in dem der Exekutive vorbehaltenen Aufgabenbereich jedoch keine rechtsfreien Räume geschaffen. Vielmehr sind ausgehend vom Kriterium der Wesentlichkeit strengere bzw. weniger strenge Anforderungen an Art (förmliches Gesetz bzw. Rechtsverordnung) und Bestimmtheit der für das Handeln der Exekutive erforderlichen Rechtsgrundlagen zu stellen.[94]

---

90 BVerfGE 34, 165, 193; BVerfGE 47, 46, 78; BVerfGE 49, 89, 126; BVerfGE 58, 257, 268; BVerwGE 47, 201, 203; BVerwGE 56, 155, 157; BVerwGE 64, 308, 310; Heckel/Avenarius S. 166; Heußner in Festschrift für Erwin Stein, S. 111, 116; Kisker in NJW 1977, 1313, 1317; Niehues Rn. 65 ff.; Ossenbühl in DöV 1977, 801, 803; Starck in DöV 1979, 269, 270 ff.

91 BVerfGE 33, 125, 159; BVerfGE 40, 237, 249; BVerfGE 41, 251, 260; Maurer § 6 Rn. 5; Stern I § 20 4) b) δ).

92 BVerfGE 40, 237, 249; BVerfGE 41, 251, 260; Heußner in Festschrift für Erwin Stein, S. 111, 116; Niehues Rn. 66.

93 BVerfGE 49, 89, 124 ff.; Heckel/Avenarius S. 167; Niehues Rn. 67.

94 Niehues Rn. 67.

Wann eine Entscheidung so wesentlich ist, daß sie dem parlamentarischen Gesetzgeber selbst vorbehalten bleiben muß und wann eine Verordnungsermächtigung ergehen darf, richtet sich zunächst allgemein nach dem Grundgesetz. Hierbei vermittelt der Schutz der Grundrechte einen wichtigen Anhaltspunkt. Die meisten Grundrechtsartikel sehen ohnehin vor, daß Eingriffe nur durch oder aufgrund eines Gesetzes erfolgen dürfen. Im grundrechtsrelevanten Bereich bedeutet somit wesentlich, „wesentlich für die Verwirklichung der Grundrechte".[95] Kriterium für die Wesentlichkeit ist dabei die Intensität, mit der die Maßnahme in die Grundrechtssphäre des Bürgers eingreift.[96] Daraus folgt, je mehr die Individualsphäre zu Gunsten der Allgemeinheit bzw. anderer Individualinteressen eingeengt wird und daher ein Ausgleich zwischen den widerstreitenden Interessen gefunden werden muß, desto eher bedarf es als Rechtsgrundlage eines förmlichen Gesetzes. In gleitender Abstufung nach unten reichen dann bei geringerer Intensität eine Verordnung oder eine Satzung.[97] Im Bagatellbereich, in dem eine Grundrechtsrelevanz nicht mehr gegeben ist, soll es entsprechend keiner Rechtsgrundlage bedürfen.[98]

Hat man so die Art der erforderlichen Rechtsgrundlage ermittelt, stellt sich als weitere Frage, welche Anforderungen an die Bestimmtheit dieser Normen zu stellen sind. Auch hier wird wieder das Kriterium der Intensität herangezogen. Je intensiver sich die Maßnahme auf die Grundrechtssphäre des Bürgers auswirkt, desto höhere Anforderungen sind auch an die Regelungsdichte zu stellen.[99] Allerdings kann es die Vielschichtigkeit eines Sachgebiets auch im Interesse individueller Gerechtigkeit erfordern, daß eine gewisse Flexibilität der Verwaltung möglich sein muß, um auf die unzähligen Einzelfälle jeweils angemessen reagieren zu können. Die abstrakt-generellen Regelungen eines formellen Gesetzes können in diesem Bereich oftmals unzulänglich sein. Aus diesem Grund darf im Einzelfall auf Generalklauseln, unbestimmte Rechtsbegriffe und

---

95 BVerfGE 47, 46, 79; Heckel/Avenarius S. 167; Maurer § 6 Rn. 20.

96 BVerfGE 49, 89, 127; BVerfGE 58, 257, 275f; BVerwG in NVwZRR 1989, 413, 414; Erichsen in Festschrift zum 125-jährigen Bestehen der Juristischen Gesellschaft zu Berlin, S. 113, 122; Heußner in Festschrift für Erwin Stein, S. 111, 119; Kisker in NJW 1977, 1313, 1319; Maurer § 6 Rn. 11; Niehues Rn.70; Pieroth/Schlink Rn. 266.

97 BVerfGE 58, 257, 275; Maurer § 6 Rn. 11.

98 Heckel/Avenarius S. 167; Niehues Rn. 180.

99 BVerfGE 49, 89, 127; BVerfGE 58, 257, 278; Erichsen in Festschrift zum 125-jährigen Bestehen der Juristischen Gesellschaft zu Berlin, S. 113, 127; Hekkel/Avenarius S. 168; Kisker in NJW 1977, 1313, 1319; Niehues Rn. 72.

Ermessensausübung nicht verzichtet werden.[100] Dabei ist allerdings zu beachten, daß gerade im Bereich größerer Unbestimmtheit ein höheres Maß an Festlegung von Verfahrensgrundsätzen verlangt werden muß, um größere Rechtssicherheit für den betroffenen Bürger zu erlangen. Verfahren, insbesondere aber Zuständigkeiten, müssen, wenn auch in Zusammenhang mit anderen Normen gesehen, geregelt sein. Dieser Aspekt gilt besonders im Bereich der Schule, in dem oftmals pädagogische und damit einzelfallbezogene Entscheidungen getroffen werden müssen, die eine gewisse Flexibilität bei bestimmten Entscheidungen erfordern.[101]

(2) Abweichende Meinungen und Stellungnahme

In der Literatur ist die Wesentlichkeitstheorie teilweise auf heftige Kritik gestoßen.

Kisker bejaht zwar im Grundsatz die Wesentlichkeitstheorie, möchte aber das „Wesentliche" durch politische Kontroversität bestimmt wissen.[102] Dies würde bedeuten, daß Schlagzeilen und damit die Medien die Kompetenzen von Legislative und Exekutive beeinflussen könnten.[103] Durch geschickte Öffentlichkeitsarbeit könnte jedes Thema politisch kontrovers und damit allein dem Parlament vorbehalten sein. Andere Entscheidungen, die im maßgeblichen Zeitpunkt kein öffentliches Interesse finden, für Teile der Bevölkerung aber durchaus von großer Wichtigkeit sind, dürften hingegen an die Exekutive delegiert werden. Weiterhin bestünde die Gefahr einer je nach politischer Aktualität wechselnden Wesentlichkeit, was dazu führen könnte, daß zum Zeitpunkt der Entscheidung kein ausreichendes öffentliches Interesse vorliegt, dieses später aber doch noch entsteht. Hierdurch würde eine erhebliche Rechtsunsicherheit begründet, da die Entscheidungen der Exekutive nachträglich einer gesetzlichen

---

100 BVerfGE 49, 89, 133; BVerfGE 58, 257, 278 f.; Heckel/Avenarius S. 168 f.; Heußner in Festschrift für Erwin Stein, S. 111, 120 f.

101 Heckel/Avenarius S. 169; Lerche „Bayerisches Schulrecht und Gesetzesvorbehalt" S. 39 (spricht insoweit von exekutiver Eigenständigkeit); Niehues Rn. 82; Ossenbühl in DöV 1977, 801, 804; Starck in DöV 1979, 269, 271.

102 Kisker in NJW 1977, 1313, 1318.

103 Eberle in DöV 1984, 485, 487; Kloepfer in JZ 1984, 685, 692.

Grundlage bedürften.[104] Eine derartige Definition der Wesentlichkeit ist daher abzulehnen.[105]

Einige Autoren befürworten zwar einen Gesetzesvorbehalt als solchen, lehnen aber den Parlamentsvorbehalt ab. Art. 80 I GG eröffne die Möglichkeit der Regelungsdelegation und lasse eine Beschränkung, die über Art. 80 I 2 GG hinausgeht, nicht erkennen.[106] Dabei wird jedoch übersehen, daß die Trias des Art. 80 I 2 GG (Inhalt, Zweck, Ausmaß) hinsichtlich ihrer Bestimmtheit ebenfalls eines Abgrenzungskriteriums bedarf. Hierfür wird auch von diesen Autoren wieder auf die Bedeutung der Materie[107] abgestellt, so daß im Grunde genommen kein Unterschied zur Wesentlichkeitstheorie besteht.[108] Soweit das Wesentliche durch Gesetz in der Ermächtigung bereits geregelt wird, dürfen die näheren Ausgestaltungen auch nach der Wesentlichkeitstheorie an den Verordnungsgeber delegiert werden.

Andere bejahen einen Parlamentsvorbehalt, lehnen aber das Kriterium der Wesentlichkeit als konturenlos ab.[109] Sie versuchen ihrerseits, andere Abgrenzungskriterien zu entwickeln. Eberle schlägt beispielsweise eine negative Abgrenzung vor, indem er eine Rechtsverordnung für ausreichend hält, wenn es auf die besondere Öffentlichkeit und die Ausgleichsfunktion eines parlamentarischen Gesetzgebungsverfahrens nicht ankommt.[110] Dabei geht er bei der zu diesem Zweck vorgenommenen Fallgruppenbildung davon aus, daß die Leitentscheidungen das Parlament zu treffen hat, wohingegen die einzelnen Ausgestaltungen dem Verordnungsgeber überlassen werden können.[111] Nichts anderes sagt aber auch die Wesentlichkeitstheorie, so daß ein Widerspruch letztendlich gar nicht entsteht.

---

104 Ronellenfitsch „Genehmigungsverfahren" S. 160; Wahl in DVBl 1985, 822, 826.

105 so auch BVerfGE 49, 89, 126; Eberle in DöV 1984, 485, 487; Kloepfer in JZ 1984, 685, 692; Wahl in DVBl 1985, 822, 826.

106 Maurer § 6 Rn. 11 a; Ronellenfitsch „Genehmigungsverfahren" S. 161; Rottmann in EuGRZ 1985, 277; 288; Wilke in JZ 1982, 785, 786.

107 Ronellenfitsch „Genehmigungsverfahren" S. 161 (zumindest für die Verrechtlichung der besonderen Gewaltverhältnisse); Rottmann in EuGRZ 1985, 277; 287 f.; Wilke in JZ 1982, 755, 760.

108 Lerche „Bayerisches Schulrecht und Gesetzesvorbehalt" S. 35; Peters S. 32 f.; Pietzcker in JuS 1979, 710, 712, Fn.. 27.

109 Eberle in DöV 1979, 485, 490; Kloepfer in JZ 1984, 685, 694.

110 Eberle in DöV 1979, 485, 490 ff.

111 Eberle in DöV 1979, 485, 490 ff.

Kloepfer stellt für die Reichweite des Parlamentsvorbehalts darauf ab, ob sich eine Entscheidung substantiell auf die Grundrechtssphäre auswirkt.[112] Dies dürfte in der Regel dann der Fall sein, wenn sie wesentlich für die Verwirklichung der Grundrechte ist. Damit hat Kloepfer die Wesentlichkeitstheorie lediglich in andere Worte gekleidet. Ein neues oder gar deutlicheres Abgrenzungskriterium hat er nicht entwickelt.

Beide Autoren kommen daher auch im großen und ganzen zu denselben Ergebnissen wie die Wesentlichkeitstheorie. Obwohl sie richtig erkennen, daß das Kriterium der Wesentlichkeit sich einer genauen Subsumtion verschließt, gelingt es ihnen nicht, ihrerseits greifbare Abgrenzungsmerkmale zu entwickeln. Dies ist vor allem damit zu begründen, daß die Grenzen zwischen den Aufgabengebieten der Legislative und der Exekutive fließend sind und sich somit von vornherein einer klaren und auf alle Fälle anwendbaren Unterscheidung verschließen. Vielmehr ist es aufgrund der Vielschichtigkeit der möglichen Fälle und, um allzu starre Strukturen auf diesem Gebiet zu vermeiden, notwendig, eine von Fall zu Fall abwägende Überprüfung der Materie vorzunehmen und den jeweiligen Kompetenzbereich für jeden Einzelfall gesondert festzulegen. Der Begriff der Wesentlichkeit kann dabei lediglich einen Leitfaden geben. Entsprechend wird das Wesentlichkeitskriterium auch als heuristischer Begriff bezeichnet.[113] Aus diesen Gründen wird im weiteren Verlauf dieser Arbeit die Wesentlichkeitstheorie zur Bestimmung der Art und der Bestimmtheit der Rechtsgrundlage herangezogen.

---

112 Kloepfer in JZ 1984, 685, 693 ff.

113 Niehues Rn. 69; Oppermann in JZ 1978, 289, 292; Ossenbühl in HStB III § 62 Rn. 44; Simon, Sitzungsbericht M des 51. DJT S. 108.

II. Einzelne Verpflichtungen

1) Auskunftspflicht eines infizierten Lehrers oder Schülers bzw. der Eltern eines infizierten Schülers gegenüber der Schule

Nur wenn die Schule überhaupt von der Erkrankung eines die Schule besuchenden Schülers oder Lehrers erfährt, kann sie Maßnahmen einleiten. Ob eine Verpflichtung des Erkrankten zur Information besteht, ist umstritten. Dabei ist zu unterscheiden, ob der Infizierte bzw. die Eltern eines infizierten Schülers die Infektion selbständig offenbaren müssen (a)- f)) oder ob sie nur auf entsprechende Fragen wahrheitsgemäß antworten müssen (h)).

a) Spezialgesetzliche Verpflichtung

Eine ausdrückliche Verpflichtung, die HIV-Infektion der Schule zu melden, besteht nach dem derzeit geltenden Recht nicht. Eine Meldepflicht nach dem Geschlechtskrankheitengesetz ist nicht gegeben, da Aids in § 1 Geschlechtskrankheitengesetz, der abschließend diejenigen Krankheiten aufzählt, für die dieses Gesetz gilt, nicht erwähnt wird und somit das gesamte Regelwerk nicht anwendbar ist.

Auch die besonderen die Meldepflicht betreffenden Vorschriften der §§ 3 ff. des Bundesseuchengesetzes gelten für die HIV-Infektion nicht, da HIV und Aids hier ebenfalls nicht im abschließenden Katalog des § 3 BSeuchenG erwähnt werden. Eine Ausdehnung der Meldepflicht ist gemäß § 7 BSeuchenG durch Rechtsverordnung möglich. Diese kann entweder durch den Bundesminister für Jugend, Familie und Gesundheit (Absatz I) oder, falls der Bund seine Kompetenz nicht wahrnimmt, durch die Länderregierungen (Absatz II) erfolgen. In Hinblick auf Aids erging am 18. Dezember 1987 die sogenannte „Laborberichtsverordnung“, nach der eine Meldepflicht für Ärzte besteht, denen ein positiver HIV-Bestätigungstest vorliegt.[114] Diese Meldung muß aber anonym erfolgen. Es darf lediglich der Name und die Anschrift des Berichtenden, der Zeitpunkt des Eingangs des Untersuchungsmaterials, die Art des

[114] Laborberichtsverordnung vom 18.12.1987, BGBl. I S. 2819, geändert durch Gesetz vom 24.6.1994, BGBl. I S. 1416.

Untersuchungsverfahrens und soweit bekannt, das Geschlecht, die ersten beiden Ziffern der Postleitzahl des Wohnsitzes der betroffenen Person und ob diese bereits als HIV-Träger bekannt war, weitergegeben werden. Eine Meldung, die in irgendeiner Weise Rückschlüsse auf den Namen des Infizierten zuläßt, ist danach nicht zulässig. Ziel der Laborberichtsverordnung ist, verläßliche Daten über die Ausbreitung der Krankheit zu gewinnen. Eine Erweiterung dieser Meldepflicht ist derzeit offenbar nicht geplant.

Die schulrechtlichen Regelungen der §§ 44 ff. des Bundesseuchengesetzes finden ebenfalls keine Anwendung, da auch diese nur für die dort abschließend aufgezählten Krankheiten gelten, zu denen Aids und HIV nicht gehören. Außerdem ist zu beachten, daß die die Meldepflicht betreffenden Vorschriften lediglich für Ärzte gelten. Der Infizierte selbst ist nicht zur Meldung verpflichtet. Weiterhin richtet sich die Meldung an das nach dem Bundesseuchengesetz zuständige Gesundheitsamt (§ 5 BSeuchenG) und nicht an die Schule. In diesem Zusammenhang ist außerdem zu erwähnen, daß in Nordrhein-Westfalen eine schulrechtliche Vorschrift existiert, nach der die Eltern bzw. der volljährige Schüler verpflichtet sind, die Schule über das Auftreten einer übertragbaren Krankheit zu informieren.[115] Diese Regelung enthält jedoch wieder den Hinweis auf die in § 3 bzw. § 45 BSeuchenG aufgeführten meldepflichtigen Krankheiten, so daß auch hier eine Anwendung auf Aids nicht in Betracht kommt.

Auch im Beamtenrecht bzw. im öffentlichen Dienstrecht sind keine speziellen Regelungen enthalten, denen zufolge ein Lehrer seine Infektion offenbaren müßte.

b) Verkehrspflichten

Verkehrspflichten sind im Bereich des Zivilrechts von der Rechtsprechung als allgemeiner Rechtsgrundsatz entwickelt worden. Die erste Entscheidung, in der eine Verkehrspflicht anerkannt wurde, stammt aus dem Jahr 1902.[116] In dem dieser Entscheidung zugrundeliegenden Fall war eine Person von einem auf einen öffentlichen Weg gestürzten morschen Baum verletzt worden. Das Reichsgericht entschied damals, daß der Staat für den Schaden aufkommen müsse, da § 836 BGB einen Anwendungsfall des allgemeinen Rechtsgrundsatzes darstelle,

---

115 § 44 III ASchONRW.
116 RGZ 52, 373 ff.

daß „ein jeder für Beschädigungen durch seine Sachen insoweit aufkommen solle, als er dieselbe bei billiger Rücksichtnahme auf die Interessen des anderen hätte verhüten müssen.“[117] Diese Haftung für ein Unterlassen in dem in der eigenen Verantwortung stehenden räumlich-gegenständlichen Herrschaftsbereich wurde seitdem stetig erweitert. Dies betrifft sowohl die geschützten Rechtsgüter,[118] zu denen man anfangs nur das Leben, die Gesundheit und das Eigentum zählte,[119] als auch den Entstehungsgrund der Handlungspflicht.[120] Heute haben sich die Verkehrspflichten soweit entwickelt, daß man sie auf den allgemeinen Grundsatz bringen kann, daß derjenige, der eine Gefahrenquelle geschaffen hat oder sie beherrscht, verpflichtet ist, Dritte von der davon ausgehenden Gefahr zu bewahren und vor drohenden Verletzungen zu schützen.[121] Die Verkehrspflichten erfassen alle Rechte und Rechtsgüter einschließlich des Vermögens.[122] Dabei kann unter Umständen auch die Verpflichtung bestehen, andere über drohende Gefahren aufzuklären.[123]

Die herrschende Meinung und die Rechtsprechung ordnen sie dem Rechtsgedanken des § 823 I BGB zu,[124] andere sehen in den Verkehrspflichten Schutzgesetze nach § 823 II BGB.[125] Letztendlich ist dieser Streit jedoch rein dogmatischer Natur, da das Bestehen dieser Pflichten und der Umfang der daraus entstehenden Haftung allgemein anerkannt wird. Eine Auseinandersetzung kann

---

117 RGZ 52, 373, 379.

118 RGZ 148, 154, 161 (für das allgemeine Persönlichkeitsrecht); BGH in NJW 1964, 85 (für das Rechtsgut Freiheit); BGH in NJW 1976, 47 ff. (für eigentumsähnliche Rechte).

119 RGZ 52, 373 ff.; RGZ 54, 53 ff.

120 RGZ 85, 185 ff. (Verantwortung für mittelbare Verletzungen, die erst durch das Eingreifen Dritter, der auch der Geschädigte sein kann, entstanden sind); RGZ 102, 372 ff. (sog. "Milzbrandfall", Verantwortung aufgrund der Übernahme bestimmter Aufgaben bzw. Berufspflichten); BGH in VersR 1953, 242 (Produkthaftung); BGH in VersR 1976, 149 (Verantwortung für Schäden, die sich aus dem vorsätzlichen Eingriff eines Dritten ergeben).

121 BGHZ 34, 206, 209; BGH in NJW 1990, 1236; v. Bar S. 1; Larenz/Canaris § 76 III; Palandt/Thomas § 823 Rn. 58; Schulz S. 90; Staudinger/Hager § 823 Rn. E 1.

122 Larenz/Canaris § 76 III 2 c).

123 BGH LM Nr. 188 zu § 823 BGB (Dc); BGH in VersR 1969,798; OLG Köln in VersR 1993, 1165.

124 BGH in NJW 1987, 2671, 2672; Fikentscher Rn. 1057; Larenz/Canaris § 76 III 2 b); Staudinger/Hager § 823 Rn. E 4.

125 v. Bar S. 157 f.; MüKo/Mertens § 823 Rn. 10.

daher auch im Hinblick auf die bereits vorhandene ausführliche Literatur[126] unterbleiben.

(1) Geltung der Verkehrspflichten im Schulverhältnis

Engler vertritt die Auffassung, daß die für das Zivilrecht entwickelten Verkehrspflichten auch im öffentlich-rechtlich ausgestalteten Schulverhältnis gelten.[127] Dies ist nur dann möglich, wenn die Verkehrspflichten unabhängig von ihrem Ursprung im Privatrecht als allgemeiner Rechtsgedanke auch im öffentlichen Recht anwendbar sind. Dies setzt voraus, daß die Verkehrspflichten den Anforderungen, die an hoheitliche Eingriffbefugnisse gestellt werden, gerecht werden. Problematisch erscheint dies vor allem im Hinblick auf den Gesetzesvorbehalt und den Bestimmtheitsgrundsatz des öffentlichen Rechts. Verpflichtungen des Bürgers gegenüber dem Staat sind stets grundrechtsrelevant und bedürfen daher einer gesetzlichen Grundlage. Ein Gesetz, dem die Verkehrspflichten als öffentlich-rechtliche Verpflichtung des Bürgers gegenüber dem Staat zu entnehmen sind, ist aber nicht ersichtlich. Insbesondere das Deliktsrecht stellt keine gesetzliche Grundlage dar. Zum einen wurden die Normen des Deliktsrechts nicht als öffentlich-rechtliche Eingriffsnormen ausgestaltet, zum anderen sind die Verkehrspflichten, um deren Durchsetzung es letztendlich geht, nicht vom Gesetzgeber erstellt, sondern lediglich durch die Rechtsprechung entwickelt worden. Dementsprechend fehlt ein dem Gesetzesvorbehalt genügendes Gesetz. Außerdem sind die Verkehrspflichten sehr vielschichtig. In allen Bereichen und Situationen sind Verkehrspflichten denkbar, die wiederum in jedem Einzelfall anders ausgestaltet sein können. Der Inhalt dieser Pflichten ist aufgrund seiner Unschärfe derart unbestimmt, daß mittlerweile selbst eine Fallgruppenbildung unmöglich scheint.[128] Dies widerspricht aber dem Bestimmtheitsgrundsatz des öffentlichen Rechts, nach dem der Bürger die ihm drohenden Verpflichtungen und Eingriffe des Staates erkennen können muß. Dieser Grundsatz beruht auch darauf, daß der Staat seine Rechte einseitig durchsetzen kann und erst später eine gerichtliche Kontrolle stattfindet. Die Rechte des Staates müssen deshalb im Vergleich zu den subjektiven Rechten des Einzelnen wesentlich deutlicher formuliert werden, um rechtswidriges Handeln zu vermeiden und daraus resultierende, unter Umständen irreparable Schäden zu verhindern. Aus diesen Gründen entsprechen die Verkehrspflichten

---

126 v. Bar; Larenz/Canaris § 76 III.

127 Engler in RdJB 1988, 23, 24; zustimmend auch Eiselt/Heinrich S. 143.

128 v. Bar S. 44.

weder dem Gesetzesvorbehalt noch dem Bestimmtheitsgrundsatz des öffentlichen Rechts.

Weiterhin wären über die Verkehrspflichten praktisch viele öffentlich-rechtliche Vorschriften überflüssig, deren Regelungsgehalt bereits von den Verkehrspflichten erfaßt wäre. Auch wären weiterreichendere Eingriffe in die Rechte des Bürgers möglich, als es das öffentliche Recht vorsieht. Dies bedeutet nicht, daß im öffentlichen Recht der allgemeine Grundsatz, daß man niemanden über Gebühr gefährden darf, nicht gilt. Die entsprechenden Regelungen, mit denen man vom Staat zu einem bestimmten Handeln verpflichtet werden kann, können ohne weiteres auch verkehrspflichtenähnliche Inhalte haben. Verkehrspflichten können zum Beispiel als Gesetze oder Satzungen ergehen.[129] Im öffentlichen Recht müssen sie aber ausdrücklich normiert sein. Soweit sie das nicht sind, besteht keine einseitige Durchsetzbarkeit seitens des Staates mit der Folge, daß der betroffene Bürger sich selbst über das Zivilrecht gegen den störenden Mitbürger wenden muß.

Das öffentliche Recht ist von Natur aus enger gefaßt als das Privatrecht. Es gibt dem Bürger lediglich den notwendigen Minimalschutz gegenüber Eingriffen Dritter. Das Privatrecht kann demgegenüber wesentlich weiter gehen, da der Einzelne eigenverantwortlich für sein Handeln gegenüber anderen einzustehen hat.[130] Unter Umständen können aber öffentlich-rechtliche Gründe die private Haftung ausschließen. Dementsprechend kann das öffentliche Recht von seinem Sinn und Zweck her die privatrechtliche Haftung einengen.[131] Die privatrechtliche Haftung kann aber umgekehrt nicht die öffentlich-rechtlichen Verpflichtungen erweitern.

(2) Verkehrspflichten gegenüber den Mitschülern

Innerhalb des Schulverhältnisses gilt zwischen den einzelnen Schülern, aber auch zwischen Lehrern und Schülern weiterhin das BGB und somit auch das

---

129 Deutsch „Unerlaubte Handlungen" Rn. 255; so im Grunde genommen auch Engler in RdJB 1988, 23, 24, der feststellt, daß die Verkehrspflichten in den Schulordnungen und Vorschriften zu Ordnungsmaßnahmen ins Schulrecht Einlaß gefunden haben.

130 BGH in LM § 823 (Dc) BGB Nr. 102; BGH in NJW 1990, 1236, 1237; Larenz/Canaris § 76 III 4 f).

131 Larenz/Canaris § 76 III 4 f), der eine solche "Präklusionswirkung" z.B. bei der immissionsschutzrechtlichen Anlagengenehmigung nach § 14 I BImSchG sieht.

Deliktsrecht.[132] Dementsprechend könnte der Infizierte aufgrund der Verkehrspflichten des Deliktsrechts gegenüber den Gesunden verpflichtet sein, diese, möglicherweise aber auch die Schule über seine Infektion zu informieren.

Dann müßte es Verkehrspflichten geben, die verhindern sollen, daß man andere mit einer eigenen Krankheit ansteckt. Die Ansteckung mit einer Krankheit stellt nach herrschender Meinung eine Gesundheitsverletzung im Sinne des § 823 I BGB dar,[133] da dadurch in erster Linie ein Zustand hervorgerufen wird, der von der normalen Körperfunktion abweicht.[134] Zwar wird bei Viren auch die Frage erörtert, ob das Eindringen des Virus in die Körperzelle nicht eine Körperverletzung darstelle;[135] dieser Streit ist aber rein dogmatischer Natur, da grundsätzlich sowohl die Gesundheit als auch der Körper geschützt sind und sich daher keine Haftungsunterschiede ergeben. Allerdings sind gerade bei Infektionen Verletzungen beider Rechtsgüter denkbar. Im Ergebnis wird aber bei einer Ansteckung die Gesundheitsverletzung letztendlich schwerer wiegen, da die empfundenen Beeinträchtigungen erst nach der Infektion auftreten und so die eventuell ebenfalls vorhandene Körperverletzung verdrängt wird.[136] Auch bei Aids wiegt die Gesundheitsverletzung schwerer. Der Infizierte lebt zwar u. U. eine lange Zeit ohne Symptome. Er ist aber dennoch krank in dem Sinne, daß er andere anstecken kann und die Infektion sich bereits langsam in seinem Körper ausbreitet. Außerdem muß sich der Infizierte von vornherein mit Einschränkungen in seiner Lebensweise abfinden.

Diese Gesundheitsverletzung erfolgt entgegen einer Entscheidung des Amtsgerichts Kempten aus dem Jahr 1988[137] bereits mit dem Beginn der Infektion und nicht erst mit dem Ausbruch der Krankheit. Das Gericht stützte seine Entscheidung darauf, daß sich der Infizierte bis zum Ausbruch der Krankheit gesund fühle, keine organischen Beschwerden habe und daher in seinem körperlichen Wohlbefinden nicht beeinträchtigt sei. Eine Gesundheitsbeschädigung liege ebenfalls nicht vor, da die Krankheit noch nicht ausgebrochen sei.[138] Dabei wird

---

132 vgl. VG Gelsenkirchen in NJW 1991, 3298 f.; Heckel/Avenarius S. 426 (Haftung des Schülers), S. 421 (Haftung des Lehrers).

133 RGZ 135, 9 ff; Schulz S. 35; Staudinger/Hager § 823 Rn. B 24.

134 so die allgemeine Definition der Gesundheitsstörung BGH in NJW 1991, 1948, 1949; Palandt/Thomas § 823 BGB Rn. 4.

135 siehe ausführlich dazu Christiani S. 19; Schulz S. 27 ff.

136 so auch Schulz S. 46.

137 AG Kempten in NJW 1988, 2313 ff.

138 AG Kempten in NJW 1988, 2313, 2314; so auch Prittwitz in StV 1989, 123, 126 f.

aber übersehen, daß die Infektion von Anfang an im Körper des Infizierten tobt und langsam voranschreitet. Von einer ungestörten Körperfunktion kann daher nicht mehr die Rede sein. Im Hinblick auf die lange Latenzphase, in der das Immunsystem durch einen aussichtslosen Kampf gegen das Virus stetig geschwächt wird und in der der Infizierte aufgrund der Krankheit bereits erhebliche Einbußen seiner Lebensqualität hinnehmen muß, mutet es geradezu zynisch an, zu sagen, der Infizierte sei gesund. Aus diesen Gründen sind Literatur und Rechtsprechung mit nur vereinzelten Ausnahmen der Auffassung, daß eine Gesundheitsverletzung bereits in der Latenzphase zu bejahen ist.[139]

Eine Ausnahme der deliktischen Haftung für Infektionen Dritter wird aus Gründen der Sozialadäquanz bei banalen Infektionen wie Schnupfen oder ähnlichem gemacht.[140] Die Lehre von der Sozialadäquanz wurde ursprünglich von Welzel für das Strafrecht entwickelt.[141] Später wurde sie von Nipperdey auch auf das Zivilrecht ausgedehnt.[142] Danach sind diejenigen Handlungen sozialadäquat, „die sich innerhalb des Rahmens der geschichtlich gewordenen sozialethischen Ordnung des Gemeinschaftslebens bewegen und von ihr offensichtlich gestattet werden."[143] Bei banalen Infektionen ist es den Kranken kaum zuzumuten, andere vor einer Ansteckung zu schützen, da eine Ansteckung aufgrund der leichten Übertragbarkeit kaum zu vermeiden ist. Ohnehin liegt durch eine derartige Infektion keine wirkliche Beeinträchtigung der körperlichen Integrität vor; allgemein wird sie lediglich als störend empfunden. Die Gesellschaft billigt derartige Infektionen daher aus Gründen der Sozialadäquanz. Diese Grundsätze können jedoch nicht für Aids gelten, da diese Krankheit nach dem heutigen Stand der Wissenschaft unheilbar ist und mit großer Wahrscheinlichkeit zum Tod führt.[144] Außerdem läßt sich eine Infektion schon durch einfachste Hygiene- und Schutzmaßnahmen vermeiden, so daß die bei einer Grippe anzutreffende Unvermeidbarkeit einer Ansteckung gerade nicht gegeben ist.[145] Die Sozialadäquanz läßt sich auch nicht mit dem geringen Ansteckungsrisiko begründen. Hierbei würde übersehen, daß auch bei noch so geringer

---

139 BGHSt 36, 1, 6 mwN.; AG München in NJW 1987, 2314; Christiani S. 39; Eberbach in JR 1986, 230, 231; Teichner in NJW 1986, 761.

140 Deutsch in Schünemann/Pfeiffer S. 271, 277; Schulz S. 75.

141 Welzel § 10 IV.

142 Nipperdey in NJW 1957, 1777 ff.; die Lehre ist im einzelnen umstritten, siehe dazu Deutsch „Allgemeines Haftungsrecht" Rn. 291 ff., Fn. 247 mwN.

143 Nipperdey in NJW 1957, 1777.

144 Deutsch in Schünemann/Pfeiffer S. 271, 278.

145 Christiani S. 103.

Wahrscheinlichkeit eine Billigung der Gesellschaft gerade nicht angenommen werden kann, da es sich um eine schwere, den Tod bringende Krankheit handelt.[146]

Demnach begründet die aktive Ansteckung mit einer HIV-Infektion eine zivilrechtliche Haftung des Kranken. Es stellt sich nun aber die Frage, ob der Infizierte auch für eine Unterlassung, wie zum Beispiel das Unterlassen einer Aufklärung über die eigene Krankheit einzustehen hat und dann wegen Verletzung einer Verkehrspflicht haften muß. Wann der Haftungstatbestand einer Verletzung von Verkehrspflichten erfüllt ist, ist nicht klar zu erfassen. Sicher ist, daß nicht jeder für jede Gefahr in seinem Umfeld einzustehen hat. Dies wäre mit dem Gerechtigkeitsgedanken, der den Verkehrspflichten stark zugrunde liegt, nicht zu vereinbaren. Dementsprechend sind Zurechnungskriterien notwendig, die ein Einstehen für Unterlassen begründen.

Canaris versucht derartige Kriterien auf drei Bereichen zu entwickeln. Es gebe eine Bereichshaftung, bei der der Haftende für seinen Bereich einstehen muß, der räumlich aber auch im übertragenden Sinn, wie z. B in Form eines Unternehmens, gemeint sein kann. Darüber hinaus sieht er eine Haftung für vorausgegangenes Tun und eine Haftung wegen Übernahme einer Aufgabe vor.[147] Die Bereichshaftung beruht im wesentlichen darauf, daß der Verantwortliche den Gefahrenbereich beherrscht und in der Regel, aber nicht notwendigerweise, aus der Gefahrenquelle Vorteile ziehen kann. Der HIV-Infizierte beherrscht seinen Körper, von dem eine Ansteckungsgefahr ausgehen kann, am besten. Sein Körper ist sein Bereich im engsten Sinn, über den grundsätzlich auch nur er die Bestimmungsgewalt inne hat. Dementsprechend ist denkbar, daß der Infizierte nach diesen Kriterien aufgrund der Haftung für seinen Bereich für einen eventuellen Schaden eintreten muß.

Andere versuchen die Zurechnung in jedem Einzelfall neu zu begründen. Dabei werden keine Fallgruppen mehr herausgearbeitet, da eine derartige Einteilung aufgrund der Vielschichtigkeit nahezu unmöglich sei.[148] Zusammenfassend läßt sich aber feststellen, daß Gerechtigkeits- und Vertrauensschutzgedanken, die Verantwortung für die Gefahrsetzung, die Möglichkeit der Gefahrbeherrschung

146 BGHSt 36, 1, 17; Arloth MedR 1987, 288, 291; Christiani S. 106; Prittwitz in JA 1988, 427, 440.

147 Larenz/Canaris § 76 III 3.

148 v. Bar S. 44.

sowie eine Risikotragungspflicht und Vorteilsziehungsgesichtspunkte herangezogen werden, um im Wege einer Gesamtbetrachtung die Zurechnung zu begründen. Bei einer Infektion, die nach außen hin nicht sichtbar ist, erzeugt der Infizierte durch sein normales Auftreten das Vertrauen, daß man sich bei ihm nicht mit einer Krankheit anstecken könne. Dritte werden in der Regel keine besonderen Vorsichtsmaßnahmen im Umgang mit diesem Infizierten ergreifen. Außerdem genießt er den Vorteil, daß er sich weiterhin in der Gesellschaft bewegen kann, ohne befürchten zu müssen, daß Dritte aufgrund seines Auftretens auf seine Erkrankung schließen können und ihn meiden. Man muß auch beachten, daß der Infizierte seinen Körper selbst am besten beherrscht und somit eventuelle Gefahren am ehesten beeinflussen kann.[149] Gegen eine Haftung spricht lediglich, daß der Infizierte sich dieser Krankheit nicht freiwillig ausgesetzt hat. Er selbst hat nur Nachteile. Dies allein kann aber noch nicht die Haftung wegfallen lassen. Entscheidend ist vielmehr, daß bei latenten Infektionen allein der Infizierte kraft überlegenen Sachwissens die besten Einflußmöglichkeiten besitzt, um eine Ansteckung zu verhindern. Dabei muß insbesondere auch berücksichtigt werden, daß hier Dritten die Gefahr der Ansteckung mit einer unheilbaren Krankheit droht, der Schaden also sehr hoch und irreparabel ist. Dementsprechend besteht für Infizierte grundsätzlich auch eine Handlungspflicht, andere vor Ansteckungen zu bewahren.

Dies bedeutet jedoch nicht, daß stets eine Handlungspflicht besteht. Es ist vielmehr auf den jeweiligen Einzelfall abzustellen und erneut zu untersuchen, ob eine bestimmte Verhaltensweise gefordert werden muß. Dies ist jedoch eine Frage des Einzelfalls und des daraus resultierenden jeweiligen Inhalts der Verkehrspflichten. Dieser ist nicht klar zu erfassen, da jede Gefahrensituation andere Maßnahmen verlangt.

(a) Lehrer und friedliche Kinder

Bei Aids reicht in der Regel bereits ein besonnenes Verhalten des Infizierten aus, um eine Ansteckungsgefahr sehr gering zu halten. Soweit dieser nicht versucht, mit anderen ungeschützte Sexualkontakte einzugehen, sich in Raufereien verwickeln läßt oder ähnliches, kann eine Ansteckung regelmäßig nicht erfolgen. Es ist allerdings denkbar, daß der Infizierte in Unfälle verwickelt wird. Diese können im Schulbereich im Sport- oder Werkunterricht, aber auch beim Spielen auf dem Schulhof auftreten und sind mitunter auch bei bester Aufsicht

---

149 Schulz S. 90.

nicht zu vermeiden. Das Ansteckungsrisiko ist dabei jedoch verschwindend gering. Es müßte eine Verkettung zahlreicher Umstände eintreten, die dann zu einer Ansteckung führen könnten. Zunächst einmal muß der Infizierte überhaupt in den Unfall verwickelt sein. Weiterhin müssen blutende Wunden auftreten, die mit den Körperflüssigkeiten eines Gesunden in Berührung kommen. Außerdem muß die Konzentration des Virus in der Körperflüssigkeit für eine Ansteckung ausreichen.[150] Das Zusammentreffen aller dieser Bedingungen ist so unwahrscheinlich, daß sich die Frage stellt, ob der Infizierte in dieser Situation überhaupt zusätzliche Schutzmaßnahmen wie zum Beispiel in Form einer Aufklärung vornehmen muß. Die vielen Sozialkontakte in unserer Gesellschaft bringen es mit sich, daß Verletzungen rein theoretisch immer denkbar sind. Niemand lebt völlig allein und geschützt in einem Glashaus. Es ist unmöglich, sich und andere vor allen nur irgendwie denkbaren Gefahren zu schützen. Entsprechend kann auch von niemanden verlangt werden, daß er alle noch so unwahrscheinlichen Situationen berücksichtigt und hiergegen eventuell auch noch Vorkehrungen trifft. Verkehrspflichten beschränken sich daher auf Maßnahmen, die nach den Gesamtumständen zumutbar sind und die ein verständiger und umsichtiger, in vernünftigen Grenzen vorsichtiger Mensch für notwendig und ausreichend hält, um andere vor Schaden zu bewahren. Haftungsbegründend wird die Nichtabwendung der Gefahr erst dann, wenn sich vorausschauend für ein sachkundiges Urteil die naheliegende Möglichkeit ergibt, daß Rechtsgüter anderer Personen verletzt werden können.[151] Im Rahmen der Zumutbarkeit sind auch Art und Intensität der Gefahr sowie die Wichtigkeit des bedrohten Rechtsguts von Bedeutung. Denn je größer die Wahrscheinlichkeit eines Schadens ist, desto eher sind dem Haftenden Schutzmaßnahmen zumutbar.[152] Im umgekehrten Fall muß er auch bei unwahrscheinlicheren Schäden noch etwas unternehmen, wenn diese außergewöhnlich groß wären, aber relativ leicht zu vermeiden sind. Bei der Ansteckung mit Aids droht die Infektion mit einer unheilbaren, in fast allen Fällen zum Tod führenden Krankheit. Daher sind die wichtigsten Rechtsgüter eines Menschen, nämlich Leben und Gesundheit gefährdet. Dementsprechend sind dem Infizierten durchaus weitreichende Schutzmaßnahmen zumutbar. Einen völligen Schutz vor Ansteckung kann es aber auch bei den höchsten Rechtsgütern nicht geben, da es niemanden zumutbar ist, andere gegen alle nur denkbaren Gefahren zu schützen. Außerdem muß

---

150 Brandes in NJW 1987, 2903, 2907.

151 BGH in NJW 1990, 1236, 1237; v. Bar S. 113; Palandt/Thomas § 823 BGB Rn. 58; Staudinger/Hager § 823 BGB Rn. E 35.

152 v. Bar S. 114; Larenz/Canaris § 76 III 4 b); Staudinger/Hager § 823 BGB Rn. E 31.

beachtet werden, daß eine Aufklärung der anderen über die Erkrankung dazu führen kann, daß der Infizierte gemieden und ausgegrenzt wird, was jedem Menschen, besonders aber einem kranken, der die besondere Zuwendung seiner Mitmenschen braucht, nur schaden kann. Die Information anderer ist dementsprechend eine besondere Belastung des Infizierten, die nur dann erfolgen sollte, wenn besondere Gefährdungen vorliegen, die über die verschwindend geringe Gefahr im normalen Schulalltag hinausgehen. In diesem Zusammenhang muß außerdem beachtet werden, daß bei Unfällen und Verletzungen in der Schule Hygienemaßnahmen eingehalten werden müssen, die eine Ansteckung mit Aids verhindern sollen.[153] Dies muß als Schutz ausreichen. Eine vorsorgliche Mitteilung an andere ist daher unter dem Gesichtspunkt der Verkehrspflichten grundsätzlich nicht notwendig.

(b) Aggressive Kinder

Etwas anderes kann jedoch gelten, wenn sich in der Schule aggressive Kinder aufhalten und sich dadurch die Verletzungsgefahr im Umgang miteinander erhöht. Dabei ist zu unterscheiden, daß sowohl der Gesunde als auch der Infizierte zu Aggressionen neigen können.

(i) Gesunde, aggressive Kinder

Soweit gesunde Kinder zu Aggressionen neigen, muß man beachten, daß diese selbst auf die Gefahrenquelle zugehen und sie verstärken. Nicht der Infizierte erhöht die Gefahr, sondern der Gesunde, der durch seinen Angriff unbefugt in die Integrität des Infizierten eingreift. Es stellt sich aber die Frage, ob der Infizierte, soweit mit so einem Angriff zu rechnen ist, den anderen kraft seines überlegenen Sachwissens über die besondere Gefahr aufklären muß. Grundsätzlich wird die Haftung im Zivilrecht durch das Eingreifen eines Dritten oder des Verletzten nicht ausgeschlossen.[154] Eine Ausnahme gilt jedoch dann, wenn das Handeln des Verletzten auf einem freien Willensentschluß beruht und der Schädiger ihn dabei nicht herausgefordert oder sonstwie mitbestimmt hat.[155] In der vorliegenden Fallkonstellation greift der Gesunde den Infizierten ohne

---

153 siehe z. B. Bekanntmachung vom 15. 3. 1989 abgedruckt in KWMBl. I Bayern 1989, 7, S. 72 ff.; Runderlaß vom 23.8.1987 abgedruckt in GABlNRW 39.1987, 8, S. 416 f.; Runderlaß vom 25.2.1988 abgedruckt in NBl. KMSH 1988, 5/6, S. 22.

154 MüKo/ vor § 249 Rn. 52; Palandt/Heinrichs Vor § 249 Rn. 77; Staudinger/Hager § 823 Rn. § 33.

155 BGHZ 57, 23, 30; Palandt/Heinrichs Vor § 249 Rn. 80.

dessen Mitwirkung rechtswidrig an. Man könnte zwar vertreten, daß der Infizierte aufgrund seines Auftretens das Vertrauen erzeugt, daß man sich bei ihm nicht mit einer gefährlichen Krankheit anstecken kann; der Infizierte darf aber seinerseits darauf vertrauen, daß andere sich ihm nicht in feindlicher Absicht nähern und ihn angreifen. Solange Dritte nämlich nur die üblichen sozialen Kontakte mit ihm pflegen, besteht dieses Vertrauen auf eine Nichtansteckung zurecht. Ein weitergehendes Vertrauen wird von dem Infizierten überhaupt nicht aufgebaut. Wenn der Gesunde den Infizierten nicht angreift, liegt auch keine nennenswerte Gefahr vor. Eine Haftung wäre in diesen Fällen unbillig.

Daran ändert sich auch nichts, wenn man darauf abstellt, daß es sich aufgrund der latenten Infektion um einen außergewöhnlichen Gefahrenherd handelt, da in der Regel niemand mit der Infektion eines anderen rechnet. In derartigen Fällen wurde teilweise eine Haftung bejaht. Hierbei handelte es sich zum Beispiel um den Fall, daß Menschen in der Nachkriegszeit trotz Verbotsschild auf einer leicht zugänglichen Kohlenhalde Kohlen geholt haben. Auf dieser Halde befanden sich jedoch Sprengkörper, die jederzeit explodieren konnten. Aufgrund dieser außergewöhnlichen Gefahr haftete der Eigentümer für einen daraus entstandenen Schaden, da er weiterreichende Schutzmaßnahmen hätte treffen müssen, obwohl niemand das fremde Grundstück hätte betreten dürfen.[156] In einem anderen Fall ging es um die Sicherung einer Grube in der Nähe eines Festplatzes.[157] In diesen Fällen war die Gefahr außergewöhnlich, so daß niemand mit ihr rechnete bzw. rechnen mußte. Der Abwendungsaufwand war umgekehrt aber sehr gering. Aus diesem Grund wurden dem jeweils Haftenden, der ein besonderes Sachwissen hatte, zugemutet, auch gegenüber Unbefugten besondere Schutzmaßnahmen zu ergreifen. Hier liegt der Fall jedoch anders. Zwar handelt es sich bei Aids um eine außergewöhnliche Gefahr, mit der andere nicht rechnen; der Unterschied zu den hier beschriebenen Fällen liegt aber darin, daß ein Angriff gegeben ist, mit dem der Infizierte nicht rechnen muß. In dem Kohlehaldenfall bzw. Grubenfall lag das Fehlverhalten der anderen auf der Hand. In der Nachkriegszeit legten die Umstände recht ungewöhnliche, teilweise auch illegale Wege der Eigenversorgung nahe. Dies war allgemein bekannt, so daß der Betreiber einer Kohlenhalde mit diesem unbefugten Eindringen auf sein Grundstück rechnen mußte. Auch derjenige, der die Grube in der Nähe eines Festplatzes zu verantworten hatte, haftete nur, weil die nicht gekennzeichnete Grube nur wenige Meter vom öffentlichen, zum Festplatz führenden Weg entfernt lag, und

156 BGH LM Nr. 3 zu § 823 (Ea) BGB.
157 BGH in VersR 1965, 515.

er daher damit rechnen mußte, daß Besucher des Festplatzes in der Dunkelheit und möglicherweise unter Alkoholeinfluß zu nahe an die Grube geraten könnten. Dementsprechend besteht eine Haftung für außergewöhnliche Gefahren nur dann, wenn ein Fehlverhalten anderer unter den gegebenen Umständen vorhersehbar und verständlich ist. Bei einem rechtswidrigen Angriff ist dies aber gerade nicht gegeben. Niemand muß unter normalen Umständen damit rechnen, daß ihn ein anderer angreift. Dies gilt auch dann, wenn der andere besonders aggressiv ist. Außerdem ist wiederum zu beachten, daß eine derartige Information unabsehbare psychische und physische Auswirkungen auf den Infizierten haben kann und daher nur im engen Rahmen verlangt werden darf.

Eine Ausnahme von diesem Grundsatz könnte deshalb gegeben sein, weil die Gefahrerhöhung von einem Kind ausgeht. Im Umgang mit Kindern ist eine besondere Vorsicht nötig, da sie neugierig sind, anders auf Gefahren zugehen und von Verboten mitunter geradezu magisch angezogen werden.[158] Dies kann aber nur so lange gelten, wie es sich um spezifische Gefahren handelt, die Kinder besonders ansprechen oder ihr Spieltrieb eine Gefahr erst herausfordert und daher besondere Maßnahmen notwendig werden.[159] Soweit sich Gefahren verwirklichen, mit denen man auch im Hinblick auf Kinder nicht rechnen mußte, sind auch hier Sicherungsvorkehrungen überzogen; denn Verkehrspflichten gelten auch gegenüber Kindern nur dort, wo mit Gefahren gerechnet werden muß und ein vernünftig denkender Mensch Vorsichtsmaßnahmen ergreifen würde. Dies ist aber hier nicht der Fall. Kein Kind „darf" besonders aggressiv sein und dabei auch noch andere verletzen. Außerdem bringt eine Informationspflicht hier keine besonderen Verbesserungen der Situation, da die Schule ohnehin verpflichtet ist, andere Kinder vor dem aggressiven Kind zu schützen und Verletzungen zu vermeiden. Ein ausdrückliches Verbot an dieses Kind, das infizierte Kind anzugreifen, oder Maßnahmen der Schule, die beiden Kinder so weit wie möglich auseinanderzuhalten, würden das aggressive Kind möglicherweise erst recht herausfordern und die Gefahr noch erhöhen. Außerdem reicht es bereits aus, das infizierte Kind im Elternhaus zu ermahnen, aggressiven Kindern auszuweichen und eine Konfrontation so weit wie möglich zu vermeiden. Wenn ein Ausweichen nicht mehr möglich ist und auch die Schule ein Zusammentreffen nicht mehr verhindern kann, muß das gesunde Kind die Ansteckung ersatzlos hinnehmen. Dementsprechend gibt es keine Verkehrspflicht, nach der ein

158 v. Bar S. 120; Larenz/Canaris § 76 III 6 a).

159 BGH in VersR 1973, 621, 622; BGH in JZ 1978, 524 f.; v. Bar S. 120; Larenz/Canaris § 76 III 4 c).

infizierter Lehrer oder Schüler bzw. die Eltern eines infizierten Schülers andere über ihre Infektion aufklären müssen, weil sich in der Schule aggressive, gesunde Kinder aufhalten.

(ii) Infizierte, aggressive Kinder

Weiterhin ist vorstellbar, daß das infizierte Kind (bei Lehrern ist diese Konstellation kaum denkbar) selbst aggressiv und unbeherrschbar ist und daher die Ansteckungsgefahr über blutende Wunden oder Speichelkontakte erhöht wird. Die mögliche Verletzung liegt nun nahe, und auch ein nicht übervorsichtiger Mensch würde darauf Wert legen, daß eine verstärkte Aufsicht gegenüber diesem Kind wahrgenommen wird. Die sonst ausreichenden Sicherungspflichten, wie beispielsweise die Einhaltung der Hygieneregeln, reichen hier nicht aus, da sich das infizierte Kind nicht entsprechend verhält. Im Falle einer Ansteckung infolge eines Angriffs ist zwar der Tatbestand des § 823 I BGB erfüllt; die Haftung tritt aber nur dann ein, wenn das Kind die nötige Einsichtsfähigkeit nach § 828 BGB besitzt. Dies wird aber mit abnehmender Beherrschbarkeit und Alter selten der Fall sein. Außerdem nützte die bloße Haftung dem dadurch Infizierten wenig, da er bereits angesteckt wäre. Es stellt sich daher die Frage, ob eventuell die Eltern die Pflicht haben, Dritte, möglicherweise auch die Schule über das Zusammentreffen von Aids und Aggressivität bei ihrem Kind zu unterrichten.

Eine Haftung aus Verkehrspflichten auch neben § 832 BGB wird bejaht, wenn jemand infolge bestimmter Rechtsbeziehungen zu einem anderen eine Verfügungsmacht in Bezug auf das Treiben oder Tun dieser Person oder ihren Aufenthalt besitzt. Besteht ein derartiges Verhältnis können Verkehrspflichten verlangen, daß, wenn ein schädigendes Verhalten aus dem Bereich dieses Betreuungsverhältnisses droht, aktive Maßnahmen zu dessen Verhinderung getroffen werden müssen.[160] So bejahte der BGH z.B. eine Verkehrspflicht, wenn die Eltern ihren Kindern ein gefährliches Spielzeug überlassen und zulassen, daß die Kinder mit diesem in der Wohnung der Eltern unbeaufsichtigt spielen.[161] In einem anderen Fall wurde eine Verkehrspflicht der Leitung eines Altenheims angenommen, wenn die dort aufgenommenen alten Menschen einen Verkehrsunfall außerhalb des Heimgeländes verursachen. Dabei wußte die Heimleitung,

---

160 BGH in FamRZ 1965, 321, 322; OLG Celle in NJW 1961, 223; Staudinger/Belling/Eberl-Borges § 832 BGB Rn. 158, 161.

161 BGH in FamRZ 1965, 321 f.

daß die ihr anvertrauten Menschen gerade auch in Bezug auf ihr Verhalten im Straßenverkehr der besonderen Pflege bedurften.[162] In beiden Fällen existierte ein Rechtsverhältnis kraft dessen die Pflichtigen einen gewissen Einfluß auf die betreuten Personen ausüben konnten. Im Rahmen der damit übernommenen Pflichten mußten die Pflichtigen nunmehr auch darauf achten, daß von den unter ihrer Obhut stehenden Personen keine Gefahren für andere ausgehen.

Die sorgeberechtigten Eltern stehen zu ihren Kindern aufgrund des ihnen nach § 1631 BGB zustehenden Personensorgerechts in einem Rechtsverhältnis, infolgedessen sie auf das Verhalten ihres Kindes und dessen Aufenthalt Einfluß ausüben können und unter Umständen sogar müssen. Bestandteil dieses Personensorgerechts ist unter anderem auch die Beaufsichtigung des Kindes. Dabei ist der Doppelcharakter der Aufsicht zu beachten. Nicht nur das Kind soll vor Gefahren geschützt werden, sondern auch Dritte, denen durch das Kind Schaden droht.[163] Dementsprechend müssen die Eltern auch verhindern, daß ihr Kind andere mit einer gefährlichen Krankheit ansteckt. Dies gilt um so mehr, wenn die Ansteckung durch das aggressive Verhalten des Kindes droht und nicht nur, wie zum Beispiel bei der Tröpfcheninfektion, infolge der bloße Anwesenheit des Kindes. Bei aggressiven Kindern sind die Eltern auch bei einem gesunden Kind verpflichtet, diesem Verhalten entgegenzuwirken; sei es zum Schutz von Dritten oder um das Kind zu einem mündigen, verantwortungsvollen Menschen zu erziehen. Demzufolge droht von einem aggressiven HIV-infizierten Kind ein Schaden, den zu vermeiden die Eltern aufgrund des Personensorgerechts verpflichtet sind.

Zu prüfen bleibt, ob die Eltern im Rahmen der Verkehrspflicht zur Offenbarung der Infektion ihres Kindes verpflichtet sind. Entscheidend ist wiederum, welche Maßnahmen ein verständiger und umsichtiger, in vernünftigen Grenzen vorsichtiger Mensch für notwendig und ausreichend hält, um andere vor Schaden zu bewahren. Man muß aber beachten, daß zur Wahrung der Verkehrspflicht unterschiedliche Maßnahmen ergriffen werden können. Insbesondere kann nicht jede Handlung von dem Pflichtigen verlangt werden. Die zu ergreifenden Schutzmaßnahmen müssen dem Pflichtigen zumutbar sein. Entscheidend ist dabei die Wirkung der Handlung auf das persönliche Umfeld des Haftenden. Insbesondere die Grundrechte können als objektive Werteordnung der

162 OLG Celle in NJW 1961, 223 f.

163 Palandt/Diederichsen § 1631 BGB Rn. 5.

Rechtsordnung im Rahmen der Zumutbarkeit zu beachten sein.[164] Hier ist zu berücksichtigen, daß die Information dazu führen kann, daß andere das Kind meiden und es ausgrenzen. Weiterhin ist zu befürchten, daß das Kind Hänseleien ausgesetzt wird. Dadurch wird sowohl das allgemeine Persönlichkeitsrecht des Kindes tangiert, wonach jeder gegen Diskriminierungen geschützt werden muß, als auch das Grundrecht auf Gesundheit, da eine Ausgrenzung für das kranke Kind zu schweren psychischen Schäden führen kann. Andererseits haben die Eltern während der Schulzeit keine Möglichkeit, auf das Verhalten ihrer Kinder Einfluß zu nehmen. Aber nur sie wissen um die besondere Gefährlichkeit, die von ihrem Kind ausgeht. Damit andere dem Kind entsprechend ausweichen können bzw. die Schule weitergehende Maßnahmen ergreifen kann, um das Kind besonders zu beaufsichtigen, stellt daher eine Information den einzigen effektiven Schutz der Gesunden dar. Die eindringliche Ermahnung im Elternhaus wird hingegen in den meisten Fällen nicht ausreichend sein. Mit abnehmenden Alter, Beherrschbarkeit und Einsichtigkeit des Kindes ist nämlich nicht auszuschließen, daß das Kind trotz guter Vorsätze in eine Situation gerät, in der es alle Ermahnungen vergißt und die Aggressivität durchschlägt. Dies gilt um so mehr, da die Verhaltensauffälligkeit krankheitsbedingt sein kann.[165] Außerdem ist zu berücksichtigen, daß eben nicht nur Verletzungen durch das aggressive Kind drohen, sondern darüber hinaus auch die Ansteckung mit einer gefährlichen Krankheit. Daher ist die Schwelle, an der Ermahnungen nicht mehr ausreichen, niedrig anzusetzen. Zum Schutz von Leben und Gesundheit sind dem Infizierten in dieser - durch sein Verhalten gefahrerhöhenden Situation - mehr Belastungen zumutbar als einem sich in die Gemeinschaft integrierenden infizierten Kind.

Eine andere Frage ist jedoch, ob im Rahmen dieser Verkehrspflicht die Schule informiert werden muß oder vorrangig die Eltern nicht infizierter Kinder bzw. die Schüler selbst. Die zivilrechtliche Haftung besteht gegenüber den

---

164 Die grundsätzliche Beeinflussung des Privatrechts durch die Grundrechte ist mittlerweile allgemein anerkannt. Umstritten ist lediglich, ob die Grundrechte unmittelbar oder mittelbar über die Generalklauseln und unbestimmten Rechtsbegriffe des Zivilrechts auf die Rechtsverhältnisse der Bürger untereinander einwirken (siehe zum Streit ausführlich Stern III/1 § 69). Eine Auseinandersetzung mit diesem Streit kann hier unterbleiben, da der Begriff der Zumutbarkeit als unbestimmter Rechtsbegriff einer Konkretisierung bedarf, mit der Folge, daß nach allen Ansichten bei der Abwägung der widerstreitenden Interessen des potentiellen Schädigers und Geschädigten das Grundrechtssystem herangezogen werden kann (Scholz „Zumutbarkeit" S. 92 ff.).

165 vgl. oben S. 16.

Gesunden, die sich angesteckt haben. Dementsprechend scheint es konsequent, hier auch eine Informationspflicht gegenüber den Gesunden anzunehmen, da diese vor Ansteckung geschützt werden sollen. Auch hier ist wieder nach Zumutbarkeitserwägungen zu entscheiden. Die Information der Gesunden hätte zwar auf den ersten Blick den Vorteil, daß die direkt Gefährdeten für sich entscheiden könnten, wie sie sich dem Infizierten gegenüber verhalten wollen. Andererseits ist die Gefahr der Diskriminierung durch die eventuell nicht ausreichend aufgeklärten Kinder und deren Eltern besonders hoch. Außerdem wäre eine Information der gesunden Kinder oder deren Eltern nicht geeignet, das Ansteckungsrisiko erheblich zu senken. Bei einer Information der Kinder ist zu beachten, daß sie selbst mit der Erklärung unter Umständen nichts anfangen könnten, da sie mit abnehmenden Alter noch gar nicht die Einsichtsfähigkeit haben zu verstehen, was ihnen unter Umständen von dem kranken Kind droht. Im Fall der Information der Eltern ist festzustellen, daß sich die Situation an sich nicht ändert, da sie im Schulalltag überhaupt nicht anwesend sind und entsprechend auch keine Einflußmöglichkeit haben. Außerdem bestünde die Gefahr, daß die Eltern mit Panik reagieren und entsprechend die Kinder anweisen, den betreffenden Schüler zu meiden oder von der Schule verlangen, daß das Kind die Schule nicht mehr besuchen darf. Von den Lehrern einer Schule kann hingegen verlangt werden, daß sie sich mit der Krankheit auseinandersetzen, die wahren Risiken abschätzen können und wissen, wie sie sich im Ausnahmefall zu verhalten haben. Soweit die Schule über die mit einer HIV-Infektion verbundenen Gefahren nicht ausreichend informiert ist, muß sie sich vor eventuellen Maßnahmen sogar selbst das nötige Wissen beschaffen, um die Situation sachgerecht beurteilen zu können.[166] Aus diesen Gründen kann ein hinreichender Schutz vor Ansteckung schon dadurch erreicht werden, daß die Eltern die Schule über die HIV-Infektion ihres Kindes unterrichten. Eine weitergehende Information anderer Schüler oder deren Eltern ist dem infizierten Kind in Anbetracht der zu erwartenden Nachteile und der Tatsache, daß die Schule durch verstärkte Aufsichtsmaßnahmen das Ansteckungsrisiko erheblich senken kann, nicht zumutbar.

---

166 vgl. § 24 VwVfG, der auf das gesamte Verwaltungshandeln anwendbar ist (Stelkens/Bonk/Sachs § 24 VwVfG Rn. 13).

(3) Für eine Ansteckung relevante Aggressionen

Des weiteren stellt sich die Frage, wann ein Kind derart aggressiv ist, daß seine Eltern die Schule über das Vorliegen von HIV bzw. Aids informieren müssen. Nicht jede aggressive Handlung ist ansteckungsrelevant. Neigt das Kind „nur" zu heftigen Schlägen, sind diese zwar sehr schmerzhaft, führen aber regelmäßig nicht zu blutenden Wunden und damit auch nicht zu einer Infizierung. Eine konkrete Gefährdung entsteht vielmehr nur, wenn die Art der Aggressionen so gelagert ist, daß blutende Wunden auftreten, wie dies zum Beispiel bei Bissen, Kratzern o.ä. der Fall ist. Auch kann der einmalige Ausrutscher eines Kindes noch nicht dazu führen, daß es allgemein als aggressiv charakterisiert wird. Vielmehr bedarf es eines wiederholten oder zumindest eines besonders schweren Fehlverhaltens, das eine Beherrschbarkeit des Kindes in der Zukunft zweifelhaft erscheinen läßt.

Für die Beurteilung der Beherrschbarkeit des Schülers sind neben dessen Kraft und Körperbau auch die tatsächlichen Aufsichtsmöglichkeiten zu berücksichtigen. In einer Halbtagsschule unterliegen die Kinder während des Unterrichts und der Pausen einer nahezu durchgängigen Beaufsichtigung. Anders hingegen stellt sich die Situation in Internaten und bei Klassenreisen dar. In diesen Fällen verbringen die Kinder auch ihre Freizeit und Nächte miteinander. Zwar besteht auch hier grundsätzlich eine Aufsichtspflicht der Schule; diese ist aber, da nicht in jedem Schlafraum und bei jeder Einzelaktivität ein Lehrer anwesend sein kann, nicht lückenlos gewährleistet. In Internaten und im Fall einer Klassenreise kann daher schon dann von unbeherrschbaren Aggressionen gesprochen werden, wenn zu befürchten ist, daß ein Schüler in Abwesenheit eines Lehrers ein anderes Kind in der oben beschriebenen Weise angreift. Auch hier bedarf es aber eines entsprechenden Vorverhaltens in der Vergangenheit.

(4) Durchsetzbarkeit dieser Verpflichtung

§ 823 BGB, dem die Verkehrspflichten zugrundeliegen, gewährt als Rechtsfolge lediglich Schadensersatzansprüche und begründet demnach keine selbständig einklagbare Pflicht des Verletzers. Naturgemäß haben die in ihren Rechtsgütern Gefährdeten aber ein Interesse daran, einen möglichen Schaden schon im Vorfeld zu verhindern, was nur möglich wäre, wenn Verkehrspflichten bereits im Wege des vorbeugenden Rechtsschutzes durchgesetzt werden könnten. Vorbeugender Rechtsschutz ist im BGB aber nur in Ausnahmefällen wie z. B. durch

§§ 12, 862, 908, 1004 BGB vorgesehen. Dabei regelt lediglich § 908 BGB einen den Verkehrspflichten vergleichbaren Fall des Unterlassens eines Unterlassens, d. h. die Verpflichtung zu einem aktiven Tun. Es handelt sich dabei um den speziellen Fall der Gebäudeunterhaltungspflicht, deren Befolgung von einem Grundstücksnachbarn eingeklagt werden kann, sofern die Verletzung dieser Pflicht sich bereits zu einer konkreten Gefahr für das Nachbargrundstück verdichtet hat. Eine analoge Anwendung dieser Norm auf alle Verkehrspflichten scheidet jedoch angesichts ihres Einzelfallcharakters aus.

Man könnte daher annehmen, daß sich der Gesetzgeber bei Erlaß des BGB für einen Vorrang des repressiven vor dem präventiven Rechtsschutz entschieden hat. Dabei darf aber nicht übersehen werden, daß durch die in § 823 BGB festgelegte nachtatliche Sanktionierung gleichzeitig der Appell zum Ausdruck gebracht wird, die dort genannten Rechtsgüter weder durch ein aktives Tun noch durch ein Unterlassen zu verletzen.[167] Dieser Appell wäre aber bedeutungslos, wenn sich der potentiell Geschädigte nicht gegen einen drohenden Eingriff zur Wehr setzen könnte, sondern auf einen Schadensersatzanspruch verwiesen wäre. Außerdem gebietet es der Gerechtigkeitsgedanke, daß vorbeugender Rechtsschutz zumindest dann gewährt werden muß, wenn angesichts der äußeren Umstände bereits eine so gefährliche Annäherung an das Rechtsgut erfolgt ist, daß schon die Bedrohung mit einem Eingriff dem widerrechtlichen Eingriff gleichzuachten ist,[168] und repressiver Rechtsschutz die Interessen des potentiellen Opfers nicht angemessen berücksichtigen kann.[169]

Aufgrund dieser Erwägungen hat die Rechtsprechung und sich anschließend die Literatur den Anwendungsbereich des § 1004 I 2 BGB stetig erweitert. So wird § 1004 I 2 BGB mittlerweile auch zur Begründung eines Unterlassungsanspruchs, der letztlich zu einem aktiven Tun verpflichtet, herangezogen.[170] Erreicht wird dies durch eine Ausdehnung der Haftung auf Fälle, in denen eine

167 Steiner S. 154.

168 RG in JW 1931, 1191, 1192; Stoll in FS Lange S. 729, 731.

169 v. Bar in „25 Jahre Karlsruher Forum" Beilage zu VersR 1983, S. 80; Henckel in AcP 174, 97, 112, Fn. 28.

170 BGH in WM 1982, 193; OLG Düsseldorf in NJW 1986, 2512; Larenz/Canaris § 87 II 2 b); Staudinger/Grunsky § 1004 BGB Rn. 194.

Beeinträchtigung noch gar nicht erfolgt ist,[171] sowie der Heranziehung des mittelbaren Störers, d.h. desjenigen, der einer selbstgeschaffenen oder in seinem Herrschaftsbereich befindlichen Gefahr für Besitz oder Eigentum des Nachbarn nicht sachgemäß und zumutbar entgegenwirkt.[172] Damit sind aber im Grunde genommen bereits die Verkehrspflichten angesprochen, die denjenigen, der eine Gefahrenquelle geschaffen hat oder sie beherrscht, verpflichtet, Dritte vor dieser Gefahr im Rahmen des ihm Zumutbaren zu bewahren und ihn vor Verletzungen zu schützen.[173] Weiterhin ist heute allgemein anerkannt, daß § 1004 BGB nicht nur auf das Eigentum, sondern analog auf alle Rechtsgüter des § 823 I BGB und damit auch auf die Gesundheit ausgedehnt werden muß (sogenannter quasi-negatorischer Rechtsschutz). Zur Begründung wird angeführt, daß die Einzelbestimmungen des BGB wie die eingangs erwähnten §§ 12, 862, 1004 BGB den allgemeinen Rechtsgedanken zum Ausdruck brächten, daß es besser sei, einen Schaden bereits im Vorfeld zu verhüten als später Ersatz zu leisten. Mit diesem Grundsatz lasse sich aber eine Beschränkung des vorbeugenden Rechtsschutzes auf Eingriffe in das Eigentum nicht vereinbaren. Vielmehr sei § 1004 BGB analog auf alle Rechte und Rechtsgüter des § 823 BGB anwendbar.[174] Bei dieser Auslegung des § 1004 I 2 BGB wäre es dann konsequenterweise auch möglich, die Einhaltung von Verkehrspflichten gerichtlich durchzusetzen.[175]

Man muß aber berücksichtigen, daß Verkehrspflichten dem Schutz der Allgemeinheit dienen und daher gegenüber jedermann Geltung beanspruchen. Die

---

171 aus Gründen der Gerechtigkeit wird der Zusatz „weitere" in der Weise interpretiert, daß bei schon erfolgter Störung die Gefahr einer erneuten Verletzung indiziert sei, dies aber nicht bedeute, daß eine drohende erstmalige Verletzung hingenommen werden müsse; BGH LM § 1004 Nr. 27; BayObLG in NJW-RR 1987, 1040, 1041; Larenz/Canaris § 87 I 1; Palandt/Bassenge § 1004 BGB Rn. 29; Steiner S. 156.

172 § 1004 BGB enthält insofern keine auf den unmittelbaren Störer einschränkende Definition des Störerbegriffs; BGHZ 17, 266, 292; BGH in WM 1982, 193; OLG Düsseldorf in NJW 1986, 2512; LG Essen in MDR 1988, 864; v. Bar in „25 Jahre Karlsruher Forum" Beilage zu VersR 1983, S. 80, 82; MüKo/Medicus § 1004 BGB Rn. 39 ff.

173 siehe oben Fn. 121.

174 RGZ 60, 6, 7; Esser/Weyers § 62 I; MüKo/Medicus § 1004 BGB Rn. 6; a. A: wohl Hohloch S. 132, der die Unterlassungsklage gegen Gesundheitsbeeinträchtigungen nur bei schädlichen Immissionen für möglich hält. Warum aber gerade bei den höchsten Rechtsgütern der vorbeugende Rechtsschutz eingeschränkt sein soll, ist nicht zu erkennen.

175 v. Bar in „25 Jahre Karlsruher Forum" Beilage zu VersR 1983, S. 80, 82; MüKo/Mertens § 823 BGB Rn. 49 a.

unbeschränkte Anerkennung des vorbeugenden Rechtsschutzes für Verkehrspflichten würde daher zu einer Flut von Unterlassungsansprüchen führen, die mit einer Sonderverbindung im Sinne des § 194 BGB kaum noch zu vereinbaren wäre.[176] Deshalb besteht die Notwendigkeit, Kriterien zu entwickeln, die aufzeigen, wann unselbständige Verkehrspflichten zu selbständigen Pflichten aufgewertet und infolgedessen auch durch die vorbeugende Unterlassungsklage geltend gemacht werden können. Hierbei kann § 908 BGB als einzig geregelter Fall des vorbeugenden Rechtsschutzes gegen ein Unterlassen von Verkehrspflichten (denn nichts anderes ist die Gebäudeunterhaltungspflicht) wichtige Anhaltspunkte geben.[177] Entscheidend dürften dabei zwei Gesichtspunkte sein: zum einen das Vorliegen einer konkreten Gefahr und zum anderen die Frage, wer anspruchsberechtigt ist.

Nicht nur § 908 BGB, sondern auch § 1004 I 2 BGB setzen das Bestehen einer konkreten Gefahr voraus.[178] Dies ist damit zu begründen, daß die Haftung im vorbeugenden Rechtsschutz unabhängig vom Verschulden eintritt. Es wäre daher unbillig, wenn der potentielle Schädiger auch für abstrakte oder weit entfernt liegende Gefahren, deren Verwirklichung im Gegensatz zur konkreten Gefahr nicht so wahrscheinlich ist, schon im Vorfeld eines möglichen Schadens verantwortlich wäre, und infolgedessen das Risiko einer Prozeßniederlage und der damit verbundenen Kosten des Rechtsstreits und der Schadensvermeidung tragen würde.[179] Wenn man bedenkt, daß vorbeugender Rechtsschutz vor allem in den Fällen eingreifen soll, in denen bereits die Bedrohung des Rechtsguts einem widerrechtlichen Eingriff gleichzusetzen ist, muß der Grad dieser Gefährdung zumindest so stark sein, daß ein Schadenseintritt sich bereits abzeichnet und daher unmittelbar ein Handlungsbedarf besteht. Andernfalls wäre die die Gleichsetzung rechtfertigende gefährliche Annäherung an das Rechtsgut nicht gegeben. Diese Bedingung ist aber nur bei einer konkreten, nicht aber bei einer abstrakten oder noch schwächeren Form der Gefahr erfüllt.

Ein weiteres Abgrenzungskriterium stellt die Frage der Anspruchsberechtigung dar. § 908 BGB billigt diese lediglich dem Nachbarn zu, nicht aber anderen

---

176 MüKo/Medicus § 1004 BGB Rn. 80.

177 v. Bar in „25 Jahre Karlsruher Forum" Beilage zu VersR 1983, S. 80, 84; Stoll in FS Lange S. 729, 735.

178 BGH LM § 1004 BGB Nr. 27; v. Bar in „25 Jahre Karlsruher Forum" Beilage zu VersR 1983, S. 80, 84; Fikentscher Rn. 1363; MüKo/Medicus § 1004 BGB Rn. 80; Staudinger/Gursky § 1004 BGB Rn. 196.

179 Steiner S. 156.

Personen wie beispielsweise Passanten, die ebenfalls durch die Vernachlässigung der Grundstücksunterhaltungspflicht gefährdet sein könnten. Zu begründen ist dies damit, daß einzig allein der Nachbar als in seinen Rechtsgütern gefährdete Person feststeht. Bedingt durch die Lage seines Grundstücks kann er der Gefahr weder ausweichen, noch ihr mit möglichen und zumutbaren Mitteln entgegenwirken. Andere Personen sind hingegen nur gefährdet, wenn sie sich zufällig in der Nähe des Grundstücks aufhalten. Die Gefahr ist bezogen auf den Nachbarn sozusagen individualisiert.[180] Dieses Kriterium kann auch für die Bestimmung der Anspruchsberechtigung nach § 1004 I 2 BGB fruchtbar gemacht werden.[181] Auch hier gilt als Ausgangspunkt, daß vorbeugender Rechtsschutz vor allem dann eingreifen soll, wenn bereits die Bedrohung des Rechtsguts mit dem widerrechtlichen Eingriff gleichzusetzen ist. Dies setzt aber voraus, daß sich der Eingriff und damit auch Schädiger und Geschädigter bereits abzeichnen.[182] Die nur theoretische Gefährdung einer Person kann dafür nicht ausreichen. Andernfalls wäre praktisch jeder anspruchsberechtigt; denn die Verkehrspflichten sind gegenüber jedermann zu beachten, weil nicht abzusehen ist, wer mit der Gefahrenquelle in Berührung kommen kann. Damit liefe der vorbeugende Rechtsschutz letztlich auf die Zulässigkeit einer Popularklage hinaus, die dem deutschen Recht jedoch fremd ist.[183] Demzufolge ist nach § 1004 I 2 BGB nur derjenige anspruchsberechtigt, der konkret durch die Gefahr bedroht ist. Dies allein reicht aber für eine Individualisierung im Sinne des § 908 BGB noch nicht aus. Vielmehr muß der Berechtigte darüber hinaus zur eigenverantwortlichen Schadensvorsorge außer Stande sein. Dies folgt aus dem Grundsatz, daß in erster Linie jeder für sich selbst verantwortlich ist. Es wäre daher unbillig, eine verschuldensunabhängige Haftung auch dann anzunehmen, wenn jemand in Kenntnis der Gefahr dieser in zumutbarer Weise ausweichen bzw. ihr mit zumutbaren Mitteln entgegenwirken könnte. In diesen Fällen reicht daher der repressive Rechtsschutz aus, die Interessen des potentiell Geschädigten angemessen zu berücksichtigen.[184]

Zusammenfassend ist festzustellen, daß Verkehrspflichten dann mit der vorbeugenden Unterlassungsklage geltend gemacht werden können, wenn eine

---

180 v. Bar in „25 Jahre Karlsruher Forum" Beilage zu VersR 1983, S. 80, 85; MüKo/Mertens § 823 BGB Rn. 49 a.

181 v. Bar in „25 Jahre Karlsruher Forum" Beilage zu VersR 1983, S. 80, 85; Stoll in FS Lange S. 729.

182 Steiner S. 154.

183 mit rechtsvergleichenden Hinweisen Stoll in FS Lange S. 729, 746 f.

184 v. Bar in „25 Jahre Karlsruher Forum" Beilage zu VersR 1983, S. 80, 85.

konkrete Gefahr für Rechtsgüter einer bestimmten Person droht, diese zur eigenverantwortlichen Schadensvorsorge außer Stande ist und der Anspruchsgegner aufgrund von Verkehrspflichten zur Abwendung der Gefahr verpflichtet ist.

Wendet man diese Grundsätze auf das Auftreten eine HIV-Infektion in der Schule an, ergibt sich folgendes: Eine konkrete Gefahr ist nach den hier gewonnenen Ergebnissen dann gegeben, wenn ein HIV-infiziertes Kind zu Aggressionen neigt, die zu ansteckungsrelevanten Verletzungen führen können. In einem solchen Fall besteht auch die Pflicht der Eltern, die Schule über die HIV-Infektion ihres Kindes zu informieren.[185] Hierbei stellt sich aber ein kaum überwindbares Beweisproblem. Nach dem Grundsatz, daß jede Partei für die sie günstigen Tatsachen beweispflichtig ist, müßten die Gesunden nachweisen, daß das Kind nicht nur zu Aggressionen neigt, sondern darüber hinaus noch die weitere Gefährdung durch eine HIV-Infektion besteht. Dies ist aber genau die Information, die durch den Prozeß gewonnen werden soll. Die Gesunden könnten ihren Anspruch daher regelmäßig nur dann durchsetzen, wenn insofern eine Beweislastumkehr eintreten würde. Angesichts der verschuldensunabhängigen Haftung und der Tatsache, daß die Verletzung des Rechtsguts noch nicht sicher ist, wäre eine derartige Beweislastumkehr aber unbillig. Außerdem würden die Gesunden auf diese Weise eine Information erhalten, auf die sie nach den hier gewonnenen Erkenntnissen nicht nur keinen materiell-rechtlichen Anspruch haben, sondern die sie aus Gründen des Diskriminierungsschutzes möglichst gar nicht erfahren sollten.

Weiterhin ist zu beachten, daß bei Aids die Ansteckung regelmäßig nicht gegenüber einem bestimmten Kind oder Lehrer droht. Vielmehr sind alle Personen, auch außerhalb der Schule, durch die Aggressionen des Kindes gefährdet. Die Gefahr ist daher nicht individualisiert. Außerdem dürfte es in den meisten Fällen möglich sein, den Aggressionen des Kindes auszuweichen und wie auch immer gelagerte Provokationen zu unterlassen. Demzufolge wäre eine vorbeugende Unterlassungsklage unbegründet.

Für dieses Ergebnis spricht auch, daß eine Klage aus praktischen Erwägungen heraus nicht erfolgreich sein kann. Es ist nämlich kein Antrag denkbar, der nicht mehr beinhaltet als den Gesunden tatsächlich zusteht. Ein möglicher Anspruch bestünde darin, die Schule zu informieren, falls ein Kind HIV-positiv und gleichzeitig aggressiv ist. Es besteht aber nach den Verkehrspflichten keine

---

185 siehe oben S. 46 ff.

Pflicht, die Schule vom Gegenteil in Kenntnis zu setzen. Eine Verurteilung könnte daher nur erfolgen, wenn das Kind tatsächlich HIV-positiv ist. Dies führt dazu, daß zumindest ein zusprechendes Urteil zugleich indirekt den HIV-Status des Kindes mitteilen würde. Auf dieses Wissen haben die Gesunden aber nach den hier gewonnenen Ergebnissen gerade keinen zivilrechtlichen Anspruch.

Aus diesen Gründen besteht zwar eine Verpflichtung aus Verkehrspflichten, die Schule im Einzelfall über die HIV-Infektion des eigenen Kindes zu informieren; diese Pflicht kann aber nicht selbständig eingeklagt werden, sondern begründet lediglich repressiven Rechtsschutz.

c) Verpflichtung aufgrund der Aufsichtspflicht nach § 832 BGB

Die Pflicht der Eltern zur Information könnte sich auch aus § 832 BGB ergeben. Danach haften die Eltern, wenn sie für ihr minderjähriges Kind nicht die nötige Aufsicht haben walten lassen und das Kind einen Schaden verursacht hat. Problematisch ist jedoch, ob die Eltern überhaupt eine Aufsichtspflicht im schulischen Bereich haben, da in der Schule grundsätzlich die Schule gesetzlich zur Aufsicht verpflichtet ist.[186] Die Aufsichtspflicht der Schule ersetzt die elterliche Aufsicht aber nicht vollständig. Die Eltern kennen ihre Kinder, wissen um die Verhaltensauffälligkeiten und, was am wichtigsten ist, sie wissen auch von der gefährlichen Krankheit, die in ihrem Kind ruht und die, gepaart mit Aggressivität, zu einer Gefahr für andere Kinder werden kann. Aufsicht bedeutet in erster Linie die Kontrolle des eigenen Kindes. Wenn die Aufsicht aus den Händen gegeben wird, müssen sich die Eltern aber darüber hinaus noch vergewissern, daß die gewählte Aufsichtsperson zuverlässig und den an sie gestellten Aufgaben gewachsen ist.[187] Dies entfällt naturgemäß, wenn die Aufsicht, wie im Fall der Schule gesetzlich übertragen wird und die Eltern aufgrund der Schulpflicht und der eingeschränkten Schulauswahl gar keine Möglichkeit haben, auf die aufsichtspflichtige Person Einfluß zu nehmen.

Weiterhin müssen die Eltern den aufsichtsübernehmenden Personen mitteilen, welche Besonderheiten ihr Kind hat und wann eine verstärkte Aufsicht nötig

---

186 Albilt S. 261; Heckel/Avenarius S. 266; Staudinger/Belling/Eberl-Borges § 832 BGB Rn. 22.

187 BGH in NJW 1968, 1672; Albilt S.188.

ist.[188] Nur so kann der Übernehmende die Aufsicht ordnungsgemäß ausüben. Dieser Grundsatz muß aber auch für die gesetzliche Übernahme der Aufsicht gelten. Die Eltern kennen ihr Kind von klein auf und wissen daher am ehesten, welche Besonderheiten zu beachten sind. Bei HIV und Aids besteht eine Informationsverpflichtung jedoch nur, wenn das Kind zu Aggressivität neigt. Wie bereits oben dargestellt,[189] sind nur in diesem Fall verstärkte Aufsichtsmaßnahmen erforderlich, so daß auch nur dann ein Informationsbedarf der Schule zu bejahen ist. Aggressives Verhalten eines Kindes verlangt zwar ohnehin eine stärkere Beobachtung durch die Schule; aber auch bei aggressiven Kindern kann die Schule eine permanente Aufsicht nicht gewährleisten. Aus diesem Grund braucht sie das weitere Wissen, um eventuell noch bessere Aufsichtsmöglichkeiten zu schaffen bzw. je nach Beherrschbarkeit des Kindes weitere Maßnahmen zu ergreifen. Dementsprechend müssen die Eltern im Rahmen ihrer Aufsichtspflicht nach § 832 BGB die Schule über die Aids-Infektion ihres Kindes unterrichten, wenn das Kind zu aggressiven Verhalten neigt.[190]

Es stellt sich die Frage, ob zumindest die Verpflichtung nach § 832 BGB mittels der vorbeugenden Unterlassungsklage durchgesetzt werden kann. § 832 BGB gewährt wie auch § 823 BGB lediglich Schadensersatzansprüche. Vorbeugender Rechtsschutz ist nicht vorgesehen und kann daher nur über § 1004 I 2 BGB erreicht werden.[191] Inhalt der Aufsichtspflicht ist dabei die gegenüber jedermann zu beachtende Verpflichtung des Aufsichtspflichtigen, einen Schaden durch aktives Tun zu vermeiden. Es handelt sich somit um dieselbe Problemstellung, die schon im Rahmen der Verkehrspflichten herausgearbeitet wurde[192] und deren Erkenntnisse auch auf die Aufsichtspflicht angewendet werden können. Dies führt dazu, daß auch die nach § 832 BGB bestehende Pflicht der Eltern, die Schule zu informieren, nicht im Wege der vorbeugenden Unterlassungsklage geltend gemacht werden kann.

188 BGH in NJW 1968, 1672; OLG Düsseldorf in VersR 1976, 1133; Albilt S. 190; Eckert S. 42; Staudinger/Belling/Eberl-Borges § 832 BGB Rn. 43.

189 siehe oben S. 46 ff.

190 so wohl auch Münder S. 41, 66.

191 vgl. OLG Düsseldorf in NJW 1986, 2512 f.

192 siehe oben S. 50 ff.

d) Verpflichtung aufgrund des Schulverhältnisses

Die Informationspflicht gegenüber der Schule läßt sich möglicherweise aus dem Schulverhältnis selbst ableiten. Mit der Aufnahme des Schülers in die Schule entsteht ein öffentlich-rechtliches Rechtsverhältnis, durch das wechselseitige Rechte und Pflichten der Schüler und der Schule begründet werden.[193] Es stellt sich die Frage, ob allein das Bestehen dieses Schulverhältnisses, zumindest aber die in einigen Ländern generalklauselartig formulierten ausdrücklichen Regelungen desselben[194] den Schüler bzw. dessen Eltern verpflichten können, eine HIV-Infektion zu offenbaren.

Im Schulverhältnis gilt, wie bereits oben dargestellt,[195] der Gesetzesvorbehalt, dessen Umfang sich nach der Wesentlichkeitstheorie richtet. Zu untersuchen ist, ob nach diesen Grundsätzen die Pflicht zur Information über die Erkrankung mit Aids unmittelbar aus dem Schulverhältnis abgeleitet werden kann oder ob es hierzu einer genaueren Rechtsgrundlage bedarf. Bei der Verpflichtung, Dritte über eine HIV-Infektion in Kenntnis zu setzen, ist das Grundrecht des Kindes auf informationelle Selbstbestimmung tangiert. Die Infektion ist dabei ein Geheimnis, das den intimsten Teil des Kindes, nämlich seine inneren Körpervorgänge betrifft. Die Offenbarung der Infektion wäre außerdem mit einer erheblichen Diskriminierungsgefahr, die auch die Gesundheit des Kindes beeinträchtigen könnte, verbunden. Es ist nicht auszuschließen, daß das Kind durch die möglichen Gegenreaktionen der Gesunden schweren psychischen Belastungen ausgesetzt wird. Hierdurch könnte das Immunsystem die entscheidende Schwäche erleiden, durch die die Krankheit endgültig ausbricht. Demzufolge berührt die Information die Grundrechtssphäre des Kindes wesentlich, so daß schon aus diesem Grund eine ausdrückliche Rechtsgrundlage notwendig wäre.

Weiterhin ist zu beachten, daß durch die Information der Schule nicht nur die Interessen des Infizierten, sondern auch die der Gesunden und die der Eltern betroffen sind. Die Eltern haben nach Art. 6 II GG das Erziehungsrecht über ihre Kinder, wozu auch die Sorge für das gesundheitliche Wohl des Kindes

---

193 Heckel/Avenarius S. 296; Niehues Rn. 78.

194 z.B. Art. 54 IV BayEUG: „Rechte und Pflichten des Schülers erwachsen aus seiner Zugehörigkeit zur Schule; sie sind stets im Zusammenhang mit den Rechten und Pflichten der anderen am Schulverhältnis beteiligten Personen zu sehen.“; § 2 II ASchONRW: „Aus dem Schulverhältnis ergeben sich für alle Beteiligten Rechte und Pflichten. Dies erfordert eine vertrauensvolle Zusammenarbeit aller Beteiligten.“.

195 siehe oben S. 25 ff.

zählt.[196] Daher sind sowohl die Eltern der Gesunden, die eine Ansteckung des eigenen Kindes verhindern wollen, als auch die Eltern des Infizierten, die ihr Kind vor Anfeindungen und Ausgrenzung schützen wollen, an der Erteilung bzw. Nichterteilung der Information interessiert. Der Ausgleich des hierdurch entstandenen Spannungsfeldes zwischen dem Interesse des infizierten Kindes und dessen Eltern auf der einen Seite und den Interessen der Gesunden und deren Eltern auf der anderen Seite, sollte auch wegen der Gleichwertigkeit der Interessen (in beiden Fällen besteht eine Gefährdung der Gesundheit) dem Gesetzgeber überlassen bleiben.[197]

Damit steht fest, daß die Informationspflicht nicht aus dem Schulverhältnis als solchem abgeleitet werden darf. Möglicherweise reichen aber die eingangs erwähnten Generalklauseln in den Ländern als Ermächtigung aus. Generalklauseln lassen sich im grundrechtsrelevanten Bereich nur dann mit der Wesentlichkeitstheorie vereinbaren, wenn aufgrund der Vielschichtigkeit einer Materie eine besonders flexible Handlungsfähigkeit der Exekutive erforderlich ist. Wann das Auftreten einer Krankheit in der Schule derart schulrelevant ist, daß die Eltern die Schule darüber in Kenntnis setzen müssen, bedarf jedoch keiner besonderen Flexibilität. Entweder muß die Schule über das Auftreten einer Infektion informiert sein, und nur die weiteren Maßnahmen müssen flexibel gehandhabt werden können oder das Informationsbedürfnis besteht nicht, da weitere Maßnahmen regelmäßig nicht ergriffen werden müssen. Wann die Schule, über welche intimen Details des Lebens ihrer Schüler unterrichtet werden muß, kann daher ohne weiteres ausdrücklich normiert werden. Dafür spricht auch, daß die meldepflichtigen bzw. schulrelevanten Krankheiten bereits speziell im Bundesseuchengesetz bzw. in einigen Schulgesetzen abschließend festgelegt worden sind. Aids ist dort nicht aufgeführt.[198]

Weiterhin ist zu beachten, daß die moderne Datenverarbeitung nicht nur sekundenschnelle Zugriffe auf alle gespeicherten Daten erlaubt, sondern darüber hinaus auch die Möglichkeit eröffnet, über Netzwerke verschiedenste Dateien so miteinander zu verknüpfen, daß ein vollständiges Persönlichkeitsbild der betroffenen Person lesbar wird. Um diesen Gefahren entgegenzuwirken, muß daher festgelegt werden, welche Daten wo gespeichert und ob und gegebenenfalls

---

196 v. Münch/Kunig/E. M.v. Münch Art. 6 GG Rn. 26; Pieroth/Schlink Rn. 645; Schmidt-Bleibtreu/Klein Art. 6 GG Rn. 8.

197 BVerfGE 47, 46, 80; Lerche „Bayerisches Schulrecht und Gesetzesvorbehalt" S. 66; Starck in DöV 1979, 269, 270.

198 vgl. Margies/Gampe/Gelsing/Rieger § 44 ASchoNW Rn. 6.

an wen sie weitergegeben werden dürfen.[199] Die für den Bürger notwendige Transparenz ist dabei nur dann gewährleistet, wenn der Zweck der Erhebung hinreichend bestimmt ist und die spätere Verwendung der Daten an diesen Zweck gebunden bleibt.[200] Nur auf diese Weise sind die Daten gegen eine unbeschränkte und unvorhersehbare Weitergabe an Dritte wirkungsvoll geschützt. Bei sehr sensiblen Daten, insbesondere Krankheitsdaten, müssen außerdem hohe Anforderungen an die Bestimmtheit der gesetzlichen Regelung gestellt werden, da der betroffene Bürger regelmäßig ein besonderes Interesse an der Geheimhaltung derartiger Daten hat. Diese Voraussetzungen erfüllen die Generalklauseln des Schulrechts offensichtlich nicht.

Aus diesen Gründen reicht eine derart offene Generalklausel für die Begründung einer Informationspflicht nicht aus. Die hier erwähnten Generalklauseln beziehen sich vielmehr auf den geordneten Schulbetrieb als solchen. Es ist schlicht undenkbar, für das gesamte Schulleben - wie zum Beispiel die Teilnahme am Unterricht, das Anfertigen von Hausaufgaben etc. - ausdrückliche gesetzliche Grundlagen zu schaffen.[201] Aus diesem Grund reicht für geringfügige Eingriffe in die Grundrechtssphäre der Schüler eine sehr weit gefaßte Generalklausel, die jedoch nicht auf konkrete, die Grundrechte wesentlich betreffende Einzelfälle - wie z.B. auf die Verpflichtung zur Information über eine HIV-Infektion - ausgedehnt werden darf.[202]

e) Treuepflicht des beamteten oder angestellten Lehrers

Soweit ein Lehrer HIV-infiziert ist, könnte die Informationspflicht aus dem Dienstverhältnis selbst abzuleiten sein. Hierbei ist insbesondere an eine Verpflichtung des Lehrers aufgrund seiner Treuepflicht gegenüber dem Dienstherrn zu denken.

---

199 BVerfGE 65, 1, 42 f.

200 BVerfGE 65, 1, 46.

201 Niehues Rn. 34.

202 a.A. wohl Eiselt/Heinrich S. 143, wobei jedoch darauf hingewiesen wird, daß „rechtsstaatlich besser die Festlegung der Informationspflicht durch gesetzliche Vorschrift wäre", Engler in RdJB 1988, 23, 24.

(1) Treuepflicht des angestellten Lehrers

Der angestellte Lehrer steht zum öffentlich-rechtlichen Arbeitgeber in einem arbeitsrechtlichen Verhältnis gemäß § 611 BGB, das durch die Tarifverträge des Bundes und der Länder konkretisiert wird. In den fünfziger und sechziger Jahren sah man jedes Arbeitsverhältnis als ein personenrechtliches Gemeinschaftsverhältnis an, das auf der einen Seite durch die Treuepflicht des Arbeitnehmers und auf der anderen Seite durch die Fürsorgepflicht des Arbeitgebers gekennzeichnet sein sollte.[203,204] Die dogmatischen Schwächen dieses Ansatzes hat Ulrich Westermann in seiner Dissertation aus dem Jahr 1982 überzeugend herausgearbeitet. Der Arbeitsvertrag ist nicht personenrechtlich ausgestaltet, da er keine Rechte an einer Person begründet, sondern auf den Austausch vermögensrechtlicher Bedürfnisse der Personen gerichtet ist. Der Einsatz der Person zur Leistungserfüllung ist dabei keine Besonderheit des Arbeitsvertrags, sondern ein Merkmal, das allen Schuldverhältnissen zu eigen ist, bei denen sich eine Person zur Leistung verpflichtet.[205] Auch eine Gemeinschaft liegt nicht vor, da die Vertragsparteien weder einen gemeinsamen Zweck verfolgen, noch ihnen ein gemeinsames Recht zusteht oder sie etwas ähnliches verbindet, was eine rechtliche Zusammengehörigkeit im Sinne einer Gemeinschaft erklären könnte.[206]

Eine derartige Konstruktion ist zur Begründung einer allgemeinen Treuepflicht auch gar nicht notwendig. Diese folgt vielmehr bereits aus § 242 BGB. Der Grundsatz von Treu und Glauben kann je nach Ausgestaltung des Rechtsverhältnisses stärkere und weniger starke Nebenpflichten der Vertragspartner begründen.[207] Abzustellen ist dabei auf die Interessen der Parteien bei den jeweiligen Verträgen. Der Arbeitsvertrag zeichnet sich dadurch aus, daß der Arbeitnehmer regelmäßig seine Existenzgrundlage durch den Vertrag gesichert sehen möchte, wodurch eine starke Abhängigkeit des Arbeitnehmers vom Arbeitgeber und dem Bestand des Arbeitsverhältnisses entsteht, die des besonderen Schutzes bedarf.[208] Weiterhin ordnet sich der Arbeitnehmer mit seiner Person

---

203 siehe den historischen Überblick bei Westermann S. 4 ff.

204 Hueck/Nipperdey S. 129 mwN.; Nikisch S. 446.

205 Westermann S. 82 ff.

206 Westermann S. 88 ff.

207 BAG, AP Nr. 1 zu § 103 BetrVG 1972; Larenz § 52 II c); Palandt/Putzo § 611 BGB Rn. 39; Staudinger/Richardi § 611 BGB Rn. 370; Westermann S. 100 f.; dies erkennen letztlich auch Hueck/Nipperdey S. 390 f.; Nikisch S. 497.

208 Westermann S. 108 mwN.

vollständig der Organisationsgewalt des Arbeitgebers unter.[209] Die hieraus entstehenden Gefährdungen für die Arbeitnehmer z. B. auch für die Gesundheit (vgl. § 618 BGB) muß der Arbeitgeber hinreichend berücksichtigen.[210] Der Arbeitgeber ist seinerseits auf die korrekte Arbeitsleistung des Arbeitnehmers angewiesen.[211] Wenn der Arbeitnehmer sich nicht vollständig in den Betrieb eingliedert und auf dessen Funktionsfähigkeit Rücksicht nimmt, insbesondere den vom Arbeitgeber vorgesehenen Arbeitsablauf oder die vorgegebene Ordnung nicht einhält, ist nicht nur der Betriebserfolg, sondern auch die korrekte Aufgabenerfüllung des Arbeitgebers gegenüber anderen Arbeitnehmern und Kunden gefährdet.[212] Dementsprechend ist der Arbeitnehmer im Rahmen von Treu und Glauben verpflichtet, alles zu tun, um die im Zusammenhang mit dem Arbeitsverhältnis stehenden Interessen des Arbeitgebers zu wahren, wie dies von ihm unter Berücksichtigung seiner Stellung im Betrieb, seiner eigenen Interessen und der Interessen der anderen Arbeitnehmer im Betrieb billigerweise erwartet werden kann.[213]

(2) Treuepflicht des beamteten Lehrers

Der Beamte steht gemäß Art. 33 IV GG, §§ 2 I BBG, 2 I BRRG sowie den entsprechenden Vorschriften der Länder[214] in einem öffentlich-rechtlichen Dienst- und Treueverhältnis. Diese Vorschriften umschreiben aber nur den Charakter des Beamtenstatus. Die Treueverpflichtung selbst läßt sich aus diesen Normen nicht herleiten, sondern setzt sie voraus. Die Treuepflicht läßt sich vielmehr aus Art. 33 V GG ableiten, durch den der Gesetzgeber verpflichtet wird, den öffentlichen Dienst unter Berücksichtigung der hergebrachten Grundsätze des Beamtentums zu regeln. Zu diesen zählt nach allgemeiner Ansicht auch die

---

209 Staudinger/Richardi § 611 BGB Rn. 378; Westermann S. 112 ff.

210 Larenz § 52 II c); MüKo/Müller-Glöge § 611 BGB Rn. 411; Westermann S. 117.

211 Westermann S. 111.

212 Larenz § 52 II c); Staudinger/Richardi § 611 BGB Rn. 378; Westermann S. 119 f.

213 BAG AP Nr. 7 zu § 611 BGB, Treuepflicht; Battis in Achterberg/Püttner Kapitel 4 Rn. 229; Ebert/Bieler 630, S. 27; MüKo/Müller-Glöge § 611 BGB Rn. 431; Larenz § 52 II c); Staudinger/Richardi § 611 BGB Rn. 375.

214 siehe § 2 LBGBW; Art. 2 BayBG; § 2 I LBGBln; § 2 LBGBbg; § 2 BremBG; § 2 HmbBG; § 2 HBG; § 2 I LBGMV; § 4 NBG; § 2 LBGNW; § 5 LBGRP; § 2 SBG; § 2 SächsBG; § 79 LBGLSA; § 2 LBGSH; § 2 I ThürBG.

Treuepflicht des Beamten.[215] Entsprechend enthalten die Beamtengesetze des Bundes und der Länder Regelungen, nach denen der Beamte innerhalb und außerhalb seines Dienstes dem Vertrauen und der Achtung gerecht werden muß, die sein Beruf erfordert.[216]

Nachdem ursprünglich der Monarch die Person war, der Treue gebührte, konnte mit Einführung des republikanischen und demokratischen Rechtsstaates diese Bindung an eine Person nicht mehr aufrechterhalten werden.[217] Heute wird daher angenommen, daß die Treuepflicht gegenüber dem Staat[218], dem Volk[219] oder der freiheitlich-demokratischen Grundordnung[220] besteht. Der Umfang dieser Treuepflicht ist im einzelnen umstritten.[221] Einigkeit besteht jedoch hinsichtlich der Tatsache, daß der Beamte sich innerhalb und außerhalb des Dienstes so zu verhalten hat, daß dienstliche Interessen nicht gefährdet werden.[222] Aufgrund der Treuepflicht schuldet der Beamte dem Dienstherrn daher im Minimum ein Gesamtverhalten, das darauf gerichtet ist, die berechtigten Interessen des Dienstherrn im Rahmen der von ihm übernommenen Aufgaben nicht zu schädigen und darüber hinausgehend im Rahmen des dem Beamten zumutbaren wahrzunehmen. Sie deckt sich also insoweit mit der arbeitsrechtlichen Treuepflicht.

---

215 BVerfGE 9, 286; BVerfGE 39, 334; Battis in Achterberg/Püttner Kapitel 4 Rn. 28; Lecheler in ZBR 1972, 228; v. Münch/Kunig/Kunig Art. 33 GG Rn. 34; Mayer „Rechtsgutachten" S. 608; Schindler-Fiedler S. 32; Schmidt-Bleibtreu/Klein Art. 33 Rn. 16; Westermann S. 234.

216 siehe § 54 BBG; § 73 LBGBW; Art. 64 BayBG; § 20 LBGBln; § 19 LBGBbg; § 55 BremBG; § 59 HmbBG; § 69 HBG; § 58 LBGMV; § 62 NBG; § 57 LBGNW; § 64 I LBGRP; § 68 SBG; § 72 I SächsBG; § 54 LBGLSA; § 66 LBGSH; § 57 ThürBG.

217 zur historischen Entwicklung siehe die ausführliche Darstellung bei Westermann S. 187 ff.

218 Behrens S. 61; Mayer „Rechtsgutachten" S. 594.

219 Scheerbarth/Höffken/Bauschke/Schmidt § 8 II 1.

220 BVerwGE 47, 330, 336; Lecheler in ZBR 1972, 228; 230; Schindler-Fiedler S. 40; Westermann S. 234.

221 siehe ausführliche Darstellung bei Fürst GKÖD vor § 52 BBG Rn. 3.

222 BVerwGE 30, 29, 31; Behrens S. 62; Ebert 260, S. 2; Hilg § 26 I 2 ; Lecheler in ZBR 1972, 228, 232; Mayer „Rechtsgutachten" S. 608; Schindler-Fiedler S. 153; Wiese Zweiter Teil, Dritter Abschnitt, A. I. 2.

(3) Informationsverpflichtung aufgrund der Treuepflicht

Ein beamteter oder angestellter Lehrer ist verpflichtet, alles zu tun, um die im Zusammenhang mit dem Dienstverhältnis stehenden Interessen des Dienstherrn zu wahren, wie dies von ihm unter Berücksichtigung seiner Stellung in der Schule, seiner eigenen Interessen und der Interessen anderer am Schulbetrieb beteiligter Personen billigerweise erwartet werden kann. Daraus folgt, daß der Lehrer seinen Dienstherrn auch über wesentliche persönliche Angelegenheiten in Kenntnis setzen muß, falls diese das Dienstverhältnis derart berühren, daß der Dienstherr ein berechtigtes Interesse an einer entsprechenden Information geltend machen kann, sofern dies dem Dienstverpflichteten zumutbar ist.[223] Ein berechtigtes Interesse liegt insbesondere dann vor, wenn der Dienstherr die Information benötigt, um seinerseits seinen Verpflichtungen ordnungsgemäß nachkommen zu können. Aufgabe der Schule ist neben der Erziehung auch die Fürsorge für die ihr anvertrauten Schüler. Dies folgt, soweit nicht ausdrücklich geregelt,[224] unmittelbar aus dem staatlichen Erziehungsauftrag gemäß Art. 7 I GG.[225] In der Schule ist es den Eltern aufgrund der Schulpflicht und der damit verbundenen räumlichen Entfernung faktisch unmöglich, ihre Verantwortung für die Kinder wahrzunehmen. Im Interesse der Schüler übernimmt daher die Schule kraft ihres Erziehungsauftrags die Aufgaben der Eltern, wozu auch die Pflege und Aufsicht der Kinder zählen.[226] Gegenüber anderen Lehrern besteht ebenfalls eine Fürsorgepflicht, die sich als Kehrseite zur Treuepflicht darstellt.[227] Dementsprechend wäre eine Informationspflicht zu bejahen, wenn die Schule, um ihrer Fürsorgepflicht nachkommen zu können, über die HIV-Infektion eines Lehrers informiert sein muß und diese Information dem Infizierten zugemutet werden kann. Im Rahmen der Zumutbarkeit sind dabei die Interessen des Infizierten mit den Fürsorgeinteressen und den damit betroffenen

---

223 Heckel/Avenarius S. 254, Lichtenberg/Winkler in DVBl 1990, 10, 14; Scheerbarth/ Höffken/ Bauschke/Schmidt § 8 II 4.

224 z.B. § 4 III BbgSchulG; § 4 II BremSchulG; § 3 IV HSchulG.

225 VGH BW SPE 140, Nr. 9, S. 11, 14; Heckel/Avenarius S. 266; eine derartige Fürsorgepflicht wird auch ohne Begründung allgemein angenommen, vgl. § 10 III SchulVerfGBln; Böhm S. 95; Eiselt/Heinrich S. 156; Hochstetter/Muser § 38 SchulGBW Allgemeine Anmerkungen, S. 109; Margies/Roeser S. 123; Püttner in Achterberg/ Püttner Kapitel 3 Rn. 309.

226 VGH BW SPE 140, Nr. 9, S. 11, 14.

227 siehe § 79 BBG; § 98 LBGBW; Art. 86 BayBG; § 42 LBGBln; § 45 LBGBbg; § 78 BremBG; § 83 HmbBG; § 92 HBG; § 87 LBGMV; § 87 NBG; § 85 LBGNW; § 87 LBGRP; § 94 SBG; § 99 SächsBG; § 79 LBGLSA; § 95 LBGSH; § 83 ThürBG.

Rechtsgütern, wie hier Gesundheit und Leben, gegeneinander abzuwägen.[228] Eich meint, daß bei Vorliegen einer HIV-Infektion allein die Gefährlichkeit der Krankheit das allein maßgebliche Kriterium sein dürfe.[229] Auch unwahrscheinlichste Ansteckungssituationen müßten daher berücksichtigt werden, um einen möglichst umfassenden Schutz vor einer todbringenden Krankheit zu erreichen. Er übersieht dabei, daß damit das Interesse des Infizierten an Geheimhaltung seiner Intimssphäre völlig in den Hintergrund gedrängt und bei der Abwägung im Grunde genommen von vornherein nicht mehr berücksichtigt wird. Zwar kann es im Einzelfall durchaus angemessen sein, daß wegen der besonderen Wichtigkeit der betroffenen Rechtsgüter das Geheimhaltungsinteresse zurückgestellt werden muß. Dies kann aber nur Ergebnis einer Gesamtabwägung sein, die neben den Interessen der Gesunden auch das Interesse des Infizierten berücksichtigt. Dabei darf die Wahrscheinlichkeit einer Ansteckung nicht vollkommen unberücksichtigt bleiben.[230] Je unwahrscheinlicher eine Infektion und damit die Gefährdung anderer in einem äußerst wichtigen Rechtsgut ist, desto weniger ist der Dienstherr verpflichtet, Schutzmaßnahmen zu treffen und desto geringer ist daher sein Anrecht auf eine entsprechende Information.

Bei einem erkrankten Lehrer verringert sich das Ansteckungsrisiko im Vergleich zu einem infizierten Kind nochmals erheblich.[231] Er ist sich der Krankheit bewußt und kann sich entsprechend selbst schützen. Die einzige tatsächlich denkbare Ansteckungsmöglichkeit ist eine Verletzung durch einen Schüler, wie zum Beispiel durch einen Biß. Dies ist aber sehr unwahrscheinlich. Der Schüler müßte dann völlig unbeherrschbar und unberechenbar sein. Außerdem kann auch eine Information der Schule an dieser Möglichkeit nichts ändern, da sonst dafür gesorgt werden müßte, daß der betreffende Schüler und der Lehrer überhaupt nicht mehr aufeinandertreffen, was nur dann möglich wäre, wenn der Lehrer ganz aus dem Schuldienst entfernt würde. Eine derartige Maßnahme wäre aber in Anbetracht des geringen Infektionsrisikos, der Tatsache, daß das Risiko nicht durch den Infizierten, sondern durch einen Gesunden erhöht wird sowie der mit der Entlassung verbundenen Gefahr der Isolation und Diskriminierung des Lehrers, der zumindest in der Latenzphase nach außen völlig gesund und arbeitsfähig ist und der besonderen Zuwendung der Gesellschaft bedarf,

---

228 Haesen in RdA 1988, 158, 159; Lichtenberg/Schücking in NZA 1990, 41, 44.

229 Eich in NZA 1987 Beilage 2, 10, 11 f.

230 Haesen in RdA 1988, 158, 159; Lichtenberg/Schücking in NZA 1990, 41, 44; Löwisch in DB 1987, 936, 940; Richardi in NZA 1988, 73, 75.

231 Brandes in RdJB 1988, 10, 19; Bruns in MDR 1987, 353, 357; Loschelder in NJW 1987, 1467, 1470.

eine unverhältnismäßige Maßnahme. Außerdem darf man nicht vergessen, daß eventuelle Schritte gegen einen Infizierten für die gesamte Dauer des Dienstverhältnisses gelten müssen, da eine Heilungsmöglichkeit derzeit noch nicht besteht. Die Schule muß daher von sich aus keine besonderen Schutzmaßnahmen ergreifen. Sollte ein Lehrer tatsächlich einmal das Gefühl haben, daß er einen Schüler nicht kontrollieren kann und ihn damit der Gefahr einer Ansteckung aussetzt, wird er sich selbst mit der Schulleitung in Verbindung setzen, damit er diesen Schüler zumindest nicht mehr unterrichten muß. Eine Verpflichtung zur Information zu konstruieren, ist demzufolge weder notwendig noch sinnvoll.

f) Zwischenergebnis

Ein infizierter Lehrer muß die Schule nicht über eine HIV-Infektion informieren.

Die Eltern eines infizierten Schülers sind aufgrund der zivilrechtlichen Verkehrssicherungs- und Aufsichtspflichten verpflichtet, die Schule von sich aus über die HIV-Infektion ihres Kindes unterrichten, wenn es zu ansteckungsrelevanten Aggressionen neigt. Diese Verpflichtung besteht nicht gegenüber der Schule, sondern gegenüber den anderen die Schule besuchenden Personen. Dabei entsteht kein subjektives Recht der Gesunden; vielmehr öffnet sich nur der Weg zu Schadensersatzansprüchen, falls bereits eine Ansteckung erfolgt ist. Damit erscheint der Schutz der Gesunden lückenhaft, da er letztlich erst eingreift, wenn „das Kind bereits in den Brunnen gefallen ist". In Anbetracht der Tatsache, daß die Möglichkeit besteht, daß die Eltern des infizierten Kindes die Schule nicht selbständig informieren, ist zu überlegen, ob der betroffene Schüler bzw. dessen Eltern zumindest auf eine entsprechende Frage der Schule wahrheitsgemäß antworten müssen.

g) Verpflichtung zur Beantwortung einer Frage nach HIV und Aids nach den Datenschutzgesetzen

Die Verpflichtung zur Information der Schule könnte sich aus den Datenschutzgesetzen der Länder bzw. den hierzu spezielleren Vorschriften in einigen Schulgesetzen ergeben. Mittlerweile ist die Datenerhebung, wie z. B. durch gezielte Fragen, Fragebögen oder ähnliches in allen Datenschutzgesetzen der Länder und des Bundes geregelt. Danach ist eine Datenerhebung zulässig, wenn sie durch Rechtsvorschrift erlaubt ist oder der Betroffene eingewilligt hat. Soweit eine spezialgesetzliche Ermächtigung fehlt, darf die Erhebung auch nach den Datenschutzgesetzen selbst erfolgen, wenn die Kenntnis der Daten für die Aufgabenerfüllung der öffentlichen Stelle erforderlich ist.[232] Damit wird aber lediglich die Zulässigkeit der Datenerhebung festgestellt, eine Verpflichtung zu entsprechenden Angaben durch den Betroffenen besteht hingegen nicht. Eine solche kann vielmehr nur durch eine ausdrückliche gesetzliche Regelung begründet werden. Liegt ein zur Auskunft verpflichtendes Gesetz nicht vor, ist der Betroffene auf die Freiwilligkeit seiner Angaben hinzuweisen.[233] Daraus folgt, daß nach den allgemeinen Datenschutzgesetzen der Länder weder die Schüler, noch die Eltern oder Lehrer zur Information über eine HIV-Infektion verpflichtet sind.

Mit Ausnahme von Baden-Württemberg und Sachsen[234] haben alle Bundesländer in ihren jeweiligen Schulgesetzen ausdrücklich Regelungen zur Datenverarbeitung getroffen, nach denen die Schule alle zur Aufgabenerfüllung erforderlichen Daten erheben darf. Im folgenden soll untersucht werden, ob nach diesen Vorschriften die Schüler bzw. Eltern verpflichtet sind, die Frage nach einer HIV-Infektion zu beantworten.

---

232 siehe § 11 I LDSGBW; Art. 16 I BayDSG; § 9 I BlnDSG; § 12 I BbgDSG; § 10 I BremDSG; § 12 I HmbDSG; § 11 I HDSG; § 8 I DSGMV; § 9 I NDSG; § 12 I DSGNW; § 12 I LDSGRP; § 12 I SDSG; § 9 I DSGLSA; § 11 I SächsDSG; § 10 I LDSGSH; § 19 I ThürDSG.

233 siehe § 11 II LDSGBW; Art. 16 III BayDSG; § 10 II BlnDSG; § 12 III BbgDSG; § 10 IV BremDSG; § 12 III HmbDSG; § 11 IV HDSG; § 8 III DSGMV; § 9 II NDSG; § 12 II DSGNW; § 12 II LDSGRP; § 9 III DSGLSA; § 11 II SächsDSG; § 12 V SDSG; § 10 II LDSGSH; § 19 III ThürDSG.

234 In diesen Ländern richtet sich der Datenschutz in der Schule mangels ausdrücklicher Regelung nach den Landesdatenschutzgesetzen, so daß Daten nur auf freiwilliger Basis erhoben werden dürfen. In diesem Zusammenhang ist zu erwähnen, daß Baden-Württemberg am 7. Dezember 1993 die Verwaltungsvorschrift „Verarbeitung von Schüler- und Elterndaten durch öffentliche Schulen" erlassen hat (KuU 1994, 15), in der von einer Pflicht zur Angabe der dort aufgeführten Daten ausgegangen wird. Eine Verwaltungsvorschrift kann jedoch keine Außenwirkung entfalten, sondern dient lediglich als Richtlinie im Innenverhältnis. Dementsprechend bleibt es im Außenverhältnis auch hier bei der Geltung des Landesdatenschutzgesetzes, das allein noch keine Pflicht zur Information begründen kann.

(1) Berlin, Bremen, Niedersachsen, Sachsen-Anhalt

Berlin, Bremen, Niedersachsen und Sachsen-Anhalt erlauben die Datenerhebung in der Schule, wenn die Angaben für die Aufgabenerfüllung der Schule erforderlich sind.[235] Eine ausdrückliche Verpflichtung zur Information enthalten diese Regelungen jedoch nicht. Damit haben diese Länder den Wortlaut der jeweiligen Datenschutzgesetze übernommen, die aber lediglich freiwillige Mitteilungen vorsehen. Entsprechend begründen die schulrechtlichen Normen ebenfalls keine weitergehenden Pflichten. Damit steht die Schule zwar vor dem Problem, daß sie selbst die für sie zwingend notwendigen Daten nur auf freiwilliger Basis erhalten kann; genau dieselbe Interessenlage ergibt sich aber auch nach den Landesdatenschutzgesetzen, die die Datenerhebung nur für die notwendigen Informationen zulassen, ohne daß hierbei ein Anspruch des Staates auf die Angaben entsteht. Eine Auskunftspflicht kann daher nicht durch Übernahme des Wortlauts der Datenschutzgesetze begründet werden, sondern muß vielmehr ausdrücklich im Gesetz, zumindest aber in einer Verordnung festgelegt werden. Dies ist in Berlin, Bremen, Niedersachsen und Sachsen-Anhalt jedoch bis heute unterblieben. Entsprechend besteht in diesen Ländern keine Verpflichtung, die Frage der Schule nach einer HIV-Infektion zu beantworten.

(2) Hessen, Nordrhein-Westfalen und das Saarland

In Hessen, Nordrhein-Westfalen und dem Saarland sind die Schüler bzw. Eltern verpflichtet, die Daten anzugeben, die zur ordnungsgemäßen Aufgabenerfüllung der Schule erforderlich sind.[236] Gleichzeitig haben diese Länder Verordnungen erlassen, die in ihren Anlagen abschließend diejenigen Daten aufführen,

---

235 siehe § 5 a SchulGBln; Bremisches Gesetz zum Datenschutz in der Schule; § 31 NSchulG; § 84 a III SchulGLSA (in Sachsen-Anhalt besteht eine Auskunftspflicht nur bei statistischen Erhebungen).

236 siehe § 83 HessSchulG; § 19 II SchVGNW; § 20 b I SchulOGS.

deren Kenntnis für die Schule notwendig sind.[237] Hierzu gehören hauptsächlich Adreß-, Geburts-, Leistungs- und Schullaufbahndaten. Auch Gesundheitsdaten können grundsätzlich erhoben werden. In Nordrhein-Westfalen ist dies aber nur dann vorgesehen, wenn die Daten zu Unterrichtszwecken erforderlich sind. Als Beispiel wird dabei die Sehschwäche eines Schülers angeführt. Im Zusammenhang mit Aids ist aber keine Fallkonstellation denkbar, in der das Wissen um die Krankheit im Unterricht von Bedeutung sein könnte. Soweit es im Sport- oder Werkunterricht zu Verletzungen kommen kann, sind die eine Ansteckung vermeidenden Hygienevorschriften auch unabhängig vom HIV-Status der Schüler zu beachten.[238] Gefährliche Kontakte können daher nur außerhalb des Unterrichts auftreten. Dementsprechend besteht in Nordrhein-Westfalen keine Pflicht zur Angabe einer HIV-Infektion. Im Saarland und in Hessen ist sogar ausdrücklich festgelegt, daß Gesundheitsdaten nur freiwillig von den Eltern gegenüber der Schule angegeben werden können. Damit besteht auch hier keine Verpflichtung zur Information der Schule.

(3) Bayern, Brandenburg, Hamburg, Mecklenburg-Vorpommern, Rheinland-Pfalz, Schleswig-Holstein und Thüringen

In Bayern, Brandenburg, Hamburg, Mecklenburg-Vorpommern, Rheinland-Pfalz, Schleswig-Holstein und Thüringen besteht ebenfalls die Verpflichtung, diejenigen Daten anzugeben, deren Kenntnis zur ordnungsgemäßen Aufgabenerfüllung erforderlich ist.[239] Allerdings existieren in diesen Ländern keine weitergehenden Rechtsverordnungen oder Verwaltungsvorschriften, die eine Frage nach HIV bzw. Aids von vornherein ausschließen. In Brandenburg, Hamburg und Mecklenburg-Vorpommern ist trotz entsprechender Ermächtigung eine Konkretisierung durch Verordnung (noch) nicht erfolgt. In Bayern sind direkt im Gesetz diejenigen Daten aufgeführt, die in der Schule regelmäßig

---

237 „Verordnung über die Verarbeitung personenbezogener Daten in Schulen" vom 30.11.1994 (ABl. H. S. 29); „Verordnung über die zur Verarbeitung zugelassenen Daten von Schülerinnen, Schülern und Erziehungsberechtigten" vom 24.3.1995 (GVBl. NW. S. 356); „Verordnung über die Erhebung, Verarbeitung und sonstige Nutzung personenbezogener Daten in den Schulen" vom 3. 11. 1986 (ABl. S. S. 990); diese Verordnungen bestimmen, daß „nur" diejenigen Daten zwangsweise erhoben werden dürfen, die in der Anlage aufgeführt sind.

238 Vgl. oben S. 41 ff.

239 siehe Art. 85 I BayEUG; § 65 IV BbgSchulG; § 98 SchulGHmb; § 70 I SchulGMV; § 54 a I SchulGRP; § 50 SchulGSH; § 136 SchulOThür.

erhoben werden dürfen, wobei Gesundheitsdaten nicht ausdrücklich erwähnt werden. Dieser Katalog ist aber, wie die Verwendung der Formulierung „insbesondere gehören dazu..." zeigt, nicht abschließend. In der erläuternden Bekanntmachung des Staatsministers für Unterricht, Kultus, Wissenschaft und Kunst vom 19. März 1996 wird daher auch davon ausgegangen, daß Gesundheitsdaten in der Schule verarbeitet werden.[240] In Rheinland-Pfalz sind lediglich die Daten näher spezifiziert, die in Klassen- und Kursbüchern enthalten sein dürfen. Hierbei handelt es sich im wesentlichen um Adreß-, Geburts-, Leistungs- und Schullaufbahndaten. Nach § 76 II 2 Übergreifende SchulORP dürfen daneben aber auch außerschulische Informationen wie beispielsweise medizinische Befunde verarbeitet werden. In Schleswig-Holstein und Thüringen existieren Datenkataloge, nach denen Gesundheitsdaten erhoben werden können, soweit diese für die Schule von Bedeutung sind.[241] Ausgehend von diesen Vorschriften ist nunmehr zu klären, ob die Schule die Frage nach einer HIV-Infektion auf diese Generalklauseln stützen darf.

(a) Verfassungsmäßigkeit einer derartigen Auslegung

Die hier vorliegenden Regelungen können nur dann als Rechtsgrundlage für die Frage nach einer HIV-Infektion dienen, wenn eine derartige Auslegung noch mit den verfassungsmäßigen Anforderungen im Einklang steht, die an Normen gestellt werden, die in das Recht auf informationelle Selbstbestimmung eingreifen. In Anbetracht der Gefahren der modernen Datenverarbeitung[242] muß eine solche Vorschrift mit hinreichender Deutlichkeit erkennen lassen, welche Daten wo gespeichert sind und ob und gegebenenfalls an wen sie weitergegeben werden dürfen.[243] Darüber hinaus muß der Zweck der Datenerhebung, an den auch die weitere Verarbeitung gebunden bleibt und durch dessen Angabe die notwendige Transparenz für den Betroffenen geschaffen wird, aus der Norm hervorgehen.[244] Die hier in Frage stehenden Regelungen sind sehr allgemein gehalten. Der Erhebungszweck ist lediglich durch die „Erforderlichkeit zur Aufgabenerfüllung" umschrieben. In den jeweiligen Datenkatalogen -soweit überhaupt vorhanden- ist lediglich die Verarbeitung von Gesundheitsdaten vorgesehen. HIV bzw. Aids sind hingegen nicht ausdrücklich aufgeführt.

---

240 siehe Teilzahl 1.1. der „Erläuternden Hinweise für die Schulen zum Vollzug des Bayerischen Datenschutzgesetzes" vom 19.3.1996 (KWMBl. I, S. 177).

241 siehe § 50 I SchulGSH; § 136 I Nr. 10 SchulOThür.

242 siehe oben S. 59.

243 BVerfGE 65, 1, 42 f.

244 BVerfGE 65, 1, 46.

Es stellt sich daher die Frage, ob angesichts dieser Unbestimmtheit die Frage nach einer HIV-Infektion noch auf diese Vorschriften gestützt werden darf. Welche Anforderungen an die Regelungsdichte einer Ermächtigungsnorm zu stellen sind, insbesondere ob die zu erhebenden Daten ausdrücklich benannt werden müssen und wie detailliert der Erhebungszweck geregelt sein muß, richtet sich allgemein nach der Wesentlichkeitstheorie.[245] Entscheidend ist demnach, wie schwer sich die Datenerhebung auf die Grundrechtssphäre des Betroffenen auswirkt. Zur Bestimmung dieser Eingriffsintensität sind dabei in erster Linie die Erhebungsmittel, die Art, der Umfang und die denkbaren Verwendungen sowie die Gefahr eines Mißbrauchs der Daten zu berücksichtigen.[246] In dem hier zu untersuchenden Fall sollen die Eltern bzw. bei Volljährigkeit der Schüler verpflichtet sein, die Frage der Schule nach einer HIV-Infektion zu beantworten. Die Verpflichtung zu bestimmten Angaben stellt im Gegensatz zu freiwilligen Auskünften oder einer Obliegenheit einen erheblichen Eingriff in das Recht auf informationelle Selbstbestimmung dar, da hierdurch die Kontrolle über eigene Daten praktisch aufgehoben wird.[247] Dieser Eingriff wird noch intensiviert, indem die Auskunft über eine Krankheit, also eine sehr sensible Information verlangt wird. Das Bundesverfassungsgericht lehnte zwar im Volkszählungsurteil eine Unterscheidung zwischen sensiblen und belanglosen Daten scheinbar ab, indem es feststellte, daß es unter den Bedingungen der automatischen Datenverarbeitung kein belangloses Datum mehr gebe. Die Begründung lautete: „Entscheidend sind ihre (die Daten) Nutzbarkeit und Verwendungsmöglichkeiten. Diese hängen einerseits von dem Zweck, dem die Erhebung dient, und andererseits von den der Informationstechnologie eigenen Verarbeitungs- und Verwendungsmöglichkeiten ab. Dadurch kann ein für sich gesehen belangloses Datum einen neuen Stellenwert bekommen.“[248] Letztlich bedeutet dies aber nur, daß eine Gesamtbetrachtung der oben für die Bestimmung der Eingriffsintensität genannten Kriterien ergeben kann, daß im Rahmen der

245 Hessischer Datenschutzbeauftragter 1991, S. 67; Rosenbaum in Jura 1988, 178, 181 f.; Schmitt Glaeser in HStR VI § 129 Rn. 104; Tinnefeld/Ehmann S. 277; Vogelgesang S. 180; das Bundesverfassungsgericht erwähnt zwar nicht ausdrücklich die Wesentlichkeitstheorie, bringt diese aber indirekt dadurch zur Sprache, daß es die verfassungsmäßigen Anforderungen an die eingreifende Norm von „Art, Umfang, Möglichkeiten der Verarbeitung der zu erhebenden Daten und Gefahren ihres Mißbrauchs“ abhängig macht (BVerfGE 65, 1, 46).

246 Rosenbaum in Jura 1988, 178, 182; Tinnefeld/Ehmann S. 278; Vogelgesang S. 181 ff.; wohl auch BVerfGE 65, 1, 46.

247 Rosenbaum in Jura 1988, 178, 182.

248 BVerfGE 65, 1, 45.

automatisierten Datenverarbeitung schon die Erhebung belangloser Daten aufgrund der technischen Verwendungsmöglichkeiten und der hierdurch bedingten Mißbrauchsgefahren eine erhebliche Beeinträchtigung des Rechts auf informationelle Selbstbestimmung beinhalten kann. Soweit diese Gefahren nicht bestehen, also vor allem im Bereich der nichtautomatisierten staatlichen Informationstätigkeit, kann die Eingriffsintensität daher auch allein mit der Sensibilität der Daten begründet werden.[249] Demzufolge hat das Bundesverfassungsgericht lediglich ein belangloses Datum aufgewertet; sensible Daten hingegen sollten durch die Entscheidung nicht abgewertet werden, sondern weiterhin im besonderen Maß schützenswert sein. Bestätigt wird dies dadurch, daß das Gericht intime Daten, also sehr sensible Informationen, unter einen absoluten Geheimnisschutz gestellt hat.[250] Demnach bedeutet die Verpflichtung, die Frage nach einer HIV-Infektion zu beantworten, einen erheblichen Eingriff in das Recht auf informationelle Selbstbestimmung. Dies führt dazu, daß die Anforderungen an die Regelungsdichte der Ermächtigungsnorm hoch anzusetzen sind.

Man muß aber berücksichtigen, daß die Schule eine Vielzahl von Aufgaben wie zum Beispiel Erziehungs-, Fürsorge- und Verwaltungsaufgaben wahrnimmt, die alle von eigenen Informationsbedürfnissen geprägt sind. Dabei ist es unmöglich, jeden Einzelfall speziell zu normieren, da es sonst zu einer Vorschriftenflut käme, die letztlich nicht weniger unübersichtlich für den Bürger wäre wie die Verwendung unbestimmter Rechtsbegriffe.[251] Es muß daher auch im Interesse der Übersichtlichkeit ausreichen, daß sich der Zweck der Erhebung aus dem Gesamtzusammenhang, das heißt aus einer Aufgabenzuweisung an anderer Stelle des Gesetzes ergibt.[252] Bei einer detaillierten Regelung, die die zu verarbeitenden Daten abschließend aufzählt, besteht darüber hinaus die Gefahr der Lückenhaftigkeit und damit ein häufiges Nachbesserungsbedürfnis.[253] Gerade die Schule muß aber auch im Interesse der Kinder in der Lage sein, schnell auf neue und eventuell auch stark ausgeprägte Einzelfälle reagieren zu können. Aus diesen Gründen kann auf Generalklauseln nicht verzichtet werden.[254] Der Gesetzgeber ist aber in jedem Fall verpflichtet, die typischen Daten, die stets

---

249 Hessischer Datenschutzbeauftragter 1991, S. 68; Rosenbaum in Jura 1988, 178, 182; Schmitt Glaeser in HStR VI § 129 Rn. 104; Vogelgesang S. 182.

250 BVerfGE 65, 1, 46; vgl. auch BVerfGE 89, 69, 82 f.; BVerfGE 80, 367, 373.

251 Haase in SVBl. 1988, 288.

252 BVerfGE 65, 1, 54; Schmitt Glaeser in HStR VI § 129 Rn. 105.

253 Haase in SVBl. 1988, 288; Vogelgesang S. 214.

254 Rosenbaum in Jura 1988, 178, 183; Simitis in Simitis/Dammann/Geiger/Mallmann/Walz § 1 BDSG Rn. 198; Vogelgesang S. 214.

erhoben werden sollen und die daher klar festgelegt werden können, zumindest im Verordnungswege zu bestimmen. Dies ist in den meisten Bundesländern auch geschehen,[255] wobei die hier in Frage stehenden Regelungen auch die Erhebung weiterer Daten grundsätzlich ermöglichen, was aus den oben genannten Gründen jedoch zulässig sein muß. Problematisch ist, ob diese Generalermächtigung auch auf besonders sensible Daten wie Gesundheitsdaten anwendbar ist. Man könnte die Auffassung vertreten, daß die für die Schule relevanten Krankheiten bereits abschließend im Bundesseuchengesetz festgelegt sind.[256] Dabei muß man aber berücksichtigen, daß die Kenntnis der dort aufgeführten Krankheiten aufgrund der damit verbundenen Ansteckungsgefahren für die Schule stets wichtig ist. Es sind aber auch Fälle denkbar, in denen eine Krankheit in der Regel für die Schule irrelevant ist, im Einzelfall aber doch Bedeutung erlangen kann. Zu denken ist dabei beispielsweise an Nahrungsmittelallergien, die nur dann von Interesse sind, wenn die Kinder in der Schule auch Mahlzeiten einnehmen. Außerdem ist vorstellbar, daß bestimmte Krankheiten oder Verhaltensauffälligkeiten in einer Sonderschule eher an Bedeutung gewinnen als in einem Gymnasium.[257] Eine Aufnahme dieser Krankheiten in den Datenkatalog der Schulgesetze bzw. des Bundesseuchengesetzes kommt nicht in Frage, da diese Daten in den überwiegenden Fällen nicht erhoben werden dürfen, da ihre Kenntnis zur Aufgabenerfüllung der Schule regelmäßig nicht erforderlich ist. Andererseits besteht zum Schutz der kranken und unter Umständen auch der gesunden Schüler in den genannten Einzelfällen durchaus ein Bedürfnis, über die Krankheit informiert zu sein. Aus diesen Gründen muß die Schule die Möglichkeit besitzen, auch höchst sensible Daten aufgrund der hier vorliegenden Generalklauseln erfragen zu dürfen.

---

255 siehe Art. 85 I BayEUG; § 76 V Übergreifende SchulORP; § 50 I SchulGSH; § 136 SchulOThür; die fehlende Konkretisierung in Brandenburg und Mecklenburg-Vorpommern wird angesichts der erst kurzen Geltungsdauer der Schulgesetze noch für eine Übergangszeit hingenommen werden können. Auch Hamburg hat erst 1997 eine entsprechende Verordnungsermächtigung erteilt. Angesichts der Tatsache, daß nunmehr mit einer Regelung zu rechnen ist, kann eine Diskussion, ob eine genauere Verordnung notwendig wäre, unterbleiben. Im übrigen geht bereits die gesetzliche Regelung von der Möglichkeit einer Verarbeitung von Gesundheitsdaten aus (§ 98 II SchulGHmb).

256 §§ 44, 45 BSeuchenG.

257 Heckel/Avenarius S. 409.

Der Gefahr eines Mißbrauchs der Daten kann damit entgegengewirkt werden, daß die unbestimmten Rechtsbegriffe sehr restriktiv ausgelegt werden.[258] Außerdem ist stets der Bezug zu einer durch Rechtsvorschrift zugewiesenen Aufgabe zu suchen, so daß eine grenzenlose Datenerhebung ebenfalls ausgeschlossen ist. Eine restriktive Auslegung des Begriffs der Erforderlichkeit führt dazu, daß diese nur dann gegeben ist, wenn die Kenntnis der Daten für die Schule im Einzelfall unerläßlich ist (mildestes Mittel). Die Verwaltung muß sich daher bei ihren Datensammlungen auf das absolute Minimum beschränken.[259] Die hier vorgeschriebene Erforderlichkeit ist somit nur dann gegeben, wenn die öffentliche Stelle im jeweiligen konkreten Einzelfall ohne Kenntnis der Information ihre Aufgaben nicht, nicht vollständig oder nicht in rechtmäßiger Weise erfüllen kann.[260] Eine bloße Vereinfachung der Aufgabenerfüllung reicht hingegen nicht aus.[261] Ausgehend von diesen Grundsätzen ist nunmehr zu untersuchen, ob die entsprechende Erforderlichkeit im Einzelfall gegeben ist.

(b) Friedliche Kinder

Wie bereits oben dargestellt,[262] bestehen, soweit einfachste Hygieneregeln eingehalten werden, beim Auftreten einer HIV-Infektion in der Schule grundsätzlich keine Gefahren für andere Schüler oder Lehrer. Dabei ist zu beachten, daß die Schule infolge ihrer Fürsorgepflicht ohnehin verpflichtet ist, die Schüler vor Krankheiten zu bewahren.[263] Die Schule muß daher bei Erste-Hilfe-Maßnahmen stets alle Hygieneregeln beachten, um mögliche Wundinfektionen auszuschließen. Möglicherweise wäre die Schule aber bei Kenntnis über ein Ansteckungsrisiko noch vorsichtiger und würde die Einhaltung der Hygieneregeln strenger überwachen. Eine Datenerhebung darf aber nicht zur Vereinfachung oder gar zur Erinnerung an eine korrekte Aufgabenerfüllung erfolgen, sondern nur, wenn ohne die Kenntnis eine ordnungsgemäße Pflichterfüllung gar nicht möglich

---

258 Simitis in Simitis/Dammann/Geiger/Mallmann/Walz § 1 BDSG Rn. 193; Beilecke § 1 LDSG Rn. 6.

259 BVerfGE 65, 1, 46.; Gola/Schomerus § 13 BDSG Anm. 3.2; Geiger in Simitis/Dammann/Geiger/Mallmann/Walz § 13 BDSG Rn. 23.

260 Ancôt § 11 SächsDSG Rn. 2; Beilecke § 10 LDSGSH Rn. 6; Gola/Schomerus § 13 BDSG Anm. 3.3; Geiger in Simitis/Dammann/Geiger/Mallmann/Walz § 13 BDSG Rn. 23.

261 Beilecke § 10 LDSGSH Rn. 6; Geiger in Simitis/Dammann/Geiger/ Mallmann/Walz § 13 BDSG Rn. 23.

262 siehe oben S. 41.

263 vgl. oben S. 63 ff.

wäre. Dementsprechend besteht in diesem Fall keine Notwendigkeit, die Schule über eine HIV-Infektion zu unterrichten.

(c) Aggressive Kinder

Etwas anderes könnte beim Zusammentreffen von infizierten und aggressiven Kindern gelten, da sich hier das Risiko einer Ansteckung erhöht.[264] Allerdings ist die Schule in diesen Fällen aufgrund ihrer Fürsorgepflicht ohnehin verpflichtet, friedliche Kinder vor aggressiven Kindern zu schützen. Man muß aber beachten, daß bei Aggressionen, denen eine erhöhte Ansteckungsgefahr mit Aids anhaftet, unter Umständen andere Maßnahmen ergriffen werden müssen als bei Aggressionen unter gesunden Kindern. Insbesondere das der Schule zustehende Ermessen könnte aufgrund der Ansteckungsgefahr insofern reduziert sein, als daß mildere Maßnahmen wie z. B. Ermahnungen nicht mehr ausreichen, sondern frühzeitig effektivere und strengere Maßnahmen, die bis zu einem Schulausschluß reichen können, zum Schutz der gesunden Kinder ergriffen werden müssen.[265] Ohne die Kenntnis über eine HIV-Infektion bzw. Aids wäre es der Schule aber nicht möglich, dieses Ermessen korrekt auszuüben. Aus diesen Gründen könnte man annehmen, daß die Information der Schule zur ordnungsgemäßen Aufgabenerfüllung grundsätzlich erforderlich wäre, wenn aggressive und infizierte Schüler zusammentreffen.

Man darf aber den Zweck der Datenerhebung nicht aus den Augen verlieren. Datenerhebungen in der Schule können verschiedene Zielrichtungen haben. Entscheidend ist, welchem konkreten Aufgabenbereich sie zuzuordnen sind. Die Schule muß infolge ihrer Fürsorgepflicht die Schüler vor Ansteckungen oder Verletzungen bewahren. Wenn ein Schüler andere verletzt, darf die Schule daher bestimmte Ordnungsmaßnahmen[266] ergreifen, die nicht nur der Erziehung des Schülers dienen, sondern auch andere Kinder vor weiteren Gefährdungen

---

264 siehe oben S. 43 ff.

265 vgl. zu den möglichen Maßnahmen ausführlich unten S. 190 ff.

266 § 90 SchulGBW; Art. 86 BayEUG; § 55 SchulGBln; §§ 63 f. BbgSchulG; §§ 46 f. BremSchulG; § 49 SchulGHmb; § 82 HSchulG; § 60 SchulGMV; § 61 NSchulG; § 26 a SchulVGNW; § 43 SchulGRP; § 32 SchOGS; § 39 SächsSchulG; § 44 SchulGLSA; § 45 SchulGSH; §§ 51 f. ThürSchulG.

schützen sollen.[267] Die Fürsorgepflicht und die damit verbundenen Maßnahmen sind demnach Teil der Gefahrenabwehr in der Schule. Dementsprechend dürfen Daten in diesem Zusammenhang auch nur insoweit erhoben werden, als dies zur Gefahrenabwehr erforderlich ist. Dies setzt aber voraus, daß überhaupt eine Gefahr für die Schüler oder Lehrer besteht, zu deren Abwendung die Schule aufgrund ihrer Fürsorgepflicht beauftragt ist. Nach der allgemeinen Definition des Gefahrenbegriffs im Ordnungsrechts liegt eine Gefahr aber nur dann vor, wenn bei ungehinderten Ablauf des Geschehens ein Zustand oder ein Verhalten bei ungehinderten Fortgang mit hinreichender Wahrscheinlichkeit zu einem Schaden führen würde.[268] Die Frage nach einer HIV-Infektion soll aber lediglich aufklären, ob überhaupt eine Gefahr gegeben ist. Es handelt sich daher um einen sogenannten Gefahrerforschungseingriff. Auch ein solcher setzt voraus, daß bereits Anhaltspunkte auf die Existenz einer konkreten Gefahr hindeuten, da andernfalls unzählig viele und eventuell auch intime Fragen möglich wären, soweit nur ein theoretischer Bezug zu einer Gefahr hergestellt werden kann. Man spricht insofern vom Vorliegen eines Gefahrenverdachts.[269] Welche Anforderungen dabei an den Grad der Wahrscheinlichkeit zu stellen sind, richtet sich nach dem aus dem Verhältnismäßigkeitsprinzip abgeleiteten Grundsatz, daß je höher das bedrohte Rechtsgut steht, je intensiver der zu erwartende Schaden und je schwächer die Chancen einer Gefahrabwendung bei bloßen Abwarten sind, um so geringer sind die Anforderungen, die an die Wahrscheinlichkeit gestellt werden dürfen.[270]

Ausgehend von diesem Grundsatz ist im Einzelfall zu prüfen, ob ein Gefahrenverdacht vorliegt, der eine Frage nach HIV bzw. Aids rechtfertigt.

---

267 § 90 I SchulGBW; Art. 86 I BayEUG; § 55 I SchulGBln; § 63 I BbgSchulG; § 46 I BremSchulG; § 49 IV SchulGHmb; § 82 IV Nr. 1 HSchulG; § 60 I SchulGMV; § 61 IV NSchulG; § 26 a I SchulVGNW; § 43 I, III SchulGRP; § 32 I SchOGS; § 39 I SächsSchulG; § 44 II SchulGLSA; § 45 I SchulGSH; § 51 II ThürSchulG.

268 BVerwGE 28, 310, 315; BVerwGE 62, 36, 38 f.; Brandt/Smeddinck in Jura 1994, 225, 227; Drews/ Wacke/Vogel/Martens S. 220; Götz Rn. 140; Knemeyer Rn. 61; Schoch in JuS 1994, 667 mwN.

269 BVerwGE 49, 36, 41 f.; Drews/Wacke/Vogel/Martens S. 226; Götz Rn. 154; Knemeyer Rn. 70; Schoch in JuS 1994, 667, 669.

270 BVerwGE 49, 36, 42 f.; BVerwGE 62, 36, 39; VGH Mannheim in DöV 1990, 344; 345; Brandt/Smeddinck in Jura 1994, 225, 228; Drews/Wacke/Vogel/Martens S. 224, 227; Schoch in JuS 1994, 667, 670.

(i) Befragung von friedlichen Kinder, bei denen sich keine Verdachtsmomente bezüglich HIV bzw. Aids ergeben

Soweit die Schule friedliche Kinder nach HIV bzw. Aids fragen möchte, müßte nach den hier entwickelten Grundsätzen der Gefahrenverdacht bestehen, daß sich ein aggressives Kind bei einem friedlichen Kind anstecken könnte. Gesunde, aggressive Kinder sind an vielen Schule zu finden; HIV-infizierte bzw. aidskranke Kinder gibt es hingegen höchst selten, so daß grundsätzlich nicht mit einer Ansteckungsgefahr gerechnet werden muß. Weiterhin ist zu beachten, daß das Ansteckungsrisiko beim Zusammentreffen von einem aggressiven, gesunden und einem friedlichen, infizierten Kind ohnehin sehr gering ist. Die Aggression des gesunden Schülers kann sich gegen alle die Schule besuchenden Kinder richten. Alle denkbaren Personenkonstellationen sind bis auf eine Ausnahme für eine Ansteckung mit Aids irrelevant. Nur wenn das aggressive Kind tatsächlich den Infizierten angreift, besteht die Gefahr einer Infizierung. Aber selbst dann ist eine Ansteckung nicht sehr wahrscheinlich. Die Verletzung müßte darüber hinaus noch so gelagert sein, daß blutende Wunden auftreten, die mit den Körperflüssigkeiten des Gesunden oder des Infizierten in Berührung kommen. Außerdem müßte die Konzentration des Virus in dieser Körperflüssigkeit für eine Übertragung ausreichen. Ein Zusammentreffen all dieser Umstände ist so unwahrscheinlich, daß von einem Gefahrenverdacht nicht gesprochen werden kann.

(ii) Befragung von aggressiven Kindern, bei denen sich keine Verdachtsmomente bezüglich HIV bzw. Aids ergeben

Etwas anderes könnte gelten, wenn der Infizierte selbst aggressiv ist. Im Gegensatz zu aggressiven, gesunden Kindern birgt hier jede Verletzungshandlung, die mit blutenden Wunden einhergeht, die Gefahr einer Ansteckung in sich. Die Wahrscheinlichkeit einer Infektion ist also erheblich höher, als wenn ein gesundes Kind aggressiv ist. Man muß aber beachten, daß es nur sehr wenige HIV-infizierte Kinder gibt. Die Wahrscheinlichkeit, daß ein aggressiver Schüler auch infiziert ist, ist verschwindend gering. Entsprechend kann auch nicht von einem Gefahrenverdacht gesprochen werden. Dies gilt auch, obwohl die höchsten Rechtsgüter des Menschen, nämlich Leben und Gesundheit, zur Disposition stehen. Einen absoluten Schutz gegen alle möglichen Gefahren kann es nicht geben. Wenngleich die besondere Bedeutung von Leben und Gesundheit außer Frage steht, darf dies nicht zur Überdehnung und letztlich Auflösung des

Gefahrenbegriffs führen.[271] Außerdem dürfte es der Schule kaum möglich sein, alle denkbaren Krankheiten oder Verhaltensauffälligkeiten zu erfragen, die im speziellen Einzelfall eine Gefährdung hervorrufen könnten. Dies würde zu einer nahezu unüberschaubaren Datenflut führen. Solange die Zahl der HIV-infizierten Kinder nicht deutlich zunimmt, besteht daher nicht der Verdacht, daß ein aggressiver Schüler auch HIV-positiv ist.[272]

(iii) Befragung von friedlichen Kindern, bei denen Verdachtsmomente auf HIV bzw. Aids hindeuten

Anders könnte der Fall zu bewerten sein, wenn bei einem friedlichen Kind konkrete Verdachtsmomente auf eine HIV-Infektion oder Aids-Erkrankung hindeuten. Wenn ein aggressiver Schüler dieses Kind angreift, ist nicht auszuschließen, daß, soweit das Kind tatsächlich infiziert ist, beim Auftreten blutender Wunden nicht nur eine Verletzung, sondern darüber hinaus auch eine Ansteckung mit Aids droht. Ein Gefahrenverdacht ist daher grundsätzlich zu bejahen.

Dabei muß man aber zwei Aspekte berücksichtigen: Zum einen verstärkt nicht das möglicherweise infizierte, friedliche, sondern das als gesund geltende, aggressive Kind die Gefahr, da es durch sein aggressives Verhalten den sicheren Bereich der üblichen Sozialkontakte verläßt und rechtswidrig in die körperliche Integrität des friedlichen Kindes eingreift. Zu klären ist demnach, ob die Schule nach den hier vorliegenden Regelungen auch dann nach einer Erkrankung fragen darf, wenn erst das rechtswidrige Verhalten eines gesunden Schülers das Risiko einer Ansteckung begründet. Zum anderen muß man beachten, daß weder die HIV-Infektion noch eine Aids-Erkrankung äußerlich klar erkennbar sind. Es stellt sich daher die Frage, welche Anforderungen an auf HIV bzw. Aids hinweisende Verdachtsmomente zu stellen sind.

Nach den hier vorliegenden Regelungen sind Fragen nach Erkrankungen eines Schülers erlaubt, wenn diese Information zur Aufgabenerfüllung der Schule erforderlich ist. Aufgrund ihrer Fürsorgepflicht muß die Schule alle Schüler vor Gesundheitsbeeinträchtigungen bewahren. Fraglich ist, ob dies auch dann gilt, wenn ein Kind durch sein rechtswidriges Verhalten das Risiko einer

---

271 Brandt/Smeddinck in Jura 1994, 225, 228; Drews/Wacke/Vogel/Martens S. 225; Frankenberg S. 79.

272 vgl. zu den Folgen einer Zunahme von HIV-infizierten Schülern, unten S. 219.

Ansteckung erhöht. Dabei ist zu berücksichtigen, daß gerade kleine Kinder viele Gefahren nicht erkennen oder falsch einschätzen. Zu Aggressionen neigende Kinder müssen darüber hinaus erst lernen, sich selbst zu beherrschen und Konflikte friedlich auszutragen. An kindliches Verhalten ist deshalb ein anderer Maßstab anzusetzen als an das eines Erwachsenen. Kinder bedürfen daher der besonderen Aufsicht, mittels der ein sich selbst oder andere gefährdendes Verhalten verhindert werden soll. Hierzu sind in erster Linie die Eltern, außerhalb ihres Verantwortungsbereichs aber auch die Schule berufen.[273] Aus diesen Gründen umfaßt die Fürsorgepflicht auch die Verhütung von Gesundheitsgefahren, die auf das risikoerhöhende Verhalten eines Kindes zurückzuführen sind. Eine Krankheit ist daher schon dann für die Schule von Bedeutung, wenn aufgrund der individuellen Zusammensetzung der Schüler - wie beispielsweise beim Zusammentreffen friedlicher und aggressiver Kinder - diese Krankheit zu einer Gefahr im schulischen Bereich werden kann. In der vorliegenden Fallkonstellation besteht die Möglichkeit, daß sich ein aggressives Kind infiziert, wenn es das HIV- bzw. aids-verdächtige Kind angreift. Die Schule muß infolge ihrer Fürsorgepflicht nicht nur das friedliche Kind vor Verletzungen bewahren, sondern ist darüber hinaus auch verpflichtet, eine Ansteckung des aggressiven Kindes zu verhindern. Aus diesem Grund ist in dieser Fallkonstellation die HIV-Infektion grundsätzlich von Bedeutung.

Weiterhin muß eine Frage nach HIV bzw. Aids auch verhältnismäßig sein. Der Verhältnismäßigkeitsgrundsatz beherrscht das gesamte öffentliche Recht. Maßnahmen der Verwaltung - also auch der Schule - müssen daher geeignet, erforderlich und zumutbar sein.[274] Die Frage nach HIV bzw. Aids ist grundsätzlich geeignet, das Risiko einer Ansteckung im schulischen Bereich zu mindern, da die Schule die Gefahr kennt und daher ihr Verhalten, insbesondere das Aufsichts- und Hygieneverhalten, auf die Krankheit einstellen kann.

Zweifelhaft ist aber, ob eine solche Frage auch erforderlich ist, d. h. ob sie das mildeste Mittel zum Erreichen des angestrebten Zwecks, also hier der Vermeidung einer Infizierung, darstellt. Dies ist nur dann der Fall, wenn die Schule ohne Kenntnis der Information ihre Aufgabe nicht, nicht vollständig oder nicht in

---

273 vgl. auch oben S. 47 und S. 64.

274 BVerfGE 78, 232, 245; BVerfGE 80, 103, 106; Ehlers in Erichsen AllgVerwR § 4 Rn. 23; Erichsen in HdbStR VI § 156 Rn. 21 ff.; Götz Rn. 320 ff.; v. Münch/Kunig/Krebs Art. 19 GG Rn. 24; Maurer § 10 Rn. 17; Stern I § 20 IV 7; Wolff/Bachof I § 30 II 2 a.

rechtmäßiger Weise erfüllen kann.[275] Aufgrund ihrer Fürsorgepflicht ist die Schule ohnehin zur Einhaltung der notwendigen Hygieneregeln verpflichtet. Daher ist eine Information der Schule unter diesem Aspekt nicht notwendig.[276] Man könnte aber annehmen, daß die Schule in Kenntnis der Infektion ihre Aufsicht verstärken und spezielle Schutzmaßnahmen ergreifen möchte. Dies setzt aber voraus, daß sie überhaupt Vorkehrungen in Hinblick auf ein Ansteckungsrisiko treffen kann. Die Möglichkeiten der Schule sind hierbei jedoch begrenzt. Ausdrückliche Ermahnungen an das aggressive Kind, das HIV - bzw. aidsverdächtige Kind nicht anzugreifen, oder andere Maßnahmen der Schule, mit dem Ziel, die beiden Kinder so weit wie möglich auseinanderzuhalten, würden das aggressive Kind möglicherweise erst recht herausfordern und die Gefahr so noch erhöhen. Darüber hinaus bestehen, wie noch zu zeigen sein wird,[277] keine Möglichkeiten gegen das infizierte Kind vorzugehen. Gegenüber dem aggressiven Kind muß die Schule in Anbetracht der Unbeherrschbarkeit des Kindes und des Umstands, daß es andere Schüler nicht nur unerheblich verletzt, ohnehin eine verstärkte Aufsicht ausüben und notfalls auch Disziplinarmaßnahmen zum Schutz der anderen Schüler ergreifen, ohne daß es hierbei überhaupt auf eine Ansteckungsgefahr ankäme. Diese Vorgehensweise schützt gleichzeitig das aggressive Kind in ausreichendem Maß vor einer Ansteckung. Weiterer Maßnahmen bedarf es nicht. Eine ausdrückliche Information über die HIV-Infektion bzw. Aids-Erkrankung eines Schülers benötigt die Schule demzufolge nicht.

Dementsprechend darf eine Frage nach HIV bzw. Aids in dieser Fallkonstellation nicht gestellt werden. Es ist daher an dieser Stelle auch noch nicht erforderlich, Kriterien für einen Krankheitsverdacht aufzuzeigen.

(iv) Befragung von aggressiven Kindern, bei denen Verdachtsmomente auf HIV bzw. Aids hindeuten

Denkbar ist auch, daß bei einem aggressiven Kind konkrete Verdachtsmomente auf eine HIV-Infektion oder Aids-Erkrankung hindeuten. Wenn dieses Kind eine die Schule besuchende Person angreift, kann man die Möglichkeit einer Ansteckung über blutende Wunden nicht ausschließen. Ein Gefahrenverdacht ist daher auch hier grundsätzlich zu bejahen.

---

275 siehe oben S. 74.

276 siehe oben S. 74.

277 siehe unten S. 195.

In dieser Fallkonstellation ist eine Frage nach HIV bzw. Aids im allgemeinen auch verhältnismäßig. Das infizierte Kind selbst erhöht die Gefahr einer Ansteckung. Die Schule muß daher zum Schutz anderer Kinder nicht nur aus Erziehungsgründen, sondern auch zur Vermeidung eines Ansteckungsrisikos Disziplinarmaßnahmen verhängen, die unter Umständen bis zu einem Schulausschluß führen können.[278] Diese Auskunft ist dem Kind auch zumutbar. Zwar besteht bei der Offenbarung der Infektion die Gefahr der Diskriminierung und Ausgrenzung des Kindes. Die Information erfolgt aber gegenüber der Schule, von der eine größere Aufgeklärtheit erwartet werden kann als beispielsweise von anderen Eltern oder Schülern. Darüber hinaus sind dem Infizierten schon deswegen Belastungen zumutbar, da er selbst durch sein Verhalten das Risiko einer Infizierung verstärkt. Demnach darf die Schule die Eltern grundsätzlich nach einer HIV-Infektion bzw. Aids fragen, wenn Verdachtsmomente vorliegen, nach denen das Kind HIV-positiv ist und das Verhalten des Kindes ein erhöhtes Ansteckungsrisiko begründet.

α) Verdachtsmomente, die auf HIV bzw. Aids hinweisen

Es stellt sich aber die Frage, wann überhaupt ein Verdacht auf HIV bzw. Aids besteht. Weder die Infektion noch die spätere Erkrankung sind äußerlich klar erkennbar. Ein Verdacht kann sich demnach nur aus den Gesamtumständen des Einzelfalls ergeben.

Eine ähnliche Problematik wird bereits im Seuchenrecht diskutiert. Nach § 31 I BSeuchenG sind Ermittlungsmaßnahmen, zu denen auch die Frage nach einer Krankheit zählt, zulässig, wenn „sich ergibt oder anzunehmen ist, daß jemand krank, krankheitsverdächtig, ansteckungsverdächtig, Ausscheider oder ausscheidungsverdächtig ist".[279] Während die Voraussetzungen „krank" und „Ausscheider" feststehen, handelt es sich bei den Begriffen „krankheits-, ansteckungs- und ausscheidungsverdächtig" um unbestimmte Rechtsbegriffe, die einer Konkretisierung bedürfen. Schon mehrfach wurde versucht, diese Verdachtstatbestände für HIV und Aids näher zu bestimmen.[280] Diese Diskussion

---

278 siehe unten S. 191 ff.

279 Bundes-Seuchengesetz in der Fassung der Bekanntmachung vom 18. Dezember 1979, BGBl. I S. 2262, zuletzt geändert durch Gesetz vom 24.3.1997, BGBl. I S. 594.

280 Brandes in RdJB 1988, 10, 14 f.; Costard S. 82; Frankenberg, S. 73 ff.; Gallwas in AIFO 1986, 31, 34 ff.; Hofmann in NJW 1988, 1486, 1491; Loschelder in NJW 1987, 1467, 1469; Rübsaamen in AIFO 1987, 165 ff., 207 ff., 276ff.; Schenke in Schünemann/Pfeiffer S. 103, 112 ff.

soll hier zunächst dargestellt und im Anschluß daran untersucht werden, inwieweit die so gewonnenen Ergebnisse auch auf den schulischen Bereich anwendbar sind.

αα) Verdacht nach dem Bundesseuchengesetz

Krankheitsverdächtig ist nach § 2 Nr. 2 BSeuchenG „eine Person, bei der Erscheinungen bestehen, welche das Vorliegen einer bestimmten übertragbaren Krankheit vermuten lassen", ansteckungsverdächtig nach § 2 Nr. 3 BSeuchenG „eine Person, von der anzunehmen ist, daß sie Erreger einer übertragbaren Krankheit aufgenommen hat, ohne krank, krankheitsverdächtig oder Ausscheider zu sein", und ausscheidungsverdächtig nach § 2 Nr. 5 BSeuchenG „eine Person, von der anzunehmen ist, daß sie Krankheitserreger ausscheidet, ohne krank oder krankheitsverdächtig zu sein".

Für HIV und Aids bedeutet dies im einzelnen: Ein Krankheitsverdacht kann nur in der ersten (Infektion), dritten (LAS) und vierten Phase (manifestes Aids)[281] der Infektion auftreten, da nur in diesen Stadien Krankheitserscheinungen zu beobachten sind. Darüber hinaus ist zu berücksichtigen, daß die in der ersten Phase auftretenden Frühsymptome im Krankheitsbild einer Grippe ähneln und daher für sich gesehen noch keinen Krankheitsverdacht begründen.[282] Selbst wenn bereits Aids indizierende Erkrankungen wie schwere Lungenentzündungen, Kaposi-Sarkome o.ä. auftreten, ist nicht auszuschließen, daß eine von HIV unabhängige schwere Erkrankung vorliegt. Aus diesen Gründen müssen die Gesamtumstände, insbesondere Lebensgewohnheiten und mögliche Risikokontakte ebenfalls herangezogen werden, um die Symptome einer HIV-Infektion bzw. Aids-Erkrankung zuordnen zu können. Nur in der letzten Phase der Krankheit, in der wiederholt und kumulativ schwerste Erkrankungen auftreten, ist auch ohne weitere Anhaltspunkte ein Krankheitsverdacht zu bejahen.

In der Latenzphase ist der Infizierte symptomlos. In diesem Stadium kann daher nur aufgrund der Verhältnisse im Einzelfall ein Ansteckungs- und Ausscheidungsverdacht gegeben sein. Diese beiden Verdachtstatbestände sind bei HIV kaum voneinander zu trennen, da eine Unterscheidung, ob lediglich die Aufnahme von HIV-Erregern oder bereits deren Ausscheidung vermutet wird, nicht

---

281 siehe zu den einzelnen Phasen oben S. 6 ff.

282 Brandes in RdJB 1988, 10, 14; Frankenberg S. 74; Gallwas in AIFO 1986, 31, 35; Hofmann in NJW 1988, 1486, 1491; Loschelder in NJW 1987, 1467, 1468.

möglich ist.[283] Im folgenden wird aus Gründen der Vereinfachung nur noch von einem Ansteckungsverdacht gesprochen.

Welche konkreten Anhaltspunkte für einen Krankheits- oder Ansteckungsverdacht vorliegen müssen, ist sehr umstritten. Gallwas[284] und Hofmann[285] wollen allein eine Reise nach Haiti oder einen räumlichen Bezug zu den Aids-Zentren Berlin, Frankfurt, Hamburg und München als konkrete Hinweise werten. Andere meinen, daß die Zugehörigkeit zu einer Risikogruppe ausreiche,[286] wobei Homosexuelle teilweise ausgenommen werden.[287] Loschelder[288] und Frankenberg[289] verlangen stets den konkreten Verdacht auf ein ansteckungsrelevantes Verhalten.

Die Beantwortung dieser Frage richtet sich nach den allgemeinen Grundsätzen des Ordnungs- und Sicherheitsrechts. Das Seuchenrecht ist dem Bereich der Gefahrenabwehr zuzuordnen. Soweit spezialgesetzliche Regelungen fehlen, ist daher das allgemeine Polizei- und Ordnungsrecht heranzuziehen.[290] Krankheits- und Ansteckungsverdacht bezeichnen eine Situation, die durch Unsicherheiten hinsichtlich der Beurteilung einer Gefahrenlage gekennzeichnet ist. Demnach handelt es sich wiederum um die Problematik des Gefahrenverdachts.[291] Die Anforderungen an die Wahrscheinlichkeit des Bestehens einer konkreten Gefahr, richten sich - wie schon oben aufgezeigt[292] - nach der Wertigkeit des bedrohten Rechtsguts, dem Ausmaß des Schadens und den Folgen des bloßen Abwartens. Da Aids eine in den überwiegenden Fällen tödlich verlaufende Krankheit ist, sind mit Leben und Gesundheit die höchsten Rechtsgüter betroffen. Die Anforderungen an einen Gefahrenverdacht sind daher niedrig

283 Brandes in RdJB 1988, 10, 14.
284 Gallwas in AIFO 1986, 31, 36.
285 Hofmann in NJW 1988, 1486, 1491.
286 VGH München in NJW 1988, 2318, 2320; Costard S. 89; Rübsaamen in AIFO 1987, 207, 211.
287 Brandes in RdJB 1988, 10, 15; Schenke in Schünemann/Pfeiffer S. 103, 113.
288 Loschelder in NJW 1987, 1467, 1469.
289 Frankenberg S. 155.
290 BVerwGE 39, 190, 192; Brandes in RdJB 1988, 10, 15; Costard S. 84; Drews/Wacke/Vogel/Martens S. 155; Götz Rn. 576; Rübsaamen in AIFO 1987, 165, 167.
291 Costard S. 84; Rübsaamen in AIFO 1987, 165, 167.
292 Siehe oben S. 76.

anzusetzen.[293] Andererseits gibt es auch keinen absoluten Schutz. Wenngleich die Bedeutung von Leben und Gesundheit außer Frage steht, darf dies nicht zur Überdehnung und letztlich Auflösung des Gefahrenbegriffs führen.[294] Ausgehend von diesen Grundsätzen ist nunmehr zu untersuchen, welche Tatsachen eine Vermutung auf HIV bzw. Aids zulassen.

Einigkeit besteht darüber, daß ein Krankheits- bzw. Ansteckungsverdacht zu bejahen ist, wenn ein Risikokontakt - z. B. der ungeschützte Geschlechtsverkehr mit einem Infizierten -feststeht. Ein solcher wird aber in aller Regel kaum nachweisbar sein.[295] Überwiegend wir daher angenommen, daß allein die Zugehörigkeit zu einer sogenannten Risikogruppe für die Annahme eines HIV- bzw. Aids-Verdachts ausreicht.[296]

Frankenberg wendet sich gegen eine gruppenspezifische Definition des Ansteckungsverdachts. Das Bundesseuchengesetz orientiere sich an Krankheiten und Krankheitserregern. Soweit Schutzmaßnahmen gegen einzelne Personen vorgesehen sind, reagierten diese auf eine der Krankheit anhaftende erhöhte Ansteckungsgefahr, den bösartigen Verlauf der Epidemie, dem berufsmäßigen oder besonders gefährlichen Umgang mit Krankheitserregern oder auf das konkrete fremdgefährdende Verhalten einzelner Personen.[297] Dabei übersieht er jedoch die Besonderheiten der HIV-Infektion. Eine Übertragung ist im Gegensatz zu anderen Krankheiten stets verhaltens- und damit personenabhängig. Dabei sind Risikokontakte in einigen Bevölkerungsgruppen aufgrund der dort anzutreffenden Lebensgewohnheiten häufiger zu beobachten als in anderen. Es ist daher auch gerechtfertigt, bei Angehörigen dieser Gruppen einen potentiellen Krankheits- oder Ansteckungsverdacht anzunehmen.[298] Eine schematische Festlegung, nach der alle Mitglieder dieser Gruppen HIV-verdächtig sind, berücksichtigt aber ein risikogerechtes Verhalten von Einzelpersonen nicht ausreichend. In

---

293 VGH München in NJW 1988, 2318, 2319; Brandes in RdJB 1988, 10, 15; Costard S. 87; Gallwas in AIFO 1986, 31, 36; Rübsaamen in AIFO 1987, 207, 209; Schenke in Schünemann/Pfeiffer S. 103, 112.

294 Brandes in RdJB 1988, 10, 15; Brandt/Smeddinck in Jura 1994, 225, 228; Frankenberg S. 79.

295 Costard S. 88; Rübsaamen in AIFO 1987, 165, 166.

296 VGH München in NJW 1988, 2318, 2320; Brandes in RdJB 1988, 10, 15; Costard S. 89; Gallwas in AIFO 1986, 31, 36; Hofmann in NJW 1988, 1486, 1491; Rübsaamen in AIFO 1987, 207, 211; Schenke in Schünemann/Pfeiffer S. 103, 113.

297 Frankenberg S. 84 ff.

298 Costard S. 89; Rübsaamen in AIFO 1987, 207, 211; Schenke in Schünemann/Pfeiffer S. 103, 115.

vielen Fällen sind die Betroffenen über die Gefährlichkeit von HIV aufgeklärt und schützen sich auch in geeigneter Weise vor einer Ansteckung. Angesichts der Gefährlichkeit von Aids sind aber keine all zu hohen Forderungen an das tatsächliche Vorliegen eines ansteckungsrelevanten Kontaktes zu stellen. Es genügt daher, daß innerhalb einer Gruppe häufiger Verhaltensweisen vorkommen, die, wenn sie von oder mit einem Infizierten praktiziert werden, zu einer Ansteckung führen können. Die Behörde muß aber im Einzelfall ein der Ansteckung entgegenwirkendes Verhalten beachten.

Als Risikogruppen werden in erster Linie Prostituierte, intravenös Drogenabhängige, Hämophile und Homosexuelle genannt. Männliche und weibliche Prostituierte kommen mit einer großen Anzahl von Personen in sexuellen Kontakt. Gerade im Bereich der Beschaffungsprostitution kann dabei auch ein Risikokontakt, d.h. der Sexualverkehr ohne Kondom nicht ausgeschlossen werden. Es besteht daher die Gefahr, daß über Freier auch deren Familien infiziert werden und so die Ausbreitung der Infektion in allen Bevölkerungsschichten droht. Angesichts dieser Gefahren ist hier ein Ansteckungsverdacht zu bejahen.[299]

Bei intravenös Drogenabhängigen kann eine Übertragung über den Austausch von Spritzbesteck erfolgen. Aufgrund des offensichtlich verantwortungslosen Umgangs mit dem eigenen Körper und den Schwierigkeiten, stets saubere Spritzbestecke zu erhalten, liegt ein riskantes Verhalten im Bereich des Wahrscheinlichen. Ein Ansteckungsverdacht ist daher ebenfalls gegeben.[300]

Hämophile können sich, zumindest wenn sie älter als fünf Jahre sind, über Blutpräparate und -produkte, die bis in die neunziger Jahre noch nicht sicher HIV-frei waren, infiziert haben.[301] Bei dieser Risikogruppe zeigt sich deutlich die Notwendigkeit einer auf den Einzelfall bezogenen Beurteilung des Ansteckungs- bzw. Krankheitsverdachts. Nur Hämophile, die derartige Produkte schon länger als fünf Jahre anwenden bzw. die im Ausland einem anderen medizinischen Standard unterworfen waren, können heute noch ansteckungsverdächtig sein.

---

299 Brandes in RdJB 1988, 10, 14; Costard S. 89; Rübsaamen in AIFO 1987, 207.

300 VGH München in NJW 1988, 2318, 2320; Brandes in RdJB 1988, 10, 14; Rübsaamen in AIFO 1987, 207; Schenke in Schünemann/Pfeiffer S. 103, 113.

301 Brandes in RdJB 1988, 10, 14; Rübsaamen in AIFO 1987, 207; Schenke in Schünemann/Pfeiffer S. 103, 113.

Da ein hoher Anteil der HIV-Infizierten homo- bzw. bisexuell ist, werden diese ebenfalls als Risikogruppe eingestuft.[302] Dabei wird aber übersehen, daß die Mehrheit der Homosexuellen in festen Beziehungen leben.[303] Ein ansteckungsrelevantes Verhalten ist also eher die Ausnahme denn die Regel. Ein Ansteckungsverdacht ist daher erst dann zu bejahen, wenn konkrete Anhaltspunkte auf ein promiskuitives Verhalten hindeuten.[304]

Demnach zählen männliche und weibliche Prostituierte, intravenös Drogenabhängige und Hämophile, die heute noch infiziert sein können, zu den Risikogruppen. Die Zugehörigkeit zu einer dieser Gruppen wird aber nicht immer feststehen. Es stellt sich die Frage, ob auch allein die Vermutung, daß eine Person einer Risikogruppe angehört, ausreicht, um Ermittlungen einzuleiten. Dabei handelt es sich um die sogenannte Annahme eines Ansteckungsverdachts, bei der nach § 31 I BSeuchenG ebenfalls Ermittlungsmaßnahmen zulässig sind. Die Anforderungen an die Wahrscheinlichkeit sind in diesen Fällen nochmals geringer. Allerdings ist im besonderen Maße darauf zu achten, daß der Gefahrenbegriff nicht völlig aufgegeben wird. In der amtlichen Begründung des Regierungsentwurfs des 4. Gesetzes zur Änderung des Bundesseuchengesetzes heißt es dazu:„Der Zweck der §§ 31 ff. wird aber nur erreicht, wenn das Gesundheitsamt berechtigt ist, bereits bei der begründeten Annahme, daß ein Krankheitsverdacht vorliegen kann, tätig zu werden."[305] Es sind daher begründete, d. h. konkrete Anhaltspunkte erforderlich, die eine Zugehörigkeit zu einer Risikogruppe vermuten lassen. Hierfür reichen insbesondere der bloße Ferienaufenthalt in einem Risikoland oder das Antreffen auf einer Bahnhofstoilette offensichtlich nicht aus. Diese Situationen sind in den weitaus überwiegenden Fällen völlig harmlos und legen in keiner Weise die Vermutung nahe, daß ansteckungsrelevante Kontakte stattgefunden haben. Andernfalls wäre praktisch jeder ansteckungsverdächtig.[306] Ein solches Ergebnis deckt sich aber nicht mehr mit dem Gefahrenbegriff, der eine über das allgemeine Lebensrisiko hinausgehende Gefahrensituation voraussetzt.[307] Aus diesem Grund bedarf es vielmehr konkreter Verdachtsmomente, die die Vermutung nahelegen, daß eine Person einer

---

302 Costard S. 89; Gallwas in AIFO 1986, 31, 36; Hofmann in NJW 1988, 1486, 1491; Rübsaamen in AIFO 1987, 207, 211.

303 Bochow S. 95; Frank, 6. Kapitel.

304 Brandes in RdJB 1988, 10, 14; Schenke in Schünemann/Pfeiffer S. 103, 114: aA Costard S. 89; Rübsaamen in AIFO 1987, 207, 211.

305 BT-Dr 8/2468, Anl. 1, S. 25.

306 Bruns in MDR 1987, 353.

307 Brandes in RdJB 1988, 10, 15.

Risikogruppe angehört. Dazu können beispielsweise das häufige Antreffen auf dem Straßenstrich ggf. in eindeutiger Kleidung, Einstiche in den Armbeugen und ähnliches zählen.

Zusammenfassend kann man sagen, daß Prostituierte, intravenös Drogenabhängige sowie Hämophile über fünf Jahren ansteckungsverdächtig sind, soweit nicht Hinweise auf ein risikogerechtes Verhalten vorliegen. Homosexuelle hingegen sind nur dann ansteckungsverdächtig, wenn Anhaltspunkte auf ein risikoerhöhendes Verhalten schließen lassen. Daneben besteht immer dann ein HIV- bzw. Aids-Verdacht, wenn ein Risikokontakt mit einem Infizierten mit hoher Wahrscheinlichkeit feststeht. Der Verdacht auf Zugehörigkeit zu einer Risikogruppe reicht nur dann für die Annahme eines Ansteckungsverdachts aus, wenn konkrete Anhaltspunkte vorhanden sind, die auf die Zugehörigkeit zu einer Risikogruppe hindeuten. Soweit erste Krankheitszeichen auftreten, müssen zusätzlich noch die für einen Ansteckungsverdacht bzw. die Annahme eines Ansteckungsverdachts geforderten Voraussetzungen vorliegen, um einen Krankheitsverdacht bzw. die Annahme eines solchen zu begründen. Nur in der letzten Phase der Infektion darf wegen der dann wiederholt und kumulativ auftretenden schwersten Erkrankungen auch ohne weitere Anhaltspunkte auf einen Aids-Verdacht geschlossen werden.

ββ) Anwendung dieser Grundsätze im schulischen Bereich

Es stellt sich nunmehr die Frage, inwieweit diese Ergebnisse auch für den schulischen Bereich gelten. In der vorliegenden Fallkonstellation steht die Schule vor dem Problem, ob sie Auskunft über eine HIV-Infektion bzw. Aids-Erkrankung verlangen darf, wenn sie vermutet, daß ein zu Aggressionen neigendes Kind HIV-positiv ist. Diese Frage dient der Aufdeckung eines Ansteckungsrisikos. Die Schule wird in diesem Fall also - wie auch die nach dem Bundesseuchengesetz zuständige Behörde - zur Aufklärung von Gesundheitsgefahren tätig. Man könnte daher annehmen, daß im Schulrecht dieselben Voraussetzungen gelten wie im Seuchenrecht. Dabei ist aber zu beachten, daß es Aufgabe der Gesundheitsbehörden ist, die Ausbreitung von übertragbaren Krankheit innerhalb der gesamten Bevölkerung zu bekämpfen. Der nach dem Bundesseuchengesetz drohende Schaden ist demnach, da er einer Vielzahl von Personen droht, wesentlich größer als die Gefahr, die sich bei Aggressionen eines möglicherweise HIV-positiven Kindes in der Schule ergeben. Der Gesetzgeber hat dieser Zielsetzung dadurch Rechnung getragen, daß er nach dem Bundesseuchengesetz schon dann Aufklärungsmaßnahmen zuläßt, wenn objektiv gesehen, ein Verdacht noch gar nicht vorliegt.[308] Die Gesundheitsbehörden dürfen daher abweichend vom allgemeinen Polizei- und Ordnungsrecht schon im Vorfeld eines konkreten Gefahrenverdachts Ermittlungen einleiten.

Die Schule kann sich auf die spezialgesetzlichen Besonderheiten des Bundesseuchengesetzes nicht berufen. Sie darf daher erst dann tätig werden, wenn objektiv der Verdacht einer HIV-Infektion besteht. An diesen sind jedoch auch im Schulbereich angesichts der Wichtigkeit der betroffenen Rechtsgüter und der Tatsache, daß die Schule erst dann nach HIV bzw. Aids fragen darf, wenn sich das Kind nicht risikogerecht verhält, keine sehr hohen Anforderungen zu stellen. Es ist daher angemessen, zumindest beim Vorliegen eines Krankheits- und Ansteckungsverdachts im Sinne des Bundesseuchengesetzes auch in der Schule einen Gefahrenverdacht zu bejahen. Die bloße Annahme eines Ansteckungs- bzw. Krankheitsverdachts reicht hingegen nicht aus. Dieser Tatbestand wurde speziell zur effektiven Gefahrenabwehr nach dem Bundesseuchengesetz geschaffen. Für die Schule bedeutet dies im einzelnen:

Ein Ansteckungsverdacht ist gegeben, wenn ein Schüler einer Risikogruppe angehört oder mit hoher Wahrscheinlichkeit ansteckungsfördernde Kontakte hatte. In der Regel aber wird die Schule über derartige Beziehungen kaum informiert sein, da diese stets außerhalb der Schulzeit stattfinden. Fixer und Prostituierte besuchen außerdem nur äußerst selten eine Schule. Wenn sie das tun und die Schule von diesen Aktivitäten erfährt, muß sie ohnehin Eltern, Schularzt, Schulpsychologen und eventuell auch die Staatsanwaltschaft einschalten. Soweit dieser Schüler darüber hinaus noch durch Aggressionen auffällt, darf die Schule auch nach HIV bzw. Aids fragen. Dies gilt auch, wenn ein aggressiver über fünf Jahre alter Bluter die Schule besucht.

Ein Krankheitsverdacht liegt vor, wenn bei einem Schüler erste Krankheitserscheinungen sichtbar sind und er darüber hinaus auch ansteckungsverdächtig ist. Demnach gelten hier die gleichen Grundsätze wie für einen Ansteckungsverdacht. Anders liegt der Fall nur, wenn - wie im letzten Stadium der Infektion - wiederholt und kumulativ schwere Erkrankungen auftreten. Dabei ist zu berücksichtigen, daß die Schule, um diese Symptome dem Aids-Vollbild zuordnen zu können, ein Fachwissen benötigt, über das der einzelne Lehrer offensichtlich nicht verfügt. Sie muß daher das in allen Ländern für die

308 Amtliche Begründung des 4. Gesetzes zur Änderung des Bundesseuchengesetzes BT-Dr 8/2468, Anl. 1, S. 25; Rübsaamen in AIFO 1987, 207, 210.

Schulgesundheitspflege und damit auch für die Seuchenbekämpfung verantwortliche Gesundheitsamt zu Rate ziehen,[309] bevor sie von einem Krankheitsverdacht ausgehen darf. Sollte der Arzt nach den Schilderungen der Schule, einen Krankheitsverdacht bejahen, darf die Schule, soweit das Kind durch sein Verhalten eine Ansteckung fördert, die Eltern nach einer Aids-Erkrankung fragen.

Eine andere Frage ist, inwieweit die Lebensumstände der Eltern einen Ansteckungsverdacht begründen können. Die Hauptansteckungsquelle bei Kindern ist immer noch die Mutter. Soweit die Schule erfährt, daß die Mutter eines Schülers an Aids gestorben oder HIV-positiv ist, darf sie das Kind daher auch als ansteckungsverdächtig ansehen. Dasselbe wird man annehmen müssen, wenn die Schule Kenntnis erlangt, daß der Vater eines Schülers an Aids verstorben bzw. HIV-infiziert ist. Die Tatsache, daß aus der Verbindung der Eltern ein Kind hervorgegangen ist, zeigt, daß ein ungeschützter Sexualverkehr und damit für eine Übertragung geeignete Kontakte stattgefunden haben. Eine Infizierung des Kindes ist demnach nicht auszuschließen.

Eine andere Frage ist jedoch, wie sich ein Ansteckungsverdacht der Eltern auf das Kind auswirken kann, also insbesondere, ob die Kinder von Fixern, Prostituierten und Hämophilen ebenfalls ansteckungsverdächtig sind. Die Wahrscheinlichkeit einer HIV-Infektion des Kindes verringert sich dabei nochmals erheblich. Es handelt sich hierbei um eine Gleichung mit mehreren Unbekannten. Nicht nur der HIV-Status des Kindes ist ungewiß, auch eine Infektion, sogar ansteckungsrelevante Kontakte der Mutter stehen nicht fest. Darüber hinaus wird die Schule im Regelfall nicht einmal wissen, ob die Mutter bereits bei der Geburt ansteckungsverdächtig war. Die Wahrscheinlichkeit einer Infektion des Kindes ist daher so gering, daß von einem Gefahrenverdacht nicht mehr gesprochen werden kann. Es handelt sich vielmehr nur um die Annahme eines Ansteckungsverdachts mit der Folge, daß die Schule nicht nach einer HIV-Infektion oder Aids-Erkrankung fragen darf.

---

309 siehe baden-württembergische „VO zur Durchführung schulärztlicher Untersuchungen" vom 1.7.1987 (GABl. S. 769); Art. 86 BayEUG; § 20 III SchulGBln; § 37 I SchulGBbg; § 58 III SchulGMV; § 56 NSchulG; § 29 I SchVGNW; § 78 Übergreifende SchulORP; § 20 SchulOGS; § 38 SchulGLSA; § 55 ThürSchulG.

χχ) Zwischenergebnis

Demnach bestehen auf HIV bzw. Aids hindeutende Verdachtsmomente, wenn wiederholt und kumulativ schwere Krankheitsbilder auftreten, die auch von einem Schularzt als Aids-Vollbild charakterisiert werden. Darüber hinaus sind Schüler, bei denen sich herausstellt, daß sie fixen oder der Prostitution nachgehen sowie Hämophile und Kinder, deren Eltern an Aids gestorben bzw. HIV-positiv sind, ansteckungsverdächtig.

δδ) Äußerungen Dritter oder des Kindes selbst

Die Eltern eines minderjährigen Kindes bzw. der volljährige Schüler informieren die Schule nur in den seltensten Fällen über die Zugehörigkeit zu einer Risikogruppe oder eine Infektion des Kindes bzw. der Eltern. Denkbar ist aber, daß Dritte oder das minderjährige Kind selbst diese Tatsachen ungefragt der Schule gegenüber erwähnen. Zu prüfen ist, ob die Schule derartige Äußerungen verwenden darf. Die Verarbeitung und Nutzung von Daten ist nach den Datenschutzgesetzen grundsätzlich auch dann erlaubt, wenn die datenverarbeitende Stelle die Information nicht durch eine Erhebung, die ein aktives Beschaffen voraussetzt, sondern auf andere Art erlangt hat.[310] Hierzu zählen beispielsweise auch Spontanäußerungen des Betroffenen oder eines Dritten.[311] Voraussetzung ist aber, daß die Schule auch ohne weitere Nachprüfung vom Wahrheitsgehalt dieser Äußerungen ausgehen darf. Andernfalls kann eine solche Aussage im Höchstfall einen Verdacht begründen, der eine Frage beim Betroffenen bzw. dessen Eltern und damit eine Datenerhebung im Sinne der Datenschutzgesetze rechtfertigt.

Dritte, wie Verwandte, andere Eltern oder Schüler könnten der Schule zum Beispiel mitteilen, sie wüßten, daß ein Kind HIV-positiv sei. Denkbar ist aber auch, daß sie aufgrund der ihnen bekannten äußeren Umständen lediglich einen Verdacht auf HIV bzw. Aids äußern. Zu überlegen ist, ob die Schule diese Informationen benutzen darf. Während die Erwähnung eines HIV-Verdachts im Höchstfall ein Fragerecht begründen kann, könnte die Behauptung, ein Schüler habe Aids, möglicherweise bereits die Einleitung weiterer Maßnahmen

---

310 § 16 I BayDSG; § 13 I HmbDSG; §§ 9 II, 10 I DSGMV; § 13 I LDSGRP; § 9 I LDSGSH; § 20 I ThürDSG.

311 Ancôt § 3 SächsDSG; Beilecke § 2 LDSG Rn. 22; Dammann in Simitis/Dammann/Geiger/Mallmann/Walz § 3 BDSG Rn. 110; Wedde in Däubler/Klebe/Wedde § 13 BDSG Rn. 3.

rechtfertigen. Dabei ist zu beachten, daß die Benachrichtigung durch einen Dritten nicht vom Betroffenen selbst stammt und allein schon deswegen mit einer gewissen Unsicherheit behaftet ist. Nach den hier gewonnenen Ergebnissen benötigt die Schule die Auskunft aber nur dann, wenn das Kind im besonderen Maße aggressiv und daher unter Umständen sogar ein Schulausschluß in Erwägung zu ziehen ist.[312] Die Schule darf derartig schwerwiegende Eingriffe nur vornehmen, wenn die Voraussetzungen, also insbesondere auch die HIV-Infektion, ohne Zweifel feststehen. Aus diesem Grund muß sie die Information eines Dritten über die HIV-Infektion eines Kindes in jedem Fall durch eine Nachfrage überprüfen.

Des weiteren ist zu berücksichtigen, daß nicht jede - womöglich völlig aus der Luft gegriffene - Behauptung eines Dritten Nachforschungen rechtfertigt. Vielmehr muß die Schule zunächst nachfragen, auf welche Tatsachen der Dritte seine Annahme stützt. Erst wenn sich hieraus konkrete Verdachtsmomente ergeben, darf die Schule sich direkt an die Familie des Betroffenen wenden. Wann dies der Fall ist, läßt sich nicht schematisch beantworten, sondern ist eine Frage des Einzelfalls. Hierbei spielen die Beziehungen des Dritten zum Betroffenen ebenso ein Rolle wie die Konkretheit der jeweiligen Aussagen und die Glaubwürdigkeit des Dritten. So ist beispielsweise die Äußerung eines nahen Verwandten anders zu bewerten als die eines Schülers, der mit dem betreffenden Kind nicht einmal befreundet ist. Bloßen Gerüchten, die jeglicher Grundlage entbehren, darf die Schule auch im Interesse einer vertrauensvollen Zusammenarbeit aller am Schulverhältnis beteiligten Personen nicht nachgehen. In Zweifelsfällen ist der Schule zu empfehlen, sich an die Familie des betreffenden Schülers zu wenden, diese über die Gerüchte aufzuklären und ihr Gelegenheit zur freiwilligen Stellungnahme zu geben. In diesem Zusammenhang ist außerdem darauf hinzuweisen, daß die Vermutung eines Dritten, das Kind gehöre einer Risikogruppe an, keinen HIV-Verdacht begründet. Zwar muß die Schule aufgrund ihrer Fürsorgepflicht auch einer Information über Drogenmißbrauch und Prostitution nachgehen und eventuell die Eltern und das Jugendamt einschalten; eine Frage nach Aids rechtfertigt dies aber noch nicht, da lediglich die Annahme eines Ansteckungsverdachts vorliegt.

Weiterhin ist daran zu denken, daß das Kind selbst behauptet, es habe Aids. Zu überlegen ist, ob und wie die Schule diese Information verwenden darf. Dabei ist nach verschiedenen Altersgruppen zu unterscheiden. Kleine Kinder (etwa bis

---

312 siehe oben S. 81.

acht Jahre) können die Bedeutung der Krankheit und die Folgen einer Information noch gar nicht erfassen. Es ist nicht auszuschließen, daß sie das Wort Aids im Fernsehen oder im Familienkreis aufgeschnappt haben und sich lediglich in den Mittelpunkt des Interesses stellen möchten. Die Schule kann daher nicht von einer wahrheitsgemäßen Äußerung ausgehen. Andererseits darf sie die Bemerkung des Kindes, zumindest wenn sie die Information für ihre Aufgabenerfüllung benötigt, auch nicht ignorieren. Vielmehr begründet die Aussage des Kindes einen konkreten Verdacht, der eine Frage bei den Eltern rechtfertigt.

Mit zunehmenden Alter ist davon auszugehen, daß ein Kind die Bedeutung seiner Worte versteht. Soweit ein Lehrer den Eindruck gewinnt, daß die Äußerung des Kindes der Wahrheit entspricht, stellt sich die Frage, ob die Schule diese Information, soweit sie diese für ihre Aufgabenerfüllung benötigt, verwerten darf. Ob und wann der Staat Spontanäußerungen des Betroffenen verarbeiten darf, ist gesetzlich nicht ausdrücklich geregelt. Dies ist damit zu begründen, daß die datenschutzrechtlichen Regelungen Voraussetzungen für einen Eingriff in das Recht auf informationelle Selbstbestimmung darstellen. Die aufgedrängte Information durch den Betroffenen ist aber kein Eingriff, sondern lediglich Ausübung dieses Rechts.[313] Erst die weitere Verarbeitung beeinträchtigt die Grundrechtssphäre des Betroffenen und bedarf daher einer gesetzlichen Ermächtigungsgrundlage. Ist der Betroffene - wie auch in den hier in Frage stehenden Ländern Bayern, Brandenburg, Hamburg, Mecklenburg-Vorpommern, Rheinland-Pfalz, Schleswig-Holstein und Thüringen - aufgrund von Rechtsvorschriften ohnehin zur Auskunft verpflichtet, wird in aller Regel auch die weitere Verarbeitung gesetzlich zulässig sein, da kaum Fälle denkbar sind, in denen die bloße Erhebung bereits die Aufgabe des Staates erfüllt. Eine nochmalige Nachfrage beim Betroffenen wäre überflüssig, da er die von ihm bereits erteilte Auskunft ohnehin geben müßte.

Zu überlegen ist, ob dies auch für Spontanäußerungen eines Kindes gilt. Ein erwachsener Mensch kann die Möglichkeiten und Folgen staatlicher Informationstätigkeit abschätzen. Soweit er persönliche Informationen an Dritte weitergibt, ist ihm bewußt, daß dieses Wissen seiner alleinigen Bestimmung entzogen ist und unter Umständen eine weitere Nutzung der Daten erfolgen darf. Er wird daher bei Äußerungen in der Öffentlichkeit oder gegenüber dem Staat entsprechend vorsichtig sein und abwägen, wem er welche Informationen über sich preisgeben möchte. Kinder hingegen handeln - zumindest bis zum Erreichen

---

313 Rosenbaum in Jura 1988, 178, 180 f.

eines gewissen Reifegrads - wesentlich unüberlegter. Sie können zwar bereits die Folgen eines Bekanntwerdens persönlicher Daten in der Öffentlichkeit spüren; sie sind aber häufig nicht in der Lage, schon im Vorfeld zu beurteilen, welche Konsequenzen eine Benachrichtigung anderer nach sich ziehen kann. Soweit ein Kind von eigenen Erkrankungen berichtet, ist außerdem zu beachten, daß es häufig nur die Einzelsituation (z. B. Streben nach Aufmerksamkeit, Mitleid, Vorteilen im Einzelfall) bedenkt, wohingegen es langfristige Auswirkungen - insbesondere gegen seine Interessen gerichtete - noch nicht überblikken kann. Um mögliche Folgen derart unbedachter Äußerungen zu verhindern, teilen viele Eltern ihren HIV-infizierten Kindern den genauen Namen der Krankheit gar nicht erst mit.[314]

Die Spontanäußerung eines Kindes ist daher qualitativ anders zu bewerten als die eines Erwachsenen. Die Grundrechtssphäre des Kindes würde durch die Möglichkeit der Verarbeitung aufgedrängter Informationen insgesamt geschwächt, da die Ausübung des Rechts auf informationelle Selbstbestimmung sich letztlich - für dieses nicht vorhersehbar - zu seinem Nachteil auswirken könnte. Ein Erwachsener, aber auch ein Minderjähriger, der die Folgen seiner Äußerung bereits einschätzen kann, haben die Informationen hingegen selbstbestimmt aus dem eigenen Bereich entlassen und sind infolgedessen auch weniger schutzwürdig. Demzufolge dürfen Daten eines Kindes nicht verarbeitet werden, wenn es die Folgen der Datenverarbeitung noch nicht überblicken kann und einer Behörde unaufgefordert Auskunft erteilt.

Für dieses Ergebnis spricht auch, daß für die in allen Datenschutzgesetzen vorgesehene Einwilligung in die Datenverarbeitung allgemein eine Einsichtsfähigkeit des Betroffenen verlangt wird.[315] Zwar stellt die Spontanäußerung auch bei einem Erwachsenen noch keine stillschweigende Einwilligung in diesem Sinne dar;[316] in beiden Fällen geht es aber um die freiwillige Entscheidung zur Preisgabe persönlicher Informationen. Eine solche Entscheidung setzt aber nicht nur

---

314 siehe oben S. 16.

315 Ancôt § 4 SächsDSG Rn. 5; Beilecke § 5 LDSG Rn. 4; Gola/Schomerus § 4 BDSG Anm. 5.5; Nungesser § 7 HDSG Rn. 15 f.; Simitis in Simitis/Dammann/ Geiger/Mallmann/Walz § 4 BDSG Rn. 28; Tinnefeld/Ehmann S. 214.

316 Vielmehr bedarf es hierfür einer ausdrücklichen Einwilligung in einzelne Verarbeitungsvorgänge, Klebe in Däubler/Klebe/Wedde § 4 BDSG Rn. 12; Nungesser § 7 HDSG Rn. 23; Simitis in Simitis/Dammann/Geiger/Mallmann/Walz § 4 BDSG Rn. 43.

bei der Einwilligung, sondern auch bei einer Spontanäußerung die Fähigkeit voraus, die möglichen Folgen zumindest ansatzweise überblicken zu können.

Wann dies der Fall ist, läßt sich nicht schematisch beantworten. Jedes Kind unterliegt unterschiedlichen Reifeprozessen. Auch sind die Folgen der Verarbeitung sensibler Daten anders zu bewerten als die bloße Namens- oder Adressennennung. Bei einer Information über HIV bzw. Aids ist außerdem zu beachten, daß das betroffene Kind im Zweifel überhaupt nicht damit rechnet, daß es als Gefahr für andere eingestuft und infolgedessen seine Äußerung gespeichert, anderen bekannt gemacht und als Grundlage weiterer Entscheidungen gegen ihn genutzt werden könnte. Weiterhin wird es auch kaum darüber nachdenken, daß andere auf die Mitteilung möglicherweise mit Panik reagieren und der weiteren Aufklärung bedürfen. Dies alles verlangt eine weitreichende Auseinandersetzung mit der eigenen Situation und Kenntnisse über Aufgaben und Entscheidungsprozesse innerhalb der Schule, die bei einer Krankheit wie Aids kaum vor Vollendung des 14. Lebensjahres anzunehmen ist.

Allerdings muß die Schule eine Information des Minderjährigen nicht ignorieren. Vielmehr entsteht ein Krankheitsverdacht, der eine Nachfrage bei den Eltern rechtfertigt. Diese sind in den hier in Frage stehenden Ländern zwar ohnehin zur Auskunft verpflichtet; die Schule muß aber über den Zweck der Datenverarbeitung sowie die ein Informationserfordernis begründenden Umstände umfassend aufklären. Hierdurch wird der Gefahr des Sammelns nicht notwendiger Daten vorgebeugt. Außerdem können die Eltern die von ihrem Kind ausgehenden Gefahren am besten einschätzen, und sind daher auch eher als ihr Kind geeignet, die weiteren Maßnahmen mit der Schule zu beraten.

Zusammenfassend ist festzustellen, daß die Äußerungen eines Dritten oder eines noch nicht die Folgen der Datenverarbeitung überblickenden Kindes einen Verdacht auf HIV bzw. Aids begründen können. Teilt der bereits einsichtsfähige Minderjährige der Schule seine Erkrankung mit, darf die Schule die Information hingegen, soweit sie sie zur Aufgabenerfüllung benötigt, nutzen, ohne daß es einer Nachfrage bei den Eltern bedarf.

β) Verfahren

Die Schule muß bei ihrer Frage sowohl mitteilen, warum sie meint, daß das Kind HIV-positiv sein könnte, als auch warum diese Frage für sie von Bedeutung ist. Letzteres ist nur gegeben, wenn die Art und die Schwere der

Aggressionen gerade auch in Hinblick auf Aids Maßnahmen erforderlich machen.[317] Diese Informationsverpflichtung ergibt sich aus den Landesdatenschutzgesetzen der hier in Frage stehenden Länder Bayern, Brandenburg, Hamburg, Mecklenburg-Vorpommern, Rheinland-Pfalz, Schleswig-Holstein und Thüringen, die vorsehen, daß soweit eine Informationspflicht besteht, der Auskunftspflichtige auf die zugrundeliegende Vorschrift hinzuweisen und in geeigneter Weise über diese aufzuklären ist.[318] Sinn und Zweck dieser Regelung ist, daß der Auskunftspflichtige erkennen kann, warum die Verwaltung die Daten benötigt und in welcher Weise diese weiterverarbeitet werden können. Dieser Schutzzweck kann aber nur erfüllt werden, wenn die Verwaltung bei Generalklauseln, und eine solche liegt hier vor, auch die den Tatbestand ausfüllenden Tatsachen dem Pflichtigen mitteilt und erläutert.

Wie bereits oben ausgeführt, sind bis zum Erreichen eines gewissen Reifegrades die Eltern auskunftspflichtig.[319] Zwar sehen die Datenschutzgesetze grundsätzlich die Erhebung beim Betroffenen vor; solange ein Kind aber noch nicht die nötige Reife und Einsichtsfähigkeit besitzt, um Sinn und Zweck der Datenverarbeitung bzw. die von der Schule in diesem Zusammenhang abzugebenen Erläuterungen zu verstehen, erteilen die Eltern im Rahmen ihres Personensorgerechts die begehrten Auskünfte. Sobald der Minderjährige die Folgen einer Information abschätzen kann, darf die Schule sich auch an den Schüler wenden. Dies wird bei HIV und Aids nicht vor Vollendung des 14. Lebensjahres der Fall sein. In Zweifelsfällen ist der Schule zu empfehlen, zur Beantwortung ihrer Fragen ein gemeinsames Treffen des Schülers und dessen Eltern zu arrangieren.

χ) Zuständigkeit

Für die Frage nach einer HIV-Infektion bzw. Aids ist der Schulleiter als die für den geordneten Schulbetrieb verantwortliche Person zuständig. Er vertritt die Schule nach außen und koordiniert insbesondere auch die Zusammenarbeit

---

317 vgl. oben S. 49.

318 Art. 16 III BayDSG; § 12 III BbgDSG; § 12 III HmbDSG; § 8 III DSGMV; § 12 II LDSGRP; § 10 II LDSGSH; § 19 III ThürDSG.

319 siehe oben S. 94.

zwischen Eltern und Schule.[320] Darüber hinaus ist er an möglichen Ordnungsmaßnahmen gegenüber dem infizierten Kind maßgeblich beteiligt.[321] Weiterhin sind der Schularzt und Schulpsychologe hinzuziehen.

(d) Ergebnis

Die Datenschutzgesetze bieten keine ausreichende Ermächtigungsgrundlage, alle Schüler nach einer HIV-Infektion bzw. Aids zu fragen. Ein Fragerecht und eine entsprechende Verpflichtung zur Antwort bestehen jedoch in den Ländern, in denen die erforderlichen Daten nach den Schulgesetzen angegeben werden müssen, für den Fall, daß das Kind nach Ansicht der Schule so aggressiv ist, daß in Hinblick auf Aids besondere Maßnahmen getroffen werden müßten, und sich gleichzeitig Verdachtsmomente ergeben haben, die auf eine HIV-Infektion hindeuten. Solche Regelungen gibt es in Bayern, Brandenburg, Hamburg, Mecklenburg-Vorpommern, Rheinland-Pfalz, Schleswig-Holstein und Thüringen. In diesen Ländern dürfen die Eltern die Auskunft nicht verweigern. Tun sie dies doch, kann die Schule zwangsweise einen Aids-Test durchführen lassen.[322]

In den anderen Ländern kann unter den beschriebenen Umständen ebenfalls nach HIV bzw. Aids gefragt werden; die Antwort darf aber verweigert werden.

h) Gesamtergebnis

Es besteht eine Verpflichtung, die Infektion zu offenbaren, wenn der Infizierte zu Aggressionen neigt. Dies ergibt sich aus den Verkehrspflichten sowie der Aufsichtspflicht des privatrechtlichen Deliktsrecht, die in diesem Fall aber nur repressiven Rechtsschutz gewähren.

Nach datenschutzrechtlichen Regelungen darf die Schule die Eltern dann nach einer HIV-Infektion ihres Kindes fragen, wenn das Kind nach Ansicht der Schule so aggressiv ist, daß in Hinblick auf Aids besondere Maßnahmen

---

320 siehe § 41 SchulGBW; Art. 57 II BayEUG; § 22 SchulGBln; § 71 BbgSchulG; § 4 VI BremGesetz zum Datenschutz in der Schule; § 89 SchulGHmb; § 87 HessSchulG; § 101 SchulGMV; § 43 NSchulG; § 20 SchVGNW; § 21 SchulGRP; § 21 SchulOGS; § 26 SchulGLSA; § 42 SchulGSachs; § 82 SchulGSH; § 33 ThürSchulG; siehe auch Engler in RdJB 1988, 23, 26.

321 siehe unten S. 191 ff.

322 dazu unten S. 175 ff.

getroffen werden müßten, und sich gleichzeitig Verdachtsmomente ergeben haben, die auf eine HIV-Infektion hindeuten. In Bayern, Brandenburg, Hamburg, Mecklenburg-Vorpommern, Rheinland-Pfalz, Schleswig-Holstein und Thüringen ist der Betroffene bzw. dessen Eltern zur Auskunft verpflichtet. In den übrigen Ländern darf diese Frage ebenfalls gestellt werden, wobei die Eltern jedoch auf die Freiwilligkeit ihrer Angaben hinzuweisen sind.

Ein Lehrer ist im laufenden Dienstverhältnis nicht verpflichtet, seine Infektion zu offenbaren.[323]

2) Verpflichtung der Schule, die Eltern und/oder Schüler über die HIV-Infektion eines fremden Kindes zu informieren

Die Gesunden, insbesondere aber deren Eltern werden in aller Regel interessiert sein zu erfahren, ob ein HIV-infiziertes Kind die Schule besucht. Nur wenn sie um das Auftreten der Krankheit in der Schule wissen, können sie selbst entscheiden, ob in Hinblick auf eventuelle Aggressionen oder Unfallgefahren Vorsichtsmaßnahmen zu treffen sind und wie sie sich gegenüber dem Infizierten verhalten wollen. Dies gilt jedoch nach den hier gewonnenen Ergebnissen nicht für die Infektion eines Lehrers. Dieser kennt die von ihm ausgehenden Gefahren und wird daher sein Verhalten, insbesondere bei Unfällen darauf ausrichten.[324] Besondere Vorkehrungen hinsichtlich des Umgangs mit diesem Lehrer sind daher nicht denkbar. Es stellt sich demnach die Frage, ob die Schule andere Eltern oder Schüler über die HIV-Infektion eines Schülers unterrichten muß. Auch die Weitergabe personenbezogener Informationen an Dritte stellt einen Eingriff in das Recht auf informationelle Selbstbestimmung dar, das durch Art. 2 I und Art. 1 I GG geschützt ist.[325] Daher bedarf die Information anderer Eltern und Schüler einer gesetzlichen Grundlage, die den Anforderungen der Wesentlichkeitstheorie genügt.

Daneben sind auch die Schweigepflichten zu beachten, die sich für das Schulpersonal aus dem Strafrecht und dem öffentlichen Dienstrecht ergeben.

---

323 zu Fragen anläßlich der Einstellung siehe unten S. 161 ff.

324 vgl. S. 60 ff.

325 siehe oben S. 24 f.

Gemäß § 203 II StGB wird bestraft, wer „unbefugt ein fremdes Geheimnis, namentlich ein zum persönlichen Lebensbereich gehörendes Geheimnis (...), offenbart, das ihm als Amtsträger (...) anvertraut oder sonstwie bekannt geworden ist". Die Beamten und Angestellten im Schuldienst sind gemäß § 11 I Nr. 2 StGB Amtsträger im Sinn des Strafgesetzbuchs. Ein Geheimnis ist eine Tatsache, die nur einem bestimmten Personenkreis zugänglich ist und an deren Geheimhaltung ein schutzwürdiges Interesse besteht.[326] Die Krankheit eines Menschen als intimster Körpervorgang stellt ein solches Geheimnis dar, was auch die in § 203 I Nr. 1 StGB normierte ärztliche Schweigepflicht zeigt. Für die strafrechtliche Verantwortlichkeit kommt es dabei nicht darauf an, wie der Lehrer die Information erlangt, solange dies in irgendeiner Form im Zusammenhang mit seinem Amt erfolgt. Insbesondere auch außerdienstliche Gespräche mit den Eltern, die aber in der Eigenschaft als Lehrer geführt werden, sind vom Geheimnisschutz umfaßt.[327]

Das Schulpersonal unterliegt darüber hinaus dem Dienstgeheimnis. Für Beamte ergibt sich dies aus § 39 BRRG und den entsprechenden Vorschriften der Länder,[328] für Angestellte aus § 9 BAT. Das Dienstgeheimnis betrifft den gesamten Dienstbereich. Lediglich Mitteilungen im dienstlichen Verkehr oder über Tatsachen, die offenkundig sind oder ihrer Bedeutung nach keiner Geheimhaltung bedürfen, können weitergegeben werden. Ein Verstoß gegen das Dienstgeheimnis kann nur disziplinarrechtlich geahndet werden.

Demnach bedarf es einer gesetzlichen Befugnis, die die Weitergabe der Information über die HIV-Infektion eines Schülers erlaubt und die die bestehenden Schweigepflichten überwindet. Eine spezielle Regelung, nach der andere über eine Aids-Erkrankung unterrichtet werden müssen, ist nicht ersichtlich.

a) Schulrechtliche Normen

Das Schulrecht kennt in einigen Ländern Vorschriften, nach denen die Schüler das Recht haben, über die sie wesentlich betreffenden Angelegenheiten

---

326 Dreher/Tröndle § 203 StGB Rn. 2; Sch/Sch/Lenckner § 203 StGB Rn. 5.

327 Engler in RdJB 1988, 23, 31.

328 § 79 LBGBW; Art. 69 BayBG; § 26 LBGBln; § 25 LBGBbg; § 61 BremBG; § 65 HmbBG; § 75 HBG; § 64 LBGMV; § 68 NBG; § 64 LBGNW; § 70 LBGRP; § 75 SBG; § 78 SächsBG; § 61 BGLSA; § 77 LBGSH; § 63 ThürBG.

informiert zu werden.[329] Diese Vorschriften beziehen sich in der Regel jedoch auf den Bildungsfortgang der Kinder. Sie sind nicht im Zusammenhang mit Gesundheitsmaßnahmen getroffen, die jeweils an anderer Stelle der Gesetze geregelt sind. Außerdem muß man beachten, daß die hier vorliegende Information im wesentlichen einen anderen Schüler betrifft. Die entsprechenden Vorschriften sind aber nicht als Eingriffsnormen, sondern lediglich als Anspruchsnormen formuliert. Die beispielhaft aufgeführten Fälle, in denen ein Informationsrecht regelmäßig gegeben ist, wie zum Beispiel bei Noten und Unterrichtsinhalten, zeigen, daß lediglich die eigenen Angelegenheiten gemeint sind. In den Gesetzen ist eine Information über andere Schüler nicht einmal erwähnt.

Weiterhin besteht, wie schon für die Informationspflicht gegenüber der Schule dargestellt,[330] eine erhebliche Gefahr der Diskriminierung des Infizierten. Dies gilt für die Weitergabe der Information an möglicherweise unaufgeklärte Eltern und Schüler im noch stärkeren Maße als bei der Verpflichtung, die Schule zu informieren, da an letztere höhere Anforderungen in Hinblick auf ihre Aufgeklärtheit und Toleranz gestellt werden dürfen. In Anbetracht der hohen Sensibilität der Information reicht daher, wie auch für die Informationspflicht gegenüber der Schule,[331] eine derartig allgemein gefaßte Regelung als Ermächtigungsgrundlage nicht aus.[332] Namentliche Informationen, die einen Grundrechtseingriff bei anderen Schülern beinhalten, sind demnach nicht gestattet.

b) Leistungspflichten aus Grundrechten aufgrund von Schutzpflichten

Die Pflicht zur Information der Gesunden könnte sich aus den Grundrechten selbst ergeben. Bei einer drohenden Infektion sind nicht nur die Grundrechte des Infizierten, sondern auch die der Gesunden zu beachten. Durch eine Ansteckung wären die Schüler bzw. Lehrer in ihrem Recht auf körperliche Unversehrtheit (Art. 2 II 1 GG) verletzt. Selbst das Grundrecht auf Leben (Art. 2 II 1 GG) ist tangiert, da eine Ansteckung mit Aids heute noch in den überwiegenden Fällen zum Tode führt. Angesichts der Bedrohung dieser wichtigen Grundrechte könnte der Staat verpflichtet sein, zum Schutz der Gesunden den Namen eines Infizierten bekanntzugeben.

---

329 Art. 56 II Nr. 3 BayEUG; § 27 SchulVerfGBln; § 46 BbgSchulG; § 32 SchulGHmb; § 55 SchulGMV; § 2 III ASchONRW; § 3 SchulORP; § 3 SchulOTh.

330 siehe oben S. 59.

331 siehe oben S. 57 f.

332 VG Gelsenkirchen in Simitis/Dammann/Mallmann/Reh E 1 zu § 16 BDSG (1990).

(1) Dogmatische Begründung einer staatlichen Schutzpflicht

Grundsätzlich stellen Grundrechte Abwehrrechte gegenüber Eingriffen des Staates dar.[333] Bei einer Ansteckung mit Aids droht die Verletzung des Grundrechts aber nicht durch den Staat, sondern durch einen Dritten, nämlich durch einen Mitschüler oder Lehrer. Heute ist jedoch allgemein anerkannt, daß bei Eingriffen Dritter in die Grundrechte unter Umständen eine staatliche Schutzpflicht besteht, die den Staat verpflichten kann, solche Eingriffe zu unterbinden.[334] Umstritten ist jedoch, woraus diese Schutzverpflichtung abzuleiten ist.

Teilweise wird angenommen, daß die Schutzverpflichtung Teil des grundrechtlichen Abwehrrechts sei. Der funktionierende Staat bedürfe einer Friedensordnung, nach der der einzelne Bürger regelmäßig nicht berechtigt sei, gegen Störungen Dritter Selbstverteidigung zu üben. Vielmehr müsse der Bürger diese Beeinträchtigungen grundsätzlich dulden. Nur der Staat als Inhaber des Gewaltmonopols sei zur Unterbindung der Handlungen des Dritten befugt. Diese Ordnung werde aber nur dann akzeptiert und befolgt, wenn der Staat seinerseits dem Bürger nicht schutzlos den Angriffen Dritter aussetzen dürfe, sondern selbst verpflichtet sei, sich schützend vor die Rechte des Bürgers zu stellen. Soweit der Staat dieser Handlungsverpflichtung nicht nachkomme, verletze er auf diese Weise das Grundrecht, so daß letztendlich ein Eingriff des Staates durch Unterlassen vorliege.[335] Dabei wird aber übersehen, daß es dem Betroffenen in erster Linie um die Abwehr der Störungen des Dritten geht. Die Forderung nach staatlichen Gegenmaßnahmen ist hierfür nur Mittel zum Zweck. Diese können aber nur dann begehrt werden, wenn überhaupt eine Schutzpflicht des Staates besteht. Die Gleichsetzung von unterlassendem schützendem Tätigwerden und aktivem Eingriff des Staates setzt demnach eine staatliche Verpflichtung zum aktiven Schutz bereits voraus, kann sie aber nicht erklären.[336]

---

333 BVerfGE 7, 198, 204f; BVerwG in NJW 1985, 339; Costard S. 41; v. Münch/Kunig/I. v. Münch Vorb. Art. 1 - 19 GG Rn. 16.

334 BVerfG in AIFO 1987, 521, 522; BVerfGE 56, 54, 73; BVerfGE 53, 30, 57; BVerfGE 49, 89, 142; BVerfGE 46, 160, 164; BVerfGE 39, 1, 41; BVerwGE 61, 15, 19; Badura Teil C Rn. 22; Gallwas in AIFO 1986, 31, 32; Hermes S. 280; Isensee S. 33; Klein in DVBl 1994, 489, 490; Klein in NJW 1989, 1633, 1636; v. Münch/Kunig/I. v. Münch Vorb. Art. 1-19 GG Rn. 22; Murswiek S. 101; Pieroth/Schlink Rn. 88; Preu in JZ 1991, 265; Schmidt-Bleibtreu/Klein Art. 2 GG Rn. 20 b; Stern III/1 § 69 IV 1); Wahl/Masing in JZ 1990, 553, 558.

335 Murswiek S. 107; vgl. auch den Überblick bei Hermes S. 79 ff.

336 Hermes S. 96 f.; Klein in NJW 1989, 1633, 1639; Stern III/1 § 69 IV 5) b) β).

Durch die Unterlassung wird der Staat somit auch nicht zum Eingreifenden, gegen den ein Abwehrrecht zur Verfügung steht.[337] Außerdem sind staatliche Schutzpflicht und Abwehrrecht schon begrifflich zwei verschiedene Dinge. Die Schutzpflicht verlangt in den meisten Fällen ein aktives Einschreiten gegen den Dritten, wohingegen zur Erfüllung des Abwehranspruchs in der Regel ein einfaches Unterlassen des Staates genügt, um den Angriff abzuwenden.[338] Die Schutzverpflichtung ist demzufolge nicht Teil des grundrechtlichen Abwehrrechts.

Weiterhin werden die Schutzpflichten aus Leistungs- und Teilhaberechten hergeleitet, welche die Grundrechte möglicherweise begründen.[339] Diese Ansicht verkennt aber, daß Leistungs- und Teilhaberechte nur gegen den Staat gerichtet sein können. Die für die Schutzverpflichtung typische Dreiecksbeziehung von Schädiger, Opfer und Staat kennen sie nicht.[340] Im übrigen liegen diesen Rechten und den grundrechtlichen Schutzpflichten auch verschiedene Interessenlagen zugrunde. Die Leistungs- und Teilhaberechte verpflichten den Staat, Möglichkeiten zur Grundrechtsausübung zu schaffen. Sie beziehen sich daher auf die wirtschaftlichen Möglichkeiten des Staates und werden auch zwangsläufig durch diese begrenzt.[341] Die Schutzpflichten hingegen sind auf die Sicherung des bereits vorhandenen Rechtsbestands und den Schutz vor Rechtsverletzungen gerichtet. Sie korrespondieren insoweit also mehr mit den traditionellen Abwehrrechten.[342]

Das Bundesverfassungsgericht ging in seinem Urteil zur Fristenlösung aus dem Jahr 1975 erstmals von der Existenz grundrechtlicher Schutzpflichten aus. Es begründete seine Entscheidung mit der objektiven Werteordnung, die die Grundrechte verkörpern, und wies darüber hinaus auf Art. 1 I 2 GG hin, der es gebiete das Leben umfassend auch gegenüber Eingriffen Dritter zu schützen.[343] In späteren Entscheidungen wertete das Gericht die Schutzpflichten verstärkt als Ausfluß einer allgemeinen Werteordnung, was zunehmend zu einer Verselbständigung des Schutzauftrags führte. Schließlich wurde der Geltungsbereich

337 Hermes S. 97; Klein in NJW 1989, 1633, 1639; Stern III/1 § 69 IV 5) b).

338 Hermes S. 97.

339 Kloepfer S. 28 ff.; Scholz in JuS 1976, 232, 234; Seewald „Gesundheit als Grundrecht" S. 61.

340 Hermes S. 119; Stern III/1 § 69 IV 5) b) γ).

341 Hermes S. 118; Klein in NJW 1989, 1633, 1639.

342 Klein in NJW 1989, 1633, 1639.

343 BVerfGE 39, 1, 41.

der staatlichen Schutzpflichten auf alle Schutzgüter des Art. 2 II GG ausgedehnt.[344] Diesem Ansatz haben sich weite Teile der Literatur mit Recht angeschlossen.[345] Die staatliche Friedensordnung beruht auf dem Gewaltmonopol des Staates, das diesen verpflichtet, die höchsten Rechtsgüter dieser Ordnung, die in den Grundrechten zum Ausdruck kommen, aufrechtzuerhalten.[346] Eine derartige Pflicht folgt bereits unmittelbar aus Art. 1 III GG, der die grundrechtlichen Rechtsgüter für den Staat verbindlich macht. Diese Bindung wäre unvollständig, wenn der Staat lediglich auf das Unterlassen eigener Eingriffe beschränkt wäre und sich nicht auch als Bewahrer der Friedensordnung und Inhaber des Gewaltmonopols schützend vor diese Rechte stellen müßte.[347] Ohnehin kann der Staat nur dann funktionieren, wenn die von ihm aufgestellten Regeln akzeptiert und befolgt werden. Dies wird aber nur dann der Fall sein, wenn die Interessen des einzelnen auch vor Eingriffen Dritter in ausreichendem Maß geschützt werden.[348] Aufgrund der durch die Grundrechte festgelegten Werteordnung darf der Staat aber nicht dort halt machen, wo Selbstjustiz droht. Vielmehr muß er diese Ordnung umfassend gegenüber jedem, der Inhaber dieser Rechte sein kann, verteidigen.[349] Würde man in den Schutzpflichten lediglich eine Kompensation der verbotenen Selbstverteidigung erblicken, käme man zu dem eigenartigen Ergebnis, daß nur dem Starken, nämlich demjenigen, der auch erfolgreich Selbsthilfe ausüben könnte, die Schutzverpflichtung des Staates zur Seite stünde.[350] Der Schwache wäre von vornherein schutzlos. Dieser Grundsatz wird auch in der Entscheidung des Bundesverfassungsgerichts zur Fristenlösung deutlich.[351] Die Schutzpflicht wurde dort zugunsten des noch nicht geborenen Lebens angenommen, das sich offensichtlich von allen Individuen am wenigsten selbst verteidigen könnte.

In diesem Zusammenhang ist außerdem zu erwähnen, daß speziell der Schutz des Art. 2 II GG ohne die Verpflichtung des Staates, diese Rechtsgüter auch

---

344 BVerfGE 46, 160, 164 (Schleyer-Beschluß); BVerfGE 49, 89, 142 (Kalkar-Beschluß); BVerfGE 53, 30, 57; BVerfGE 56, 54, 73 (Fluglärmentscheidung).

345 Costard S. 42; Jarass in AöR Bd. 110, 363, 379; Klein in DVBl 1994, 489, 493; Klein in NJW 1989, 1633, 1636; Stern III/1 § 69 IV 5 a; Wahl/Masing in JZ 1990, 553, 556 f.

346 Klein in NJW 1989, 1633, 1636; Stern III/1 § 69 IV 5) a).

347 Isensee S. 36; Klein in DVBl 1994, 489, 493; Stern III/1 IV 5) c).

348 Isensee in HStR V § 111 Rn. 83; Stern III/1 § 69 IV 5) a); vgl. auch BVerfGE 49, 24, 56 f.

349 Klein in NJW 1989, 1633, 1636.

350 Klein in NJW 1989, 1633, 1636; Robbers S. 127; Stern III/1 § 67 V 2) a) α).

351 BVerfGE 39, 1ff.

gegen nichtstaatliche Eingriffe zu verteidigen, unvollkommen wäre. Verletzungen der Grundrechte auf Leben und Gesundheit erfolgen typischerweise eher von außen als durch den Staat.[352] Dabei steht dem Störer bei gegen ihn gerichteten Maßnahmen des Staates der volle Grundrechtsschutz zu, d. h. der Eingriff ist an den verfassungsrechtlichen Grundrechtsvorbehalten zu messen. Verneinte man den grundrechtlichen Schutzauftrag des Staates, führte dies dazu, daß dem vermeintlich Schwächeren, nämlich dem in seinen Grundrechten gestörten, dieser grundrechtliche Schutz versagt bliebe.[353]

(2) Schutz bei Gefährdung

Solange eine Ansteckung noch nicht erfolgt ist, liegt lediglich eine Gefährdung des Grundrechts auf Gesundheit vor. Der Staat wäre aber nur dann zum Eingreifen verpflichtet, wenn schon die Gefährdung des Grundrechts die Schutzverpflichtung auslöste. Ginge man davon aus, daß für eine Leistungsverpflichtung des Staates immer schon eine Verletzung des Grundrechts vorliegen müßte, käme man zu dem seltsamen Ergebnis, daß auch irreparable Eingriffe hingenommen werden müßten. Die Schutzverpflichtung liefe in diesen Fällen ins Leere. Aus diesem Grund kann der Staat bei drohenden irreparablen Schäden seiner Schutzverpflichtung nur dann nachkommen, wenn er bereits bei einer Gefährdung Maßnahmen zum Schutz des Gestörten treffen muß.[354] Insoweit hat auch das Bundesverfassungsgericht entschieden, daß „Grundrechtsgefährdungen zwar noch im Vorfeld verfassungsrechtlich relevanter Grundrechtsbeeinträchtigungen liegen“, sie jedoch unter besonderen Voraussetzungen Grundrechtsverletzungen gleichzuachten seien.[355]

Eine andere Frage ist jedoch, wo die Gefahrenschwelle anzusetzen ist, an der der Staat zum Eingreifen verpflichtet ist. Es liegt auf der Hand, daß nicht jede noch so fernliegende Möglichkeit eines Schadens den Staat zu Maßnahmen verpflichten kann. Ein allumfassender Schutz ist in einer modernen, technisierten Gesellschaft überhaupt nicht denkbar. Ausgangspunkt ist dabei der allgemeine Gefahrenbegriff, wie er für das Polizei- und Ordnungsrecht entwickelt

---

352 Hermes S. 191.

353 Hermes S. 205; Isensee in HStR V § 111 Rn. 85.

354 Costard S. 39; Gallwas in AIFO 1986, 31, 32; Isensee S. 37 f.; Pieroth/Schlink Rn. 92.

355 BVerfG in NJW 1997, 2509; BVerfGE 51, 324, 346; vgl. auch BVerfGE 49, 89, 141.

und inzwischen auch in das Verfassungsrecht übernommen wurde.[356] Demnach nehmen die Anforderungen, die an die Wahrscheinlichkeit eines Schadenseintritts zu stellen sind, mit Wichtigkeit des bedrohten Rechtsguts und Größe des zu erwartenden Schadens ab.[357] Ein sogenanntes Restrisiko ist aber auch bei wichtigsten Rechtsgütern hinzunehmen.[358]

Im vorliegenden Fall besteht die Gefahr einer Ansteckung mit Aids. Diese Erkrankung führt nach dem heutigen Kenntnisstand mit großer Wahrscheinlichkeit zum Tod. Bereits das Virus im Körper führt zu einer Beeinträchtigung der körperlichen Unversehrtheit, da der Körper Antikörper bildet und der Infizierte von diesem Augenblick an ansteckend ist und somit sein Leben auf die Krankheit einstellen muß. Demnach ist bei einer Ansteckung mit Aids das Grundrecht auf körperliche Unversehrtheit betroffen. Da Aids immer noch unheilbar ist, wäre dieser Schaden auch irreparabel. Beim Auftreten einer HIV-Infektion in der Schule kann eine Ansteckung auch nicht vollkommen ausgeschlossen werden.[359] Dementsprechend ist die Schule aus ihrer Schutzpflicht heraus grundsätzlich verpflichtet, die Schüler vor Ansteckung zu bewahren. Welche Maßnahmen jeweils zu treffen sind, ist jedoch eine Frage des Einzelfalls.

(3) Eingriffe in Grundrechte des Infizierten durch Ausübung der Schutzpflicht

Es stellt sich die Frage, ob die Schutzpflicht den Staat direkt zu Eingriffen gegen den Dritten ermächtigt oder ob es hierzu ausdrücklicher gesetzlicher Grundlagen bedarf. Grundsätzlich liegt die Regelungskompetenz für grundrechtliche Eingriffe beim Gesetzgeber. Dies führt aber dazu, daß der Schutz des Gefährdeten bis zum endgültigen Eingreifen des Gesetzgebers unvollständig wäre.

---

356 BVerfGE 56, 54, 78; BVerfGE 49, 89, 142; Hermes S. 236; Murswiek S. 141; Stern III/1 § 67 V 2) b) γ).

357 BVerfGE 56, 54, 78; BVerfGE 49, 89, 142; BVerwGE 61, 40, 42; Bender in NJW 1987, 2903, 2907; Gallwas in RdJB 1988, 2, 3; Hermes S. 236; Murswiek S. 150; Pieroth/Schlink Rn. 91; Stern III/1 § 67 V 2) b) γ).

358 BVerfGE 49, 89, 143; LG Bonn in NJW 1987, 1495; Pieroth/Schlink Rn. 91; Stern III/1 § 69 IV 6) d).

359 siehe oben S. 19 ff.

Dem Staat stehen regelmäßig verschiedene Maßnahmen zur Verfügung, um die Bürger vor bestehenden Gefahren zu schützen. Die Konkretisierung der Schutzpflichten allein der Verwaltung zu überlassen, würde bedeuten, daß bei Bestehen einer Schutzpflicht alle Grundrechtseingriffe gegen den störenden Dritten auch ohne entsprechendes Gesetz gedeckt wären. Insbesondere wäre die Verwaltung vom Nachweis des Vorliegens bestimmter Tatbestandsvoraussetzungen befreit. Auch Kompetenzen, Verfahren und Form wären in das Belieben der Verwaltung gestellt.[360] Die Verbesserung des Grundrechtsschutzes auf der einen Seite würde auf diese Weise zu einer Verschlechterung dieses Schutzes auf der anderen Seite führen.

In diesem Zusammenhang ist außerdem zu beachten, daß der grundlegende Unterschied zwischen den grundrechtlichen Abwehrrechten einerseits und den Schutzpflichten andererseits darin besteht, daß bei einem verfassungswidrigen Eingriff in ein Abwehrrecht nur eine verfassungsmäßige Maßnahme denkbar ist, um diesen Zustand zu ändern; nämlich die Unterlassung dieses Eingriffs. Genau umgekehrt stellt sich der Fall bei der Schutzverpflichtung dar: Hier steht einem verfassungswidrigen Unterlassen eine Vielzahl von verfassungsmäßigen Maßnahmen gegenüber, die die Schutzpflicht erfüllen würden.[361] Man darf auch nicht übersehen, daß sich im Falle der Schutzpflichten nicht wie beim Abwehrrecht der Staat und der Bürger gegenüberstehen, sondern nur Private, die beide den grundrechtlichen Schutz genießen. Der Ausgleich dieser unterschiedlichen Interessen kann nur durch eine Gesamtabwägung im Wege der praktischen Konkordanz erfolgen. Dies aber ist nach der Wesentlichkeitstheorie des Bundesverfassungsgerichts Aufgabe des Gesetzgebers und nicht der Verwaltung.[362] Aus diesen Gründen muß der Gesetzgeber tätig werden, wenn zur Erfüllung der

---

360 Wahl/Masing in JZ 1990, 553, 555.
361 Wahl/Masing in JZ 1990, 553, 558.
362 Wahl/Masing in JZ 1990, 553, 556 f.

Schutzpflicht Eingriffe in die Grundrechte Dritter vorgenommen werden sollen.[363]

Es bedarf daher zumindest einer gesetzlichen Grundlage, die die Schule berechtigt, die Information über das Auftreten einer HIV-Infektion in der Schule an andere weiterzugeben. Diese Befugnis kann sich unter Berücksichtigung der Schutzpflicht im Einzelfall zu einer Verpflichtung zu bestimmten Maßnahmen steigern.

(4) Ermächtigungsgrundlagen

(a) Befugnis zum Eingriff aufgrund der Datenschutzgesetze

Die Weitergabe der Daten könnte sich in Ländern mit speziellen Regelungen in den Schulgesetzen nach diesen, in den anderen nach den allgemeinen Datenschutzgesetzen richten. Fraglich ist, ob die datenschutzrechtlichen Regelungen überhaupt Anwendung finden. Eine Übermittlung im Sinne der Datenschutzgesetze liegt vor, wenn gespeicherte oder durch Datenverarbeitung gewonnene Daten an Dritte weitergegeben werden.[364] Es stellt sich die Frage, ob im vorliegenden Fall von einer Speicherung ausgegangen werden darf. Eine Speicherung ist gegeben, wenn die Information zum Zwecke der weiteren Verwendung auf

---

363 Badura Teil C Rn. 22; Costard S. 43; Isensee S. 43; Pieroth/Schlink Rn. 91; Scholz in JuS 1976, 232, 234; Stern III/1 § 69 IV 6 c; Wahl/Masing in JZ 1990, 553, 559; aA wohl VGH Kassel in JZ 1990, 88, 89, der für den Fall des Baus gentechnologischer Anlagen aufgrund der Schutzpflicht ein Verbot solcher Anlagen durchsetzen wollte. In Hinblick auf die Wesentlichkeitstheorie bedürfe das Betreiben derartiger Anlagen einer Genehmigung, deren Ausgestaltung dem Gesetzgeber obliege. Dies führt dazu, daß zwar der Eingriff beim gestörten Bürger nur aufgrund eines noch zu erlassenden Gesetzes, der Eingriff beim Unternehmer jedoch schon ohne Gesetz durch das durch das Gericht ausgesprochene Verbot erlaubt sein soll (kritisch hierzu auch Rose in DVBl 1990, 279 ff.; Rupp in JZ 1990, 91 f.; Wahl/Masing in JZ 1990, 553 ff., Fn. 2 mwN.).

364 § 3 II Nr. 4 LDSGBW; Art. 4 VII Nr. 3 BayDSG; § 4 II Nr. 4 BlnDSG; § 3 II Nr. 4 BbgDSG; § 2 II Nr. 4 BremDSG; § 4 II Nr. 4 HmbDSG; § 2 II Nr. 3 HDSG; § 3 VII Nr. 2 DSGMV; § 3 II Nr. 4 NDSG; § 3 II Nr. 4 DSGNW; § 3 II Nr. 4 DSGRP; § 3 II Nr. 4 SDSG; § 3 II Nr. 5 SächsDSG; § 2 V Nr. 3 DSGLSA; § 2 II Nr. 4 LDSGSH; § 3 III Nr. 3 ThürDSG.

einem Datenträger festgehalten wird.[365] Die früheren Datenschutzgesetze bezogen sich nur auf die Datenverarbeitung in automatisierten Dateien. Mittlerweile ist ihre Anwendung zumindest für den öffentlichen Bereich auf alle Formen des Festhaltens, Aufbewahrens oder Aufnehmens personenbezogener Daten ausgedehnt worden. Dementsprechend stellt auch ein Aktenvermerk eine Speicherung im Sinne der Datenschutzgesetze dar.[366]

Zu überlegen ist, ob die Schule, wenn sie eine Übermittlung oder sonstige Nutzung der Information beabsichtigt, diese in Akten festhalten muß. Behörden bestehen unabhängig vom Wechsel ihrer jeweiligen Amtswalter. Die Pflicht zur gesetzmäßigen Aufgabenerfüllung und die Funktionsfähigkeit der Verwaltung erfordern daher eine vollständige Dokumentation der wesentlichen Abläufe, damit Vertreter und Nachfolger des ursprünglich zuständigen Amtswalters über denselben Kenntnisstand verfügen wie dieser.[367] Im übrigen dient die Speicherung auch dem Schutz des Betroffenen. Nur wenn die datenverarbeitende Stelle die einzelnen Verwendungen schriftlich festhält, kann der Betroffene im nachhinein erkennen, wer über welche personenbezogenen Daten von ihm informiert ist und wie der Staat diese Daten nutzt. Ihm steht insoweit z. B. nach § 29 VwVfG und nach den Datenschutzgesetzen ein Recht auf Akteneinsicht zu, das unterlaufen wäre, wenn der Staat trotz beabsichtigter Nutzung keine Speicherung vornähme.[368] Darüber hinaus ergibt sich die Pflicht zur Aktenführung auch aus der Rechtsschutzgarantie nach Art. 19 IV GG, da der Betroffene ohne eine entsprechende Dokumentation unbefugte Verwendungen kaum mehr nachweisen könnte.[369] Weiterhin wäre die Tätigkeit der Behörde entgegen rechtsstaatlicher Grundsätze auch der aufsichtsrechtlichen Kontrolle höhergestellter Behörden weitestgehend entzogen.[370] Demnach muß die Schule die

---

365 § 3 II Nr. 2 LDSGBW; Art. 4 XII Nr. 1 BayDSG; § 4 Nr. 2 BlnDSG; § 3 II Nr. 2 BbgDSG; § 2 II Nr. 2 BremDSG; § 4 II Nr. 2 HmbDSG; § 2 II Nr. 2 HDSG; § 3 VII Nr. 1 DSGMV; § 3 II Nr. 2 NDSG; § 3 II Nr. 2 DSGNW; § 3 II Nr. 2 LDSGRP; § 3 II Nr. 2 SDSG; § 3 II Nr. 2 SächsDSG; § 3 V Nr. 1 DSGLSA; § 2 II Nr. 2 LDSGSH; § 3 III Nr. 1 ThürDSG.

366 Klebe in Däubler/Klebe/Wedde § 3 BDSG Rn. 15.

367 BVerfG in NJW 1983, 2135.

368 BVerwG in NVwZ 1988, 621, 622; Badura in Erichsen AllgVerwR. § 34 Rn. 4; Clausen in Knack § 29 VwVfG Rn. 3; Kopp Vorbem. § 9 VwVfG Rn. 38; Stelkens/Schmitz in Stelkens/Bonk/Sachs § 9 VwVfG Rn. 53.

369 Kopp Vorbem. § 9 VwVfG Rn. 38.

370 BVerwG in NVwZ 1988, 621, 622; Stelkens/Schmitz in Stelkens/Bonk/Sachs § 9 VwVfG Rn. 53.

Daten eines Schülers, falls sie diese verwenden möchte, auch speichern. Die Datenschutzgesetze sind folglich anwendbar.

In diesem Zusammenhang ist zu beachten, daß die Speicherung - wie auch die Erhebung - nur erfolgen darf, wenn der Betroffene bzw. seine Eltern eingewilligt haben oder die Information zur Aufgabenerfüllung der Schule erforderlich ist.[371] Dies ist bei HIV und Aids nur dann gegeben, wenn ein Kind so aggressiv ist, daß gerade auch in Hinblick auf seine Infektion weitere Maßnahmen erforderlich sind.[372]

(i) Länder mit speziellen schulrechtlichen Datenschutzregelungen[373]

Die meisten Länder haben in ihren schulrechtlichen Datenschutzregelungen die Voraussetzungen einer Übermittlung an Dritte normiert.

α) Berlin, Brandenburg, Hessen, Mecklenburg-Vorpommern und Schleswig-Holstein

In Berlin, Brandenburg, Hessen, Mecklenburg-Vorpommern und Schleswig-Holstein ist ausdrücklich festgelegt, daß eine Übermittlung nur bei Einwilligung des Betroffenen erfolgen darf.[374] Demzufolge dürfen die Gesunden in diesen Ländern nicht gegen den Willen der Infizierten bzw. deren Eltern über das Auftreten einer HIV-Infektion informiert werden.

---

371 Die speziellen datenschutzrechtlichen Regelungen des Schulrechts bzw. für Baden-Württemberg und Sachsen die allgemeinen Datenschutzgesetze erlauben die Datenverarbeitung, zu der auch das Speichern zählt, wenn eine Einwilligung vorliegt oder die Datenverarbeitung zur Aufgabenerfüllung erforderlich ist. Inwieweit die Verarbeitung und damit auch die Speicherung von Gesundheitsdaten in einigen Ländern nur bei Vorliegen einer entsprechenden Einwilligung erfolgen darf, soll nicht hier, sondern bei den weitergehenden Verarbeitungstatbeständen der Übermittlung und Nutzung geklärt werden.

372 siehe oben S. 96.

373 Es handelt sich dabei um Bayern, Berlin, Brandenburg, Bremen, Hamburg, Hessen, Mecklenburg-Vorpommern, Niedersachsen, Nordrhein-Westfalen, Rheinland-Pfalz, Saarland, Schleswig-Holstein, Sachsen-Anhalt und Thüringen.

374 siehe § 5 a III SchulGBln; § 65 VI 2 BbgSchulG; § 1 III HVO über die Verarbeitung personenbezogener Daten in Schulen (ausdrücklich für Gesundheitsdaten); § 70 II SchulGMV; § 50 III 2 SchulGSH.

In Berlin ist darüber hinaus in § 5 a III SchulGBln vorgesehen, daß eine Übermittlung auch gegen den Willen des Betroffenen zulässig ist, wenn der Empfänger die Daten für die Durchsetzung zivilrechtlicher Ansprüche benötigt. Im Zusammenhang mit HIV und Aids kann unter Umständen ein zivilrechtlicher Haftungsanspruch entstehen, wenn ein Kind eine andere Person über Bisse, Kratzer o. ä. ansteckt.[375] In diesem Fall darf die Schule daher nach § 5 a III SchulGBln den Namen des infizierten Kindes preisgeben, um so eine rechtliche Verfolgung zu ermöglichen.

β) Bremen

In Bremen darf gemäß § 4 II Bremisches Gesetz zum Datenschutz im Schulwesen eine Übermittlung auch ohne Einwilligung des Betroffenen oder dessen Eltern erfolgen, wenn dies im Interesse des betroffenen Schülers geschieht. Die Datenübermittlung von HIV und Aids liegt aber, wenn überhaupt, nur im Interesse der anderen Schüler. Demnach ist eine Datenübermittlung in Bremen ebenfalls nicht möglich.

χ) Nordrhein-Westfalen und das Saarland

In Nordrhein-Westfalen und dem Saarland ist festgelegt, daß eine Übermittlung an Dritte erfolgen darf, wenn ein rechtlicher Anspruch besteht bzw. ein rechtliches Interesse glaubhaft gemacht und schutzwürdige Belange des Betroffenen nicht verletzt werden.[376] Unabhängig davon, ob ein solcher Anspruch bzw. ein solches Interesse überhaupt vorliegen, scheitert die Datenübermittlung in diesen Ländern aber an den speziellen Vorschriften, die die Verarbeitung von Gesundheitsdaten regeln.

In Nordrhein-Westfalen dürfen diejenigen Daten verarbeitet werden, die für die Aufgabenerfüllung der Schule erforderlich sind. Nach der Definition der Datenschutzgesetze des Bundes und der Länder zählen zur Datenverarbeitung neben dem Speichern, Verändern, Löschen und Sperren auch das Übermitteln von

---

375 siehe S. 46 ff.

376 siehe Art. 85 II BayEUG; § 19 V SchulVGNW; § 54 a II SchulGRP; § 20 b II SchulOGS.

personenbezogenen Daten an Dritte.[377] Für die notwendigen Daten besteht nach § 19 II SchulVerwGNW eine Auskunftspflicht. Welche Daten dies im einzelnen sind, ist in einem abschließenden Datenkatalog festgelegt. Gesundheitsdaten zählen nur dazu, soweit sie zu Unterrichtszwecken erforderlich sind.[378] Demnach darf eine Information von Schülern oder Eltern über die HIV-Infektion einer Person nur erfolgen, wenn sie Unterrichtszwecken dient. Im Zusammenhang mit Aids ist aber keine Fallkonstellation denkbar, in der das Wissen um diese Krankheit im Unterricht Bedeutung erlangt. Gefährliche Kontakte können vielmehr nur außerhalb des Unterrichts wie zum Beispiel in der Pause auftreten. Demzufolge darf eine Information Dritter in Nordrhein-Westfalen nicht ohne Einwilligung des Betroffenen erfolgen.

Im Saarland darf die Schule Gesundheitsdaten verarbeiten, wenn diese von den Eltern freiwillig mitgeteilt werden.[379] Freiwilligkeit wird in der Regel nur dann zu erreichen sein, wenn die Schule die Daten vertraulich behandelt, sie also insbesondere nicht ohne Einwilligung des Betroffenen bzw. dessen Eltern an Dritte weitergibt. Soweit der Infizierte bzw. seine Eltern befürchten müssen, daß andere Schüler von der Infektion erfahren, werden sie aus Angst vor Diskriminierung und Isolation die Schule gar nicht erst informieren. Im Interesse einer vertraulichen Zusammenarbeit und eines möglichst umfassenden Schutzes, nicht nur für die Gesunden, sondern auch für den Infizierten, der vor Zusatzinfektionen zu bewahren ist, muß daher die freiwillige Mitteilung im Sinne einer Einwilligung auch in die weitere Datenverarbeitung interpretiert werden. Dies entspricht auch den in den allgemeinen Datenschutzgesetzen getroffenen Regelungen, nach denen die datenverarbeitende Stelle Informationen, die mit Einwilligung des Betroffenen erhoben werden, nur weiterverarbeiten darf, wenn dies

---

377 vgl. § 3 V BDSG; § 3 II LDSGBW; Art. 4 VI BayDSG; § 4 II BlnDSG; § 3 II BbgDSG; § 2 II BrDSG; § 4 II HmbDSG; § 2 II HDSG; § 3 VII DSGMV; § 3 II NDSG; § 3 II DSGNW; § 3 II LDSGRP; § 3 II SDSG; § 3 II SächsDSG; § 2 V DSGLSA; § 2 II LDSGSH; § 3 III ThürDSG.

378 „Verordnung über die zur Verarbeitung zugelassenen Daten von Schülerinnen, Schülern und Erziehungsberechtigten" vom 24.3.1995 (GVBl. NW. S. 356).

379 „Verordnung über die Erhebung, Verarbeitung und sonstige Nutzung personenbezogener Daten in den Schulen" vom 3. 11. 1986 (ABl. S. 990).

dem Betroffenen vor Abgabe seines Einverständnisses mitgeteilt wird.[380] Demnach ist eine Übermittlung auch im Saarland nicht erlaubt.

δ) Bayern, Hamburg, Rheinland-Pfalz und Thüringen

In Bayern, Hamburg, Rheinland-Pfalz und Thüringen darf die Schule Daten an nicht-öffentliche Stellen übermitteln, wenn ein rechtliches Interesse nachgewiesen und schutzwürdige Belange des Betroffenen nicht beeinträchtigt werden.[381] Der Begriff des rechtlichen Interesses ist gegenüber dem des berechtigten Interesses, wie er in einigen Landesdatenschutzgesetzen enthalten ist,[382] wesentlich enger. Das rechtliche Interesse setzt eine bereits vorhandene, durch die Rechtsordnung definierte Beziehung zwischen den Beteiligten voraus.[383] Dabei sind im Rahmen des Schulrechts zwei Ebenen vorstellbar: der Empfänger der Daten kann sowohl mit dem Betroffenen selbst, als auch mit der Schule rechtlich verbunden sein.

Rechtliche Interessen im Verhältnis Empfänger - Schule finden ihre Grundlage im öffentlich-rechtlichen Schulverhältnis, aus dem sich alle Rechte und Pflichten der Schüler, Eltern und der Schule selbst ergeben.[384] Es stellt sich die Frage, ob diese Beziehungen ein rechtliches Interesse im Sinne der hier vorliegenden Regelungen begründen.

In Bayern ist nach Art. 85 BayEUG eine Erhebung von Daten zulässig, wenn sie zur Aufgabenerfüllung der Schule erforderlich ist. Eine Übermittlung an außerschulische Stellen ist hingegen ausdrücklich untersagt; es sei denn, die

---

380 Die Datenschutzgesetze erlauben die Datenverarbeitung, soweit der Betroffene eingewilligt hat, wobei die Einwilligung nur dann wirksam sein soll, wenn der Betroffene auch über die weitere Verarbeitung, insbesondere auch über mögliche Übermittlungsvorgänge aufgeklärt worden ist, vgl. § 4 II LDSGBW; Art. 15 II BayDSG; § 6 II BlnDSG; § 4 II BbgDSG; § 3 II BremDSG; § 7 II HDSG; § 7 DSGMV; § 4 II NDSG; § 4 DSGNW; § 4 SDSG; § 4 II SächsDSG; § 4 II DSGLSA; § 5 III LDSGSH; § 4 II ThürDSG.

381 § 85 II BayEUG; § 98 III SchulGHmb; § 54 a II SchulGRP; § 57 IV ThürSchulG.

382 siehe § 16 I Nr. 2 BDSG; § 15 I Nr. 2 LDSGBW; Art. 19 I Nr. 2 BayDSG; § 16 I HDSG; § 13 I DSGMV; § 15 I Nr. 2 SächsDSG; § 12 I Nr. 2 DSGLSA; § 22 I Nr. 2 ThürDSG.

383 Becker Art. 62 BayEUG Anm. 3; Beilecke § 15 LDSG Rn. 7; Dammann in Simitis/Dammann/Geiger/Mallmann/Walz § 16 BDSG Rn. 17.

384 Heckel/Avenarius S. 295; Püttner in Achterberg/Püttner Kapitel 3 Rn. 285 f.; vgl. auch Erklärung der KMK vom 25. Mai 1973, abgedruckt in Niehues S. 364, 367.

nicht-öffentliche Stelle kann ein rechtliches Interesse nachweisen. Dem Wortlaut der Vorschrift ist zu entnehmen, daß an die Weitergabe persönlicher Daten strengere Maßstäbe zu setzen sind als an deren Erhebung. Eine derartige Auslegung ist auch aus verfassungsmäßigen Gründen erforderlich. Die Weitergabe von Daten an nicht-öffentliche Stellen wirkt sich besonders intensiv auf die Grundrechtssphäre des Betroffenen aus. Da die Information auf diese Weise faktisch in die Öffentlichkeit gelangt, hat der Betroffene keinen Einfluß mehr auf die weitere Verwendung der Daten. Das Recht auf informationelle Selbstbestimmung ist also im besonderen Maße tangiert. Eine Übermittlung an nicht-öffentliche Stellen muß daher die Ausnahme bleiben.

Nicht nur die rechtlichen Interessen der Schüler und Eltern, sondern auch die Aufgaben der Schule ergeben sich aus dem Schulverhältnis. Die Schule erfüllt ihre Aufgaben im Interesse der Schüler und Eltern. Dies bedeutet, daß, sobald eine Weitergabe von Daten zur Aufgabenerfüllung der Schule erforderlich ist, gleichzeitig auch immer ein durch das Schulverhältnis begründetes rechtliches Interesse des Empfängers an dieser Information besteht. Die beiden Voraussetzungen sind also im Verhältnis Empfänger - Schule deckungsgleich. Demnach wären bei Berücksichtigung des Schulverhältnisses als Grundlage rechtlicher Interessen Datenerhebung und -übermittlung unter denselben Voraussetzungen möglich. Durch Einbeziehung rechtlicher Interessen zwischen Empfänger und Betroffenen würde dies sogar eine Erweiterung der Kompetenzen bedeuten. Ein solches Ergebnis widerspricht aber Art. 85 BayEUG, der für die Übermittlung von Daten gerade einen Ausnahmetatbestand schaffen wollte. Das Schulverhältnis darf daher nicht als Grundlage eines rechtlichen Interesses herangezogen werden. Demzufolge kann ein solches Interesse seinen Ursprung nur in Beziehungen zwischen dem Empfänger der Daten und dem Betroffenen selbst haben.[385] Eine Übermittlung ist in diesem Fall gerechtfertigt, da bereits rechtliche Beziehungen zwischen den Personen bestehen, aufgrund derer der Empfänger der Daten gerade gegenüber dem Betroffenen ein Recht auf die Information erlangt hat.

In Hamburg, Rheinland-Pfalz und Thüringen ist festgelegt, daß die Datenverarbeitung erfolgen darf, wenn sie zur Aufgabenerfüllung der Schule erforderlich ist. Nach § 98 III SchulGHmb, § 54 a II SchulGRP und § 57 III ThürSchulG ist eine Übermittlung der Daten hingegen nur zulässig, wenn der Betroffene einwilligt oder ein rechtliches Interesse des Empfängers gegeben ist. Auch hier

385 Becker Art. 62 BayEUG Anm. 3; Beilecke § 15 LDSG Rn. 7.

zeigt der Wortlaut, daß eine Weitergabe der Daten nur unter strengeren Voraussetzungen als andere Verarbeitungsformen erfolgen darf. Aus diesem Grund sind auch hier nur rechtliche Interessen im Verhältnis zwischen Empfänger und Betroffenen zu berücksichtigen.

Für dieses Ergebnis spricht auch, daß die meisten Datenschutzgesetze eine Weitergabe von Informationen dann zulassen, wenn entweder die Übermittlung zur Aufgabenerfüllung erforderlich ist oder ein berechtigtes bzw. rechtliches Interesse des Empfängers vorliegt.[386] Dort wird also ausdrücklich zwischen beiden Tatbeständen unterschieden. Dies bedeutet, daß ein rechtliches Interesse die durch die Aufgaben des Staates begründeten Rechtsbeziehungen gerade nicht umfaßt, da andernfalls eine ausdrückliche Normierung nicht notwendig wäre.

Demnach können rechtliche Interessen im Sinne dieser Vorschriften nur im Verhältnis der gesunden Schüler und deren Eltern einerseits sowie dem infizierten Kind und dessen Eltern andererseits bestehen. Diese könnten sich in erster Linie aus dem zivilrechtlichen Deliktsrecht ergeben. Wie aber bereits oben herausgearbeitet, besteht zwar unter Umständen eine zivilrechtliche Haftung im Falle der Ansteckung; diese führt aber nicht zu einem Anspruch der Gesunden auf vorbeugende Information.[387] Die dort entwickelten Ergebnisse können durch Einschaltung der Schule nicht in ihr Gegenteil verkehrt werden, mit der Folge, daß die Schule auch in Bayern, Hamburg, Rheinland-Pfalz und Thüringen gesunde Schüler oder deren Eltern nicht über die HIV-Infektion eines Kindes unterrichten darf.

Eine Ausnahme könnte jedoch gelten, wenn bereits eine Ansteckung im schulischen oder außerschulischen Bereich erfolgt ist und die Eltern den Verdacht haben, daß die Infektion durch Bisse, Kratzer o. ä. eines Schüler übertragen wurde. In diesem Fall hat das angesteckte Kind einen zivilrechtlichen Haftungsanspruch gegen das infizierte Kind und kann diesen auch geltend machen. Dieses rechtliche Interesse muß die Schule beachten und kann in diesem Fall auch den Namen des Infizierten preisgeben. Hierdurch werden auch keine schutzwürdigen Belange des Infizierten verletzt, da das andere Kind ebenfalls infiziert und

386 § 16 I Nr. 1 und 2 BDSG; § 12 I Nr. 1 und 2 LDSGBW; Art. 19 I Nr. 1 und 2 BayDSG; § 16 I a und c BbgDSG; § 17 I Nr. 1 und 3 BremDSG; § 16 I HmbDSG; §§ 11, 16 HDSG; §§ 10, 13 DSGMV; § 13 I Nr. 1 und 2 NDSG; § 16 I a und c DSGNW; § 16 I Nr. 1 und 3 LDSGRP; § 16 I a und c SDSG; § 15 I Nr. 1 und 2 SächsDSG; § 15 I Nr. 1 und 2 LDSGSH; § 22 ThürDSG.

387 siehe oben S. 46 ff.

es daher mit denselben Problemen konfrontiert ist wie das infizierte Kind und seine Familie. Die Gefahr einer Diskriminierung ist demnach gering.

ε) Niedersachsen und Sachsen-Anhalt

In Niedersachsen und Sachsen-Anhalt ist die Datenverarbeitung, zu der auch die Übermittlung der Daten zählt, erlaubt, soweit dies zur Aufgabenerfüllung der Schule notwendig ist. Gleichzeitig sehen diese Länder auch die Verarbeitung von Gesundheitsdaten vor, ohne daß dabei die Voraussetzungen für einzelne Verarbeitungsformen näher beschrieben oder bestimmte Krankheiten festgelegt werden.[388] Es stellt sich die Frage, ob eine Auskunft gegenüber anderen Schülern oder Eltern auf derart allgemein gehaltene Normen gestützt werden kann. Welche Anforderungen an die Regelungsdichte zu stellen sind, richtet sich nach der hier vertretenen Wesentlichkeitstheorie. Entscheidend ist demnach, wie schwer sich die Datenübermittlung auf die Grundrechtssphäre des Betroffenen auswirkt. Die bereits für die Datenerhebung aufgezeigten Gefahren[389] werden durch die Weitergabe der Information an den nicht-öffentlichen Bereich nochmals verstärkt. Im Gegensatz zur Schule können Eltern und Schüler nicht verpflichtet werden, sich über die Gefahren von HIV und Aids zu informieren und entsprechend ihr Verhalten auszurichten. Diskriminierungs- und Isolationsgefahren sind daher wesentlich höher einzuschätzen, als wenn die Information im Bereich der Schule verbleibt. Des weiteren ist nicht auszuschließen, daß Eltern oder Schüler ihr Wissen an Bekannte oder Freunde weitergeben. Die Information wird damit praktisch der Öffentlichkeit preisgegeben, mit der Folge, daß der Betroffene keinen Einfluß mehr auf die weitere Verwendung der Daten hat. Aus diesen Gründen beeinträchtigt die Information anderer Eltern oder Schüler den Betroffenen nachhaltig in seinen Grundrechten. Demnach sind auch hohe Anforderungen an die Regelungsdichte zu stellen.

Die hier vorliegenden Vorschriften sind sehr allgemein gehalten. Angesichts der Tatsache, daß durch eine Information anderer Eltern oder Schüler das informationelle Selbstbestimmungsrechts faktisch aufgehoben wird, bedarf die Übermittlung sensibler Daten, an deren Geheimhaltung der Betroffene naturgemäß ein besonderes Interesse hat, ausdrücklicher Regelungen. Zwar kann man in

---

388 Anlage III Nr. 19 der niedersächsischen „Verordnung über die Verarbeitung personenbezogener Daten von Schülerinnen, Schülern sowie ihrer Erziehungsberechtigten“ vom 30.9.1994 (NGVBl. S. 455); § 84 a III SchulGLSA.

389 siehe S. 70 f.

Anbetracht der Vielzahl von Erkrankungen, die im Einzelfall gefährlich sein können, keine abschließende enumerative Aufzählung aller für eine Übermittlung in Frage kommender Krankheiten verlangen. Dies gilt um so mehr, als daß je nach individueller Zusammensetzung der Schüler geringere oder stärkere Risiken begründet sein können. Es ist aber durchaus möglich, die Voraussetzungen, unter denen eine Weitergabe derart sensibler Informationen an andere Schüler oder Eltern erfolgen darf, ausdrücklich zu normieren. Allein die in den hier vorliegenden Regelungen getroffene Feststellung, daß grundsätzlich auch Gesundheitsdaten verarbeitet werden dürfen, ohne daß dabei zwischen den in ihren Auswirkungen sehr unterschiedlichen einzelnen Verarbeitungsformen unterschieden wird, kann zumindest für den intensivsten Eingriff, nämlich die Mitteilung der Information an Dritte, nicht ausreichen. Demnach darf die Schule nach den hier vorliegenden Regelungen die Eltern oder Schüler nicht über die HIV-Infektion eines Kindes unterrichten.

(ii) Nach den allgemeinen Landesdatenschutzgesetzen

Baden-Württemberg und Sachsen haben keine speziellen Datenschutzregelungen für den Schulbereich erlassen. Hier könnte sich eine Übermittlung nach den allgemeinen Datenschutzgesetzen richten. Danach ist die Übermittlung an nicht-öffentliche Stellen zulässig, wenn dies zur Aufgabenerfüllung der Schule erforderlich ist und für die Zwecke erfolgt, für die die Daten erhoben bzw. gespeichert wurden. Darüber hinaus darf die datenverarbeitende Stelle Informationen auch dann weitergeben, wenn der Empfänger ein berechtigtes Interesse an der Kenntnis der zu übermittelten Daten glaubhaft macht und der Betroffene kein schutzwürdiges Interesse an dem Ausschluß der Übermittlung hat.[390]

In den betreffenden Ländern sind diese Regelungen weder durch Gesetz noch eine Rechtsverordnung konkretisiert. Es existieren keine nach außen hin verbindlichen Datenkataloge. Auch fehlt eine auf den schulischen Bereich zugeschnittene Festlegung von Eingriffsvoraussetzungen. Angesichts der hohen Sensibilität der Information und der mit einer Weitergabe verbundenen Gefahren entsprechen diese Regelungen daher nicht den Anforderungen der Wesentlichkeitstheorie. Schwerwiegende Eingriffe in das Recht auf informationelle Selbstbestimmung bedürfen vielmehr einer bereichsspezifischen Regelung.[391]

---

390 § 15 I LDSGBW; § 15 I SächsDSG.

391 BVerfGE 65, 1, 46; Heckel/Avenarius S. 407; Hessischer Datenschutzbeauftragter 1991, S. 67.

Die Datenschutzgesetze dienen lediglich der Ergänzung spezialgesetzlicher Vorschriften bzw. stellen Auffanggesetze für Bereiche dar, in denen nicht regelmäßig Daten verarbeitet werden.[392]

Die Schule benötigt für eine korrekte Aufgabenerfüllung verschiedene Daten von Schülern, Eltern und Lehrern, was dazu führt, daß in der Schule eine regelmäßige Datenverarbeitung stattfindet. Soweit diese Tätigkeit mit schweren Eingriffen in das Recht auf informationelle Selbstbestimmung verbunden ist, wie zum Beispiel bei der zwangsweisen Erhebung oder der Übermittlung von Daten an Dritte, bedarf es daher auch hier spezialgesetzlicher Ermächtigungsnormen. Für derartige Verarbeitungsformen darf sich die Schule nicht auf das allgemeine Datenschutzgesetz berufen. Auch eine eventuelle Übergangszeit ist in Anbetracht der Tatsache, daß das Bundesverfassungsgerichtsurteil zur informationellen Selbstbestimmung aus dem Jahre 1983 stammt, mittlerweile verstrichen. In Baden-Württemberg und Sachsen dürfen Daten daher zur Zeit nur mit Einwilligung des Betroffenen an nicht-öffentliche Stellen übermittelt werden.

Baden-Württemberg hat am 7. Dezember 1993 eine Verwaltungsvorschrift erlassen, die die Bestimmungen des Datenschutzgesetzes für den Schulbereich konkretisiert.[393] Dabei ist aber zu beachten, daß Verwaltungsvorschriften keine direkte Außenwirkung entfalten. Für einen derartig intensiven Eingriff, wie er bei der Weitergabe von Gesundheitsdaten vorliegt, bedarf es aber einer gesetzlichen Grundlage. Allerdings verbietet auch diese Verwaltungsvorschrift Übermittlungen gegen den Willen des Betroffenen, so daß letztlich kein Widerspruch entsteht.

(iii) Ergebnis

Eine Information der Schüler oder Eltern über die HIV-Infektion eines Kindes ist nach datenschutzrechtlichen Regelungen grundsätzlich nicht möglich. Nur wenn die Daten der Vorbereitung eines Zivilprozesses dienen, dürfen in Berlin, Bayern, Hamburg, Rheinland-Pfalz und Thüringen die Personalien des Kindes übermittelt werden.

---

392 Beilecke § 1 LDSG Rn. 4; Gola/Schomerus § 4 Anm. 2.3; Simitis in Simitis/Dammann/Geiger/Mallmann/Walz § 1 BDSG Rn. 32.

393 siehe oben Fn. 234.

(b) Befugnis nach § 34 StGB

Möglicherweise darf sich die Schule zumindest in extrem gelagerten Ausnahmefällen auf § 34 StGB berufen. Die Schule könnte beispielsweise erfahren, daß sich der Infizierte aus Rachegefühlen oder ähnlichem innerhalb und außerhalb der Schule so verhält, daß Ansteckungen zu befürchten sind. Da die bestehenden öffentlich-rechtlichen Vorschriften -wie gezeigt- auch im Extremfall eine Information Dritter, womöglich am Schulverhältnis nicht einmal Beteiligter (z.B. Freunde des Infizierten, die keine oder eine andere Schule besuchen) nicht zulassen, stellt sich die Frage, ob die Schule die potentiell Gefährdeten nach § 34 StGB informieren darf.

§ 34 StGB rechtfertigt ausnahmsweise rechtswidriges Handeln, wenn eine Gefahr für die eigene Person oder einen anderen droht und die zur Abwehr vorgenommene Handlung verhältnismäßig ist. Hieraus wird teilweise abgeleitet, daß sich auch der Staat bei seinem Handeln auf die Notstands- und Nothilferechte des Strafgesetzbuchs berufen kann. Es stellt sich aber die Frage, ob § 34 StGB überhaupt eine Befugnisnorm darstellt, die im Zusammenhang mit der Schutzverpflichtung zu einer Handlungspflicht führen kann. § 34 StGB erlaubt ausnahmsweise rechtswidriges Verhalten. Dies ist aber allein die Entscheidung des Handelnden, eine Pflicht ist daraus nicht abzuleiten.[394] Die Verpflichtung ergibt sich aber nicht aus § 34 StGB, sondern aus den Grundrechten direkt. Die Notwendigkeit einer Eingriffsnorm folgt aus dem Verhältnis des Staates zum Schädiger. Soweit eine solche existiert, darf der Staat tätig werden. Dies bedeutet aber noch nicht, daß er auch eingreifen muß. Die Verpflichtung zum Handeln ergibt sich vielmehr erst im Verhältnis zum Opfer aus der Schutzverpflichtung. Dabei läßt sich ein Anspruch auf aktiven Schutz sowohl aus einer an den Grundrechten orientierten Auslegung der Befugnisnorm als auch, wenn dies - wie hier - nicht möglich ist, aus dem Grundrecht selbst ableiten.[395]

Zu klären ist demnach, ob § 34 StGB als Ermächtigungsgrundlage im öffentlichen Recht heranzuziehen ist. Dies ist sehr umstritten. Es wird sowohl die Meinung vertreten, § 34 StGB uneingeschränkt im öffentlichen Recht anzuwenden, als auch verschiedene einschränkende Auffassungen bis hin zu der Meinung,

---

394 Arloth in MedR 1986, 295, 298; Bender in NJW 1987, 2903, 2910; Lilie in NStZ 1983, 314; Schenke in Schünemann/Pfeiffer S. 131.

395 BVerwGE 54, 211, 222 f.; v. Münch/Kunig/Krebs Art. 19 GG, Rn. 60; Maurer § 8 Rn. 11.

daß eine Anwendung dieser Vorschrift im öffentlichen Recht vollkommen abzulehnen ist.

(i) Uneingeschränkte Anwendung des § 34 StGB im öffentlichen Recht

Ein Standpunkt läßt § 34 StGB im öffentlichen Recht uneingeschränkt als Ermächtigungsgrundlage zu.[396] Begründet wird dies in erster Linie damit, daß § 34 StGB ein allgemeiner Rechtssatz sei, der erlaube, zur Rettung höchster Rechtsgüter gegen bestehende Gesetze, auch öffentlich-rechtliche, zu verstoßen.[397] Diese Auffassung führt dazu, daß § 34 StGB, soweit dessen Voraussetzungen vorliegen, die Schule ermächtigen könnte, andere über die Aids-Infektion eines Schülers oder Lehrers zu informieren.

(ii) Beschränkung auf nicht geregelte Sonderfälle

Mit dem Einwand, daß ein Verstoß gegen bereits bestehende Regelungen nicht hingenommen werden könne, wird von einigen Autoren die Auffassung vertreten, daß eine Beschränkung in der Art nötig sei, daß § 34 StGB nur dann im öffentlichen Recht Anwendung finden dürfe, wenn dieser Bereich nicht bereits abschließend geregelt sei.[398] Dies sei im Hinblick auf die nicht übersehbare Vielzahl von Einzelfällen in einer sich ständig wandelnden Gesellschaft nötig, da eine lückenlose Gesetzgebung kaum denkbar sei.[399] Nach dieser Auffassung wäre eine Information nach § 34 StGB dann möglich, wenn man in einer Aids-Infektion einen bislang nicht geregelten Fall erblickt.

(iii) Beschränkung auf strafrechtliche Wirkung

Eine weitere Meinung will § 34 StGB im öffentlichen Recht zwar nicht als Ermächtigungsgrundlage heranziehen, sieht aber den handelnden Amtsträger als

---

396 BGHSt 27, 260, 262; Gössel in JuS 1979, 162, 165.

397 BGHSt 27, 260, 262; Gössel in JuS 1979, 162, 165.

398 BGHSt 31, 304, 307; Dreher/Tröndle § 34 StGB Rn. 24 a; Lerche in Festschrift für Friedrich August Freiherr von der Heydte S. 1033, 1048; Otto in NJW 1978, 667; Sch/Sch/Lenckner § 34 StGB Rn. 7; Schwabe in NJW 1977, 1902, 1907.

399 Dreher/Tröndle § 34 StGB Rn. 24; Roxin in JuS 1976, 505, 510.

rechtmäßig handelnd an.[400] Begründet wird dies in erster Linie damit, daß eine Anwendung des § 34 StGB als Ermächtigungsgrundlage der öffentlichen Gewalt gegen den Gesetzesvorbehalt verstoße.[401] Dem Amtsträger hingegen stünde § 34 StGB weiterhin zur Seite, da das Strafgesetzbuch mitsamt seinen Rechtfertigungsgründen auch für Hoheitsträger gelte.[402] Nach dieser Auffassung ist eine Information durch die Schule grundsätzlich nicht zulässig. Der Schutz des Infizierten ist aber insofern verkürzt, als daß der Lehrer bei Vorliegen der Voraussetzungen des § 34 StGB dennoch entgegen § 203 StGB die Information weiterleiten dürfte.

(iv) Keine Anwendung des § 34 StGB im öffentlichen Recht

Eine stark vertretene Meinung wendet mit Blick auf den Gesetzesvorbehalt den § 34 StGB im öffentlichen Recht nicht an.[403] Darüber hinaus soll nach dieser Meinung auch der Amtsträger nicht gerechtfertigt sein, da die Einheit der Rechtsordnung verschiedene Rechtswidrigkeiten im öffentlichen Recht und im Strafrecht nicht vertrage.[404] Zwar gibt es auch hier noch Vertreter, die dieses nur dann so sehen, wenn in Individualinteressen eingegriffen wird;[405] da bei einer Information über die Infektion eines Schülers oder Lehrers aber gerade ein Individualinteresse betroffen ist, kann eine Auseinandersetzung mit dieser weiteren Untermeinung unterbleiben. Nach dieser Auffassung ist eine Information nach § 34 StGB demnach nicht möglich.

(v) Stellungnahme

Die Anwendung des § 34 StGB als Ermächtigungsgrundlage im öffentlichen Recht könnte gegen wichtige Prinzipien des Verfassungsrechts verstoßen.

---

400 Böckenförde in NJW 1978, 1881, 1883; Drews/Wacke/Vogel/Martens S. 38; Gloria/Dischke in NWVBl 1989, 37, 43; Götz Rn. 414; Kirchhof in NJW 1978, 969, 972; Mann/Müller in ZRP 1995, 180, 185; Riegel in NVwZ 1985, 639, 640; v. Sydow in JuS 1978, 222, 224.

401 Erichsen in Erichsen AllgVerwR § 15 Rn. 15; Götz S. 167.

402 Erichsen in Erichsen AllgVerwR § 15 Rn. 15; Götz S. 167; v. Sydow in JuS 1978, 222, 224; Kirchhof in NJW 1978, 969, 972.

403 Amelung/Schall in JuS 1975, 565, 571; Dahs in ZRP 1977, 164, 168; de Lazzer/Rohlf in JZ 1977, 207, 212; Grebing in GA 1979, 81, 101; Jakobs 13/42; Klinkhardt in VerwArch 55, 297, 349; Knoke in AöR 94, 388, 395; LK/Hirsch § 34 StGB Rn. 6.

404 LK/Hirsch § 34 StGB Rn. 16.

405 LK/Hirsch § 34 StGB Rn. 6.

Eine uneingeschränkte Anwendung des § 34 StGB könnte mit dem Grundsatz der Gesetzmäßigkeit der Verwaltung nicht zu vereinbaren sein. Gemäß Art. 20 III GG sind Legislative, Exekutive und Judikative an bestehende Gesetze gebunden (Gesetzesvorrang). Soweit das öffentliche Recht selbst in speziellen Gesetzen die Voraussetzungen und Grenzen möglicher Eingriffe regelt, können diese daher nicht mit Hilfe des § 34 StGB unterlaufen werden. Andernfalls wäre jede Eingriffsbeschränkung und -ausformung nur vorläufig, da sie unter dem Vorbehalt einer Interessenabwägung und eines sich hieraus ergebenden Vorrangs abweichender Interessen stünde.[406] Außerdem wäre die gesamte Zuständigkeitsverteilung des öffentlichen Rechts aus den Angeln gehoben.[407] Bei Vorliegen der Voraussetzungen des § 34 StGB könnte nämlich jeder Hoheitsträger die Aufgaben anderer Hoheitsträger an sich ziehen, da die Rechtfertigungsgründe für jeden gelten und daher keine unterschiedlichen Zuständigkeiten kennen. Zum einen käme es dadurch zu Aufgabenüberschneidungen, die vor allem im Bereich des Ermessens zu widersprüchlichen Entscheidungen des Staates führen könnten; zum anderen stiege das Risiko von Fehlentscheidungen, da unter Umständen eine sachfremde Behörde tätig werden dürfte.

Die Problematik läßt sich anschaulich am Beispiel des sogenannten finalen Rettungsschusses verdeutlichen, der teilweise mit denselben Argumenten, die auch für eine Berechtigung nach § 34 StGB sprechen, auf § 32 StGB gestützt wird.[408] Die Berechtigung zum Schußwaffengebrauch richtet sich nach den Vorschriften über die Ausübung des unmittelbaren Zwangs. Dabei sind in allen Bundesländern ausdrückliche Vorschriften erlassen worden, die das Ob und Wie des Schußwaffengebrauchs sowie die Zuständigkeit regeln.[409] Allerdings ist der ohne Warnung abgegebene gezielte Todesschuß nicht in allen Bundesländern erlaubt.[410] In den meisten Bundesländern ist der Schußwaffengebrauch vielmehr Begrenzungen unterworfen, die einem gezielten Todesschuß geradezu

406 Böckenförde in NJW 1978, 1881, 1883; Erichsen in Erichsen AllgVerwR § 15 Rn. 15; LK/Hirsch § 34 StGB Rn 13; Mann/Müller in ZRP 1995, 180, 185.

407 Böckenförde in NJW 1978, 1881, 1883; Klinkhardt in VerwArch 55, 297, 312; Knoke in AöR 94, 388, 395.

408 Gloria/Dischke in NWVBl 1989, 37 ff.; Gössel in JuS 1979, 162 ff.

409 Art. 58, 60 ff. BayPAG; §§ 26 BWVwVG, 50 ff. BWPolG; §§ 5 II BlnVwVfG, 12 BlnVwVG 11 ff. BlnUZwG; §§ 26 ff. BbgVwVG; §§ 46 f. BremPolG; §§ 17 ff. HmbSOG; §§ 52, 54 ff. HSOG; §§ 101 ff. MVSOG; §§ 69, 71 ff. NGefAG; §§ 55, 57 ff. NWPolG; §§ 57 ff. RPPOG; §§ 51 ff. SPolG; §§ 33 f. SächsPolG; §§ 58, 60 ff. LSASOG; § 239, 250 ff. SHLVwG; §§ 56, 58 ff. ThürPAG.

410 lediglich Art. 66 II 2 BayPAG, §§ 54 II BWPolG, 63 II 2 RPPOG, 34 II SächsPolG, 65 II 2 LSASOG, 64 II 2 ThürPAG beinhalten eine derartige Regelung.

entgegenstehen. Ein Schuß darf dort nur abgegeben werden, wenn nicht erkennbar Unbeteiligte mit hoher Wahrscheinlichkeit gefährdet werden könnten und nur um die Angriffs- bzw. Fluchtunfähigkeit herbeizuführen.[411] Außerdem ist in den meisten Bundesländern festgelegt, daß nur diejenigen Vollzugsbeamten zum Schuß berechtigt sind, die im Dienst eine Waffe tragen[412] und daher eine besondere Ausbildung erfahren haben. Könnte sich der Staat auf §§ 32, 34 StGB berufen, wären diese Beschränkungen wieder aufgehoben und die Berechtigung zum Schußwaffengebrauch ginge contra legem wesentlich weiter. Insbesondere wäre in allen Bundesländern der gezielte Todesschuß erlaubt, obwohl sich der Gesetzgeber teilweise ausdrücklich gegen einen solchen im Rahmen der Gefahrenabwehr entschieden hat. Weiterhin wären entgegen der bewußten Festlegung im Gesetz alle Hoheitsträger zum Schußwaffengebrauch berechtigt.

Demnach ist die uneingeschränkte Anwendung des § 34 StGB im öffentlichen Recht nicht mit dem Grundsatz der Gesetzmäßigkeit der Verwaltung zu vereinbaren.

Soweit vertreten wird, daß § 34 StGB zumindest dort anwendbar sei, wo abschließende Regelungen fehlen, könnte ein Verstoß gegen den Gesetzesvorbehalt vorliegen. Dieser Grundsatz besagt, daß Handlungen der Exekutive einer Ermächtigungsgrundlage in Form einer Rechtsnorm bedürfen. Nach der hier vertretenen Wesentlichkeitstheorie des Bundesverfassungsgerichts ist der Gesetzgeber verpflichtet, -losgelöst vom Merkmal des Eingriffs- die wesentlichen Entscheidungen selbst zu treffen. Dabei sind die Anforderungen an die Regelungsdichte eines solchen Gesetzes um so höher je wesentlicher eine Entscheidung für das Zusammenleben im Staat ist.[413] § 34 StGB erlaubt bei Vorliegen der Tatbestandsvoraussetzungen erhebliche Eingriffe in Grundrechte. Selbst schwerere Körperverletzungen sind unter Umständen gerechtfertigt.[414] Gerade in solchen Fällen ist jedoch im öffentlichen Recht der Gesetzgeber zu einer detaillierten Regelung verpflichtet, die Voraussetzung, Verfahren und Form

---

411 § 9 II BlnUZwG; § 46 II-IV BremPolG; § 24 II HmbSOG; § 60 II HSOG; § 109 II MVSOG; § 63 II NWPolG; § 76 II NGefAG; § 57 I SPolG; § 258 I SHLVwG.

412 § 51 BWPolG; § 8 BlnUZwG; § 34 BbgVwVG; § 40 III BremPolG; § 19 HmbSOG; § 63 HSOG; § 107 MVSOG; § 69 VIII NGefAG; § 1 NWPolG; § 66 a RPPOG; § 58 VIII LSASOG; § 256 SHLVwG.

413 siehe oben S. 27.

414 BGH in NJW 1979, 2053.

regelt. § 34 StGB entspricht diesen Anforderungen jedoch nicht. Über diese Vorschrift könnte vielmehr jede Behörde auf jedem Sachgebiet tätig werden und unterschiedlichste, in ihrer Vielfalt kaum zu übersehende Maßnahmen ergreifen. Wenn Schaffstein[415] und Lenckner[416] darauf hinweisen, daß das öffentliche Recht durchaus Generalermächtigungen (z.B. die polizeiliche Generalklausel) kennt, die ebenfalls verschiedenste Eingriffe decken, übersehen sie dabei die entscheidenden Unterschiede zu § 34 StGB. Zum einen können diese Generalklauseln in Hinblick auf die Wesentlichkeitstheorie gerade nicht für besonders schwerwiegende Grundrechtseingriffe herangezogen werden.[417] Diese Maßnahmen bedürfen vielmehr einer eigenständigen gesetzlichen Regelung, was auch durch die ausdrücklich geregelten Standardmaßnahmen des Polizei- und Ordnungsrechts, die andernfalls überflüssig wären, deutlich wird. Zum anderen sind für alle Generalermächtigungen des öffentlichen Rechts zumindest Zuständigkeiten festgelegt worden, was bei § 34 StGB gerade nicht der Fall ist und so eine noch größere Verallgemeinerung bedeutet.[418] Demnach verstößt die Anwendung des § 34 StGB im öffentlichen Recht auch gegen den Gesetzesvorbehalt.

Darüber hinaus sprechen noch weitere Gründe gegen eine Anwendung des § 34 StGB im öffentlichen Recht. So kann es im Einzelfall unklar sein, ob ein Bereich bereits abschließend geregelt ist oder nicht. Soweit überhaupt keine Regelungen vorhanden sind, stellt sich die Frage, ob der Gesetzgeber diesen Bereich nicht bewußt ungeregelt gelassen hat und damit dem staatlichen Zugriff verschließen wollte. Er wird in diesem Fall kaum ein Gesetz verabschieden, aus dem sich ergibt, daß er Eingriffe in diesem Bereich nicht zulassen möchte. Soweit man die Beurteilung dieser Frage der Verwaltung bzw. im Rahmen der gerichtlichen Nachprüfung der Rechtsprechung überläßt, verstößt dies gegen das Prinzip der Gewaltenteilung. Nur der Gesetzgeber kann und soll beurteilen, ob ein Bereich geregelt werden soll oder nicht. Die Tücke dieser Theorie liegt darin, daß unter dem Deckmantel, daß auf bestehende Regelungen geachtet wird, einer Auslegungsfreiheit stattgegeben wird, die Lücken sieht, wo vielleicht gar keine sind.[419] Hinzu kommt, daß die Anwendung des § 34 StGB unsachgemäße Ergebnisse zur Folge hätte. Eingriffsbefugnisse geringer Intensität, die positiv geregelt sind, unterlägen nämlich den strengeren sachlichen

---

415 Schaffstein in Gedächtnisschrift für Horst Schröder S. 97, 116.

416 Sch/Sch/Lenckner § 34 StGB Rn. 7.

417 v. Mutius in Jura 1986, 649, 651.

418 LK/Hirsch § 34 StGB Rn. 9; Mann/Müller in ZRP 1995, 180, 184.

419 LK/Hirsch § 34 StGB Rn. 14.

Voraussetzungen und formalen Erfordernissen ihrer gesetzlichen Ermächtigungsgrundlage, während Eingriffe gravierenden Inhalts, die nicht geregelt sind, wesentlich leichter möglich wären.[420]

Soweit auf die fehlende Regelbarkeit vieler Einzelfälle hingewiesen wird,[421] ist zwar zuzugeben, daß die Gesellschaft einem ständigen Wandel unterliegt, durch den sie tagtäglich mit neuen, bisher unbekannten und unter Umständen regelbedürftigen Situationen konfrontiert wird; die meisten dieser Fälle werden aber über bereits bestehende Generalklauseln zu lösen sein. Sollte dies aufgrund der Eingriffsschwere o.ä. einmal nicht möglich sein, ist dies für eine gewisse Übergangszeit hinzunehmen, bis der Gesetzgeber über das ob und wie derartiger Eingriffe entschieden hat. Die Möglichkeit derartiger Regelungen zeigen auch die bisher diskutierten Fälle. Sowohl die Entnahme von Leichenblut im Sozialversicherungsrecht[422] als auch die Kontaktsperre zu Strafgefangenen[423] sind inzwischen gesetzlich geregelt, also durchaus einer gesetzlichen Regelung zugänglich. Soweit Regelungen nicht vorhanden sind, ist dies zwar hinderlich, kann aber nicht bedeuten, daß die Exekutive von sich aus ihr passende Regelungen über § 34 StGB einführt. Vielmehr muß der Gesetzgeber aus den Erfahrungen der Exekutive lernen und gegebenenfalls entsprechende Gesetze erlassen.

Für die Nichtanwendbarkeit der Notstands- und Nothilfevorschriften im öffentlichen Recht spricht auch eine Entscheidung des Bundesverfassungsgerichts aus dem Jahr 1972.[424] Die Richter hatten die Frage zu entscheiden, ob Briefe von Strafgefangenen wegen ihres beleidigenden Inhalts auch ohne ausdrückliche Ermächtigung von der Anstaltsleitung angehalten werden dürfen. Dabei kam das Gericht zu dem Ergebnis, daß ein Rückgriff auf §§ 32, 34 StGB als Rechtsgrundlage nicht in Frage komme.[425] Soweit Lange meint, daß dies noch nicht bedeutet, daß §§ 32, 34 StGB ausgeschlossen seien, vielmehr nur der Schutzzweck der Briefkontrolle klar gestellt werde,[426] ist dem entgegenzuhalten, daß §§ 32, 34 StGB für alle Straftaten, also auch Beleidigungen gelten muß. Eine

---

420 LK/Hirsch § 34 StGB Rn. 14.

421 Dreher/Tröndle § 34 StGB Rn. 24; Gössel in JuS 1979, 162, 164; Roxin in JuS 1976, 505, 510.

422 OLG Frankfurt in JZ 1975, 379; heute geregelt in § 1559 IV RVO.

423 BGHSt 27, 260, 262; heute geregelt in §§ 31 ff. EGGVG.

424 BVerfGE 33, 1ff.

425 BVerfGE 33, 1, 17.

426 Lange in NJW 1978, 784.

Einschränkung der Notrechte nach Schutzzweckgedanken auf bestimmte Tatbestände kennen die §§ 32, 34 StGB nicht.

Dementsprechend bietet § 34 StGB keine Ermächtigungsgrundlage im öffentlichen Recht.

Es bleibt zu prüfen, ob der Lehrer die Information zumindest erteilen darf, ohne strafrechtliche Konsequenzen fürchten zu müssen. Der Lehrer darf als Amtsträger eine Information über die Krankheit eines Schülers oder Lehrers nicht weitergeben. Eine Weitergabe wäre nach § 203 II StGB strafbar.[427] Möglicherweise steht ihm aber bei Vorliegen der entsprechenden Voraussetzungen der Rechtfertigungsgrund des § 34 StGB zur Seite. Dies wird teilweise wegen des Grundsatzes der Einheit der Rechtsordnung abgelehnt.[428] Gerade das öffentliche Recht kennt aber verschiedene Rechtswidrigkeiten. Man denke nur an innerdienstliche Weisungen, die der Beamte, sofern er sie gewissenhaft geprüft hat, ausführen muß und dann selbst rechtmäßig handelt, wohingegen die staatliche Handlung selbst rechtswidrig bleibt (Remonstration). Der Unterschied besteht aber darin, daß der Bürger im Falle der Remonstration seine Abwehrmöglichkeiten gegen den Hoheitsträger und den Staat behält, da das Handeln des Staates und seines Amtsträgers insgesamt rechtswidrig bleibt. Der rechtswidrig handelnde Amtsträger wird lediglich von drohenden Konsequenzen befreit. Die Begründung dafür ist die Funktionsfähigkeit des Staates. Anders hingegen sieht es aus, wenn dem Amtsträger in Ausübung seines Amtes § 34 StGB zu Gute kommt. Gegenüber dem gerechtfertigten Amtsträger besteht eine Duldungspflicht des Bürgers, da kein Rechtfertigungsgrund existiert, der eine Gegenwehr gegen rechtmäßige Angriffe erlaubt. Gegen das staatliche Handeln besteht hingegen ein Abwehrrecht, da dieses weiterhin rechtswidrig bleibt.[429]

Wie die besonderen Amtsträgerdelikte zeigen, können auch Amtsträger strafrechtlich belangt werden. Daraus wird gefolgert, daß unter diesen Umständen der Amtsträger nicht schlechter gestellt werden dürfe als der Privatmann.[430] Dies trifft aber nicht den Kern der Sache. Der Amtsträger tritt dem Bürger gerade in seiner Eigenschaft als Amtsträger, also auch mit entsprechenden

---

427 siehe oben S. 98.

428 Gössel in JuS 1979, 162, 165; LK/Hirsch § 34 StGB Rn 16; Lerche in Festschrift für Friedrich August Freiherr von der Heydte S. 1033, 1045; Schaffstein in Gedächtnisschrift für Horst Schröder S. 97, 108; Sch/Sch/Lenckner § 32 Rn. 42b.

429 LK/Hirsch § 34 StGB Rn.16.

430 Schwabe in NJW 1977, 1902, 1903.

Zwangsmitteln und Befugnissen gegenüber. Dies gibt ihm eine andere Stellung als dem Privatmann. Außerdem ist zu beachten daß der Bürger in einer § 34 StGB entsprechenden Situation in einer Ausnahmesituation steht, in der er staatliche Hilfe nicht rechtzeitig erreichen kann. Soweit er diese nämlich erhalten kann, gilt das Gewaltmonopol des Staates, so daß er selbst nicht mehr eingreifen darf.[431] Diese Situation ist beim Amtsträger jedoch nicht gegeben, da er selbst als Organ des Staates tätig wird und damit stets staatliche Hilfe in Anspruch nehmen kann. Was der Amtsträger darf und was er nicht darf, ergibt sich vielmehr nicht aus dem Strafrecht, sondern ausschließlich aus dem öffentlichen Recht. Nur wenn eine Handlung des Amtsträgers öffentlich-rechtlich rechtswidrig ist, wird sie bei gravierenden Verstößen auch strafrechtlich sanktioniert.[432] Die besonderen Amtsträgerdelikte gehen daher auch von der Überschreitung der Dienstpflichten aus, so daß in diesen Fällen gerade eine Loslösung des Amtsträgers von seiner Tätigkeit erfolgt, die aufgrund seiner besonderen Stellung und seiner Befugnisse ausdrücklich strafrechtlich relevant sein soll.

Einige Autoren weisen auf die sogenannten Notrechtsvorbehalte der Polizeigesetze der Länder[433] hin, die nur dann ihren Sinn behielten, wenn Notwehr bzw. Nothilfe eben auch für öffentlich-rechtliches Handeln gelte.[434] Hier wird aber übersehen, daß ein Hinweis auf diese Notrechtsvorbehalte gar nicht notwendig wäre, wenn diese Rechte ohnehin auch für Amtsträger gelten würden. Der ausdrückliche Hinweis betrifft vielmehr die Fälle, in denen der Amtsträger persönlich in einer Notwehr- oder Notstandslage ist. In diesen Fällen befindet sich der Amtsträger in einer Doppelstellung, in der sein eigenes Schicksal mit seiner Amtsführung kollidiert. Hier muß er tatsächlich einem Privatmann gleich gestellt werden. Dies gilt aber nur solange, wie er seine eigenen Interessen vertritt. Da, wo er anderen zur Seite steht und daher ausschließlich öffentlich-rechtlich tätig wird, kann er sich nicht auf die Notrechte berufen.

Darüber hinaus wäre bei Bejahung einer Rechtfertigung des Amtsträgers der Schutz des Bürgers unterhöhlt. Der Amtsträger müßte zwar disziplinarrechtliche Konsequenzen befürchten und auch Staatshaftungsansprüche wären begründet; das Strafrecht wäre jedoch nicht mehr anwendbar. Auf diese Weise könnte die Hemmschwelle des Hoheitsträgers herabgesetzt sein, entsprechende

---

431 Isensee S. 43.

432 LK/Hirsch § 34 StGB Rn. 12.

433 § 8 III BlnUZwG; § 25 III HmbSOG; § 101 II MVSOG; § 57 II NWPolG; § 250 II SHLVwG.

434 Bockelmann in Festschrift für Eduard Dreher S. 235, 237; Götz Rn. 414.

Eingriffe vorzunehmen, sobald dies der Verwaltung sachdienlich erscheint. Dies gilt um so mehr, wenn man bedenkt, daß bei vielen Eingriffen ein materieller Schaden gar nicht entsteht und daher Staatshaftungsansprüche ins Leere laufen müssen.

Dementsprechend müssen die Rechtfertigungsgründe für Amtsträger dort ihre Grenzen finden, wo öffentlich-rechtliches Handeln nicht mehr legitimiert ist, so daß im Ergebnis der Rechtfertigungsgrund des § 34 StGB einem Amtsträger nicht zur Seite steht.

Demnach stellt § 34 StGB weder eine Ermächtigungsgrundlage im öffentlichen Recht dar, noch rechtfertigt er einen Lehrer, der die Information über die Infektion eines Schülers an Eltern oder Schüler weitergibt.

(5) Ergebnis

Eine Information der Schüler oder Eltern über die HIV-Infektion eines Kindes aufgrund der Schutzverpflichtung des Staates ist mangels einer entsprechenden Befugnisnorm nicht möglich. Die Datenschutzgesetze bieten lediglich in Bayern, Berlin und Rheinland-Pfalz die Möglichkeit, nach bereits erfolgter Ansteckung die Personalien des Kindes zum Zwecke der Vorbereitung eines Zivilprozesses preiszugeben.

c) Grundrechte der Eltern

Die Eltern könnten dadurch, daß ihrem Kind in der Schule eine Ansteckung mit HIV droht, in ihrem Grundrecht aus Art. 6 II GG, nach dem ihnen zuvörderst die Pflege und Erziehung der Kinder anvertraut ist, betroffen sein. Pflege und Erziehung beinhalten nicht nur pädagogische Aspekte, sondern umfassen auch die Fürsorge für das Kind, was bedeutet, daß die Eltern verpflichtet sind, die Gesundheit des Kindes nach ihren Möglichkeiten zu schützen.[435] Dementsprechend ist es auch die Pflicht der Eltern, das Kind vor drohenden Ansteckungen zu bewahren. Art. 6 II GG nimmt insofern eine Sonderstellung innerhalb der Grundrechte ein, da es nicht nur Freiheiten einräumt, sondern darüber hinaus die Grundrechtsträger verpflichtet, das Recht zum Wohle ihrer Kinder

---

435 Bleckmann § 27 Rn. 30; v. Münch/Kunig/E. M. v. Münch Art. 6 GG Rn. 26.

auszuüben. Man spricht daher auch von Elternverantwortung.[436] Diese Pflicht der Eltern gilt auch im schulischen Bereich, für den Art. 7 I GG dem Staat ebenfalls eine Erziehungsaufgabe zuweist. Nach dem Grundgesetz gebührt dabei weder dem schulischen noch dem elterlichen Erziehungsrecht der Vorrang, was dazu führt, daß beide Rechte gleichberechtigt nebeneinander bestehen.[437] Auch eine Aufspaltung in einzelne Kompetenzen ist nicht vorgesehen. Vielmehr entsteht ein Spannungsverhältnis, in dem im Wege der praktischen Konkordanz auf „ein sinnvoll aufeinander bezogenes Zusammenwirken“[438] hingearbeitet werden muß. Diese Zusammenarbeit setzt unter anderem auch voraus, daß die Schule die Eltern über Vorgänge in der Schule informiert, soweit deren Verschweigen das individuelle Erziehungsrecht beeinträchtigen könnte.[439]

Auch Art. 6 II GG bietet keine Möglichkeit ohne ausdrückliche gesetzliche Grundlage in die Grundrechte anderer Kinder einzugreifen. Zwar führt das gemeinsame Erziehungsrecht von Schule und Eltern zwangsläufig zu Kollisionen mit den Grundrechten der Kinder; die Berechtigung dafür ist aber in dem natürlichen Erziehungsrecht der Eltern zu finden.[440] Es begründet hingegen nicht die Möglichkeit, auch Rechte anderer Kinder zu beeinträchtigen. Das Erziehungsrecht und die damit verbundenen Rechte und Pflichten beziehen sich nur auf die eigenen Kinder. Soweit der Staat, um den gemeinsamen Erziehungsauftrag von Schule und Eltern zu verwirklichen, auch in Grundrechte anderer eingreifen will oder muß, unterliegt dies dem Gesetzesvorbehalt in gleicher Weise wie andere Grundrechtseingriffe.

Wie bereits oben dargestellt,[441] existieren keine Normen, nach denen die Schule die Eltern über die HIV-Infektion eines Schülers unterrichten darf. Demzufolge ist auch eine Mitteilung nach Art. 6 II GG nicht möglich.[442]

---

436 BVerfGE 56, 363, 382.

437 BVerfGE 47, 46, 74; BVerfGE 34, 165, 183; BVerwGE 64, 308, 312; Eiselt/Heinrich S. 3; Müller S. 19; Niehues Rn. 39; Schmidt-Bleibtreu/Klein Art. 7 GG Rn. 12 a.

438 BVerfGE 34, 165, 183.

439 BVerfGE 59, 360; Heckel/Avenarius S. 308; Niehues Rn. 40.

440 BVerfGE 72, 155, 172; Stern III/1 § 70 V 4.

441 siehe S. 106 ff.

442 aA. Bender in NJW 1987, 2903, 2910.

d) Ergebnis

Derzeit besteht keine Möglichkeit, gesunde Schüler oder deren Eltern über das Auftreten einer HIV-Infektion in der Schule zu unterrichten.

3) Auskunftsrecht der Eltern über die Infektion ihres eigenen Kindes nach Art. 6 II GG

Die Eltern könnten nach Art. 6 II GG zumindest das Recht haben, über die HIV-Infektion des eigenen Kindes informiert zu werden. Eine solche Situation könnte beispielsweise entstehen, wenn ein minderjähriger Jugendlicher infiziert wurde, sich aber mangels Vertrauen zu den eigenen Eltern nicht an diese, sondern an einen Vertrauenslehrer wendet. Das gleichberechtigte Nebeneinander von elterlichem und schulischem Erziehungsrecht erfordert - wie oben aufgezeigt -[443] eine vertrauensvolle Zusammenarbeit, aufgrund der die Schule unter anderem verpflichtet ist, die Eltern über schulische Vorgänge zu informieren, soweit deren Verschweigen das individuelle Erziehungsrecht der Eltern beeinträchtigen könnte.

Das Erziehungsrecht der Eltern beinhaltet sowohl die Erziehung als auch die Pflege des Kindes, zu der auch die Krankenversorgung zählt. Infiziert sich ein Kind mit HIV, müssen umgehend Therapiemaßnahmen eingeleitet werden, um den Ausbruch von Aids solange wie möglich zu verzögern. Darüber hinaus ergeben sich häufig auch sozial- und versicherungsrechtliche Fragen, deren Erledigung nicht Aufgabe der Schule, sondern, da diese zum außerschulischen Bereich gehören, die der Eltern ist. Auch wird das Kind im Regelfall die Krankheit und deren Folgen nicht allein bewältigen können. Demnach berührt eine HIV-Infektion des Kindes das Erziehungsrecht der Eltern nachhaltig, mit der Folge, daß die Schule die Eltern informieren muß.

Es kann aber Ausnahmen geben, in denen die Information des Elternhauses den Kindern schadet, da mit unkontrollierten Reaktionen in einem ohnehin zerrütteten Elternhaus zu rechnen ist. In diesen Fällen kann es das Wohl des Kindes gebieten, daß die Eltern nicht informiert werden. Das Grundrecht des Art. 6 II GG ist ein dienendes Grundrecht, das in erster Linie die Pflicht der

---

443 siehe oben S. 127.

Eltern zur Fürsorge und Erziehung des Kindes beinhaltet.[444] Hierdurch erhält das Erziehungsrecht einen treuhänderischen Charakter, der es an das Kindeswohl bindet und keine Befugnisse gewährt, die dieses gefährden oder vereiteln.[445] Soweit durch die Information der Eltern die unmittelbare und gegenwärtige Gefahr einer körperlichen oder seelischen Schädigung des Kindes besteht, kommt Art. 6 II GG daher nicht mehr zur Anwendung.[446] Dies führt dazu, daß eine Benachrichtigung der Eltern sogar rechtswidrig wäre. Gerade bei Aids dürfte das aber nur in ganz wenigen Ausnahmefällen anzunehmen sein. Zu denken wäre daran, daß die Eltern sehr vorurteilsbehaftet mit dem Thema Aids umgehen und womöglich mit totaler Abwendung reagieren. Auch in diesen Fällen ist die Schule aber verpflichtet, das Gespräch mit den Eltern zu suchen, um zu erkennen, ob die von dem Kind geäußerten Bedenken gegen eine Information der Eltern zu recht bestehen und ob es Möglichkeiten gibt, die Reaktionen der Eltern in eine andere Richtung zu beeinflussen.

Sobald das Kind volljährig ist, erlischt der Informationsanspruch der Eltern. Sie dürfen daher nicht mehr über eine HIV-Infektion des Kindes unterrichtet werden. Zwar schützt Art. 6 I GG den Bestand der Familie, die allein durch den Eintritt der Volljährigkeit des Kindes nicht aufhört zu existieren. Dieser gibt aber im Gegensatz zu Art. 6 II GG keine Rechte der einen Familienmitglieder gegen die anderen.[447]

4) Auskunft gegenüber Lehrern und anderen Personen, die Aufgaben der Schule wahrnehmen

Nach den hier gewonnenen Ergebnissen darf der Schulleiter die Eltern eines Kindes nach HIV bzw. Aids fragen, wenn das Kind zu schweren Aggressionen neigt und konkrete Verdachtsmomente auf eine Infektion hinweisen.[448] Nur dann ist eine HIV-Infektion für die Schule von Bedeutung. In diesem Fall ist die Schule auf eine Information angewiesen, um zu entscheiden, ob sie bessere Aufsichtsmöglichkeiten schaffen kann oder weitere Ordnungs- bzw. Schutzmaßnahmen erforderlich sind. In Erfüllung dieser Aufgabe muß der Schulleiter

---

444 BVerfGE 59, 361, 384; Eiselt/Heinrich S. 3 f.

445 BVerfGE 59, 361, 384.

446 BVerfGE 59, 361, 384; Eiselt/Heinrich S. 145; Engler in RdJB 1979, 130, 134.

447 Engler in RdJB 1979, 130, 134.

448 siehe oben S. 96.

sein Wissen weiteren Personen mitteilen. Die für die Aufsicht verantwortlichen Lehrer, insbesondere der Klassenlehrer des betroffenen Kindes, müssen wissen, daß von diesem Kind eine über ein Verletzungsrisiko hinausgehende Gefahr droht. An der Entscheidung über den Einsatz von Erziehungs- und Ordnungsmitteln sind abgestuft nach der Intensität des Eingriffs der Klassenlehrer, Schulleiter oder die in der Schule gebildeten Konferenzen beteiligt. Die im Einzelfall zuständigen Organe der Schule müssen über alle abwägungsrelevanten Tatsachen, also unter Umständen auch über die HIV-Infektion eines Schülers, informiert sein. Dabei ist zu beachten, daß in einigen Ländern neben dem Schulleiter und weiteren Lehrern auch Eltern und Schüler an den Konferenzen teilnehmen.[449] Darüber hinaus müssen bei besonders einschneidenden Maßnahmen die Schulaufsichtsbehörden zustimmen bzw. selbst eine Entscheidung herbeiführen.[450]

Es stellt sich demnach die Frage, ob der Schulleiter die Lehrer, die in den maßgeblichen Konferenzen vertretenen sonstigen Personen sowie die Schulaufsichtsbehörden über eine HIV-Infektion unterrichten darf.

a) Information der Lehrer sowie der in Konferenzen vertretenen Schüler und Eltern

Soweit der Schulleiter die Lehrer bzw. die an den Konferenzen teilnehmenden Eltern und Schüler benachrichtigt, verbleibt die Information innerhalb der Behörde, die sie erhoben hat. Dies gilt nicht nur für eine Mitteilung an die Lehrer, sondern auch für die in den schulischen Gremien vertretenen Eltern und Schüler. Die Konferenzen sind Organe der Schule, durch die diese ihre Aufgaben wahrnimmt und erfüllt.[451] Die an diesen Gremien beteiligten Schüler- und Elternvertreter nehmen daher unabhängig davon, ob sie volles Stimmrecht haben

---

449 §§ 55 SchulGBln, 13 SchulVerfGBln; §§ 64, 85 I BbgSchulG; §§ 61 V, 36 NSchulG; § 32 II SchulOGS; §§ 3 III „VO über Erziehungsmittel und Ordnungsmaßnahmen in der Schule“ LSA, § 29 II SchulGLSA; §§ 45 VI, 91 III SHSchulG.

450 § 90 V SchulGBW; Art. 86 II BayEUG; § 55 IV SchulGBln; § 64 II BbgSchulG; § 7 der bremischen „VO über das Verfahren bei Ordnungsmaßnahmen in der Schule“(ABl. 1975, 529); § 49 VI HmbSchulG; § 82 IX HSchulG; § 60 III Nr. 6-8 SchulGMV; § 61 VII NSchulG; § 26a II SchulVGNW; § 43 SchulGRP; § 32 II SchulOGS; § 4 „VO über Erziehungsmittel und Ordnungsmaßnahmen in der Schule“ LSA; § 45 VI SHSchulG; § 51 III ThürSchulG.

451 Heckel/Avenarius S. 74.

oder nur beratend tätig sind, öffentlich-rechtliche Aufgaben der Schule wahr und sind demnach als Teile der Behörde anzusehen.

Es stellt sich die Frage, wie ein derartiger Informationsfluß rechtlich zu bewerten ist. Der Schulleiter teilt sein Wissen anderen Personen mit. Es könnte sich daher um eine Datenübermittlung handeln. Eine solche setzt nach den allgemeinen Datenschutzgesetzen aller Länder voraus, daß die Information an Dritte, d. h. eine Person außerhalb der datenverarbeitenden Stelle weitergegeben wird.[452] Datenverarbeitende Stelle ist dabei nicht im organisatorischen, sondern funktionalen Sinn zu verstehen, d. h. soweit innerhalb einer Behörde selbständige Teilbereiche mit eigenen datenschutzrechtlichen Erhebungs- und Speicherkompetenzen bestehen (z.B. Beihilfestelle im Beamtenrecht), sind diese als eigenständige Stellen anzusehen, so daß auch innerhalb einer Behörde Datenübermittlungen denkbar sind.[453] In der Schule ist der Schulleiter für die Erhebung und weitere Verarbeitung von Daten zuständig. Er koordiniert die Zusammenarbeit innerhalb der Schule, ist Vorgesetzter der Lehrer und an allen Konferenzen beteiligt. Von ihm unabhängige, datenverarbeitende Stellen sind in der Schule nicht denkbar. Demnach sind die Lehrer und die in den Konferenzen vertretenen Personen nicht Dritte, mit der Folge, daß in deren Unterrichtung keine Datenübermittlung zu sehen ist. Vielmehr handelt es sich um eine Datennutzung, d. h. um eine nicht unter die Verarbeitungsformen Erheben, Speichern oder Übermitteln fallende Tätigkeit.[454]

Zu überlegen ist, ob das bloße Nutzen der Daten einer gesetzlichen Eingriffsnorm bedarf. Dagegen spricht, daß die juristische Person durch die bei ihr tätigen Amtswalter repräsentiert wird und nach außen als Einheit auftritt. Soweit eine Nutzung im Form der Weitergabe innerhalb der datenverarbeitenden Stelle

---

452 § 3 II Nr. 4, IV LDSGBW; Art. 4 V Nr. 3, VIII BayDSG; § 4 II Nr. 4, III Nr. 2 BlnDSG; § 3 IV Nr. 2 BbgDSG; § 2 II Nr. 4, III Nr. 3 BremDSG; § 4 II Nr. 4, IV HmbDSG, § 2 II Nr. 3, IV HDSG; § 3 VII Nr. 2, IX DSGMV; § 3 II Nr. 4, IV NDSG; § 3 II Nr. 4, IV; § 3 II Nr. 4, III DSGNW; § 3 II Nr. 4 HDSG, IV LDSGRP; § 3 II Nr. 4, IV SDSG; § 9 II Nr. 5, IV SächsDSG; § 2 V Nr. 3, IX DSGLSA; § 2 II Nr. 4, IV LDSGSH; § 3 III Nr. 3, VI ThürDSG.

453 Ancôt § 2 SächsDSG Rn. 2; Beilecke § 2 LDSG Rn. 30; Rudolf in Erichsen AllgVerwR § 53 Rn. 32; Simitis in Simitis/Dammann/Geiger/Mallmann/Walz § 2 BDSG Rn. 17 ff.

454 § 3 II Nr. 5 LDSGBW; Art. 4 VII BayDSG; § 4 II Nr. 7 BlnDSG; § 3 II Nr. 7 BbgDSG; § 2 II Nr. 7 BremDSG; § 4 II Nr. 7 HmbDSG; § 4 II Nr. 7; § 3 VI DSGMV; § 3 II Nr. 7 NDSG; § 3 II Nr. 7 DSGNW; § 3 II Nr. 3 LDSGRP; § 3 II Nr. 7 SDSG; § 3 II Nr. 6 SächsDSG; § 2 VI DSGLSA; § 2 II Nr. 5 LDSGSH; § 3 IV ThürDSG.

keinen Eingriff in das Recht auf informationelle Selbstbestimmung begründen würde, wäre innerhalb dieses Bereichs auch die Zweckgebundenheit aufgehoben. Der Schutz des Betroffenen wäre demnach also verkürzt.[455] Der Betroffene hat darüber hinaus bei besonders sensiblen Informationen, wie sie hier vorliegen, ein Interesse daran, daß so wenig Menschen wie möglich von seinen Daten Kenntnis erlangen. Je mehr Personen mit den Daten in Berührung kommen, desto größer ist die Gefahr eines Mißbrauchs. Daher stellt auch die Weitergabe innerhalb einer datenverarbeitende Stelle einen Eingriff in das Recht auf informationelle Selbstbestimmung dar, mit der Folge, daß die Information anderer Personen innerhalb der datenverarbeitende Stelle einer gesetzlichen Grundlage bedarf.

(1) Bremen, Mecklenburg-Vorpommern und Thüringen

In Bremen, Mecklenburg-Vorpommern und Thüringen ist die Datennutzung nach den datenschutzrechtlichen Regelungen der Schulgesetze erlaubt, wenn sie zur Aufgabenerfüllung der Schule erforderlich ist.[456] Da die Schule die aufsichtsführenden Lehrer sowie die an den Konferenzen beteiligten Personen benachrichtigen muß, damit diese die auf der schulischen Fürsorgepflicht beruhenden Entscheidungen treffen können, ist die Bekanntgabe in diesen Fällen zur Aufgabenerfüllung grundsätzlich erforderlich. Die Mitteilung ist auch verhältnismäßig. Bei einer Information der Lehrer verbleibt die Information im öffentlichen Bereich, so daß hier auf die Ausführungen zur Datenerhebung verwiesen werden kann.[457] Eine Beteiligung der Eltern oder Schüler an Entscheidungen über Ordnungsmaßnahmen ist in den hier in Frage stehenden Ländern nicht vorgesehen.

Darüber hinaus ist zu berücksichtigen, daß die restriktive Auslegung datenschutzrechtlicher Vorschriften verlangt, daß die öffentliche Stelle ihre Aufgaben ohne die Information nicht, nicht vollständig oder nicht in rechtmäßiger Weise erfüllen kann.[458] Es dürfen daher auch innerhalb einer verarbeitenden Stelle nur diejenigen Personen benachrichtigt werden, die das Wissen für ihre Aufgaben benötigen. Dies bedeutet, daß die Schule die Infektion nicht allen Lehrern bekanntgeben darf. Vielmehr sind nur die Lehrer auf die Information

---

455 Dammann in Simitis/Dammann/Geiger/Mallmann/Walz § 3 Rn. 194.

456 § 1 IV BremGzDSSchulwesen; § 70 I SchulGMV; § 57 I ThürSchulG.

457 siehe oben S. 80.

458 siehe oben S. 74.

angewiesen, die das betreffende Kind tatsächlich beaufsichtigen. Bei der Entscheidung über den Erlaß von Ordnungsmaßnahmen darf der Schulleiter sein Wissen nicht preisgeben, wenn das zuständige Gremium schon wegen unkontrollierbarer Aggressionen, d. h. unabhängig von einer Ansteckungsgefahr zu weitestgehenden Mitteln greifen möchte. Die Infektion ist dann nicht mehr entscheidungserheblich.

Außerdem ist zu beachten, daß der Betroffene bzw. dessen Eltern in Bremen nur zu freiwilligen Auskünften verpflichtet ist.[459] Soweit er eine entsprechende Frage der Schule beantwortet, muß ihn die Schule zuvor über die beabsichtigten Verwendungsmöglichkeiten aufklären. Haben die Eltern bzw. der die Folgen der Datenverarbeitung überblickende Minderjährige die Information unaufgefordert erteilt, darf die Schule - wie bereits oben ausgeführt -[460] die Information auch ohne sein Einverständnis im Rahmen ihrer Aufgabenerfüllung verarbeiten (es handelt sich dann um eine verwertbare Spontanauskunft).

(2) Berlin und Schleswig-Holstein

In Berlin und Schleswig-Holstein gibt es keine speziellen Regelungen für eine Datennutzung in der Schule. Dort ist jedoch festgelegt, daß eine Datenverarbeitung erfolgen darf, soweit dies zur Aufgabenerfüllung der Schule erforderlich ist.[461] Nach den allgemeinen Datenschutzgesetzen dieser Länder stellt das Nutzen eine Verarbeitungsform dar,[462] so daß nach dieser Generalklausel auch eine Weitergabe innerhalb der verarbeitenden Stelle erfolgen darf. Die Nutzung ist auch verhältnismäßig. Soweit die Lehrer informiert werden, gelten dieselben Erwägungen wie für die Datenerhebung.[463] In Berlin und Schleswig-Holstein sind in den maßgeblichen Konferenzen auch Schüler und Eltern vertreten.[464] Diese dürfen nach den hier gewonnenen Ergebnissen eigentlich gerade nicht informiert werden.[465] Man muß aber berücksichtigen, daß die Konferenzen nur für schwerwiegende Ordnungsmaßnahmen wie beispielsweise den Schulausschluß zuständig sind und somit ein erhebliches Fehlverhalten des Schülers vorangegangen sein muß. In Anbetracht der daraus resultierenden erhöhten Gefahr für

---

459 siehe oben S. 67.

460 siehe oben S. 92 ff.

461 § 5a I SchulGBln; § 50 SchulGSH.

462 § 4 II Nr. 7 BlnDSG; § 2 II Nr. 5 LDSGSH.

463 siehe oben Fn. 457.

464 siehe oben Fn. 449.

465 siehe oben S. 106 ff.

andere Schüler ist der Infizierte weniger schutzwürdig als ein sich in die Gemeinschaft integrierendes Kind. Darüber hinaus erfahren auch nur die in den Konferenzen vertretenen Eltern und Schüler (in der Regel je zwei) über die Vorgänge. Sie sind zur Verschwiegenheit verpflichtet.[466] Zuwiderhandlungen können sogar strafrechtlich nach § 203 II Nr. 1 StGB geahndet werden. Nach § 11 I Nr. 2 StGB ist Amtsträger auch eine Person, die dazu bestellt ist, bei einer Behörde oder sonstigen Stelle Aufgaben der öffentlichen Verwaltung wahrzunehmen. Dabei ist unerheblich, wie die Bestellung erfolgt ist. Dies kann zum Beispiel durch eine Wahl geschehen.[467] Auch schadet es nicht, wenn die betreffende Person noch minderjährig ist.[468] Die Eltern und Schüler werden als Vertreter in die schulischen Gremien gewählt und nehmen dort öffentlich-rechtliche Aufgaben der Schule wahr. Sie sind daher Amtsträger[469] und als solche nach § 203 II Nr. 1 StGB strafbar. Die Gefahr eines allgemeinen Bekanntwerdens ist demnach wesentlich geringer als bei einer Mitteilung an alle Schüler oder Eltern. Demnach ist auch in Berlin und Schleswig-Holstein die Benachrichtigung der Personen gestattet, die die Information für ihre Aufgabenerfüllung benötigen.

In Berlin ist außerdem zu beachten, daß der Betroffene bzw. dessen Eltern nicht zur Information verpflichtet sind.[470] Eine Nutzung kann daher nur erfolgen, wenn die Schule den Betroffenen bzw. seine Eltern bei der Befragung über die weitere Verarbeitung aufgeklärt hat oder eine verwertbare Spontanauskunft vorliegt.

(3) Brandenburg, Hamburg, Niedersachsen, Rheinland-Pfalz und Sachsen-Anhalt

In Brandenburg, Hamburg, Niedersachsen, Rheinland-Pfalz und Sachsen-Anhalt fehlt ebenfalls eine ausdrückliche Regelung in den Schulgesetzen. Diese Länder haben in ihren Datenschutzgesetzen festgelegt, daß Weitergaben von Informationen innerhalb der verarbeitenden Stelle nicht wie Nutzungen zu

---

466 § 6 SchulVerfGBln; § 7 VI Erziehungs- und OrdnungsmaßnahmenVOBbg; § 75 VI SchulGMV; § 41 NSchulG; § 4 SchulMGS; § 29 III SchulGLSA; § 97 I SHSchulG.

467 Dreher/Tröndle § 11 StGB Rn. 20.

468 Dreher/Tröndle § 11 StGB Rn. 21; Sch/Sch/Eser § 11 StGB Rn. 29.

469 Heckel/Avenarius S. 90.

470 siehe oben S. 67 f.

behandeln sind, sondern die Übermittlungsvorschriften entsprechend gelten.[471] Gleichzeitig dürfen die Schulen in diesen Ländern nach den schulgesetzlichen Regelungen Daten an die Schulbehörden übermitteln, wenn dies zur Aufgabenerfüllung erforderlich ist.[472] Da die Datennutzung innerhalb derselben Behörde ein noch schwächerer Eingriff ist als die Übermittlung an eine andere Behörde, ist eine Weitergabe nach diesen Vorschriften innerhalb derselben datenverarbeitenden Stelle erst recht erlaubt. Demnach darf die Schule diejenigen Personen benachrichtigen, die die Information zur Erfüllung ihrer Aufgaben benötigen. Neben den zuständigen Lehrern sind dies in Brandenburg, Niedersachsen und Sachsen-Anhalt auch die an den Konferenzen beteiligten Eltern und Schüler.[473]

Auch hier ist zu beachten, daß in Niedersachsen und Sachsen-Anhalt eine Verpflichtung zur Beantwortung entsprechender Fragen nicht besteht.[474] Eine Nutzung ist daher nur erlaubt, wenn die Schule bei der Erhebung über die beabsichtigte Verwendung aufgeklärt hat bzw. eine verwertbare Spontanauskunft vorliegt.

(4) Bayern

Auch in Bayern fehlt eine ausdrückliche Regelung des Nutzungstatbestands in den Schulgesetzen. Art. 85 I BayEUG erlaubt die Datenverarbeitung, wenn sie zur Aufgabenerfüllung erforderlich ist.[475] Nach dem bayerischen Datenschutzgesetz stellt das Nutzen von Daten aber einen eigenständigen, nicht unter die Datenverarbeitung fallenden Tatbestand dar.[476] Dementsprechend scheint die schulgesetzliche Regelung keine Möglichkeit zur Weitergabe innerhalb desselben Zuständigkeitsbereichs zu bieten. Zu überlegen ist, ob das allgemeine Datenschutzgesetz, auf das sich das Schulgesetz ausdrücklich bezieht,[477] ergänzend herangezogen werden kann. Die hier vorliegende Datennutzung stellt einen

---

471 § 14 V BbgDSG; § 14 V HmbDSG; § 3 II Nr. 7 NDSG; § 14 V LDSGRP; § 14 V SDSG; § 11 VI DSGLSA.

472 § 65 VI BbgSchulG; § 98 III HmbSchulG; § 2 Niedersächsische „VO über die Verarbeitung personenbezogener Daten von Schülerinnen, Schülern sowie ihrer Erziehungsberechtigten“; § 54 a I SchulGRP; § 84 a SchulGLSA.

473 vgl. oben Fn. 449.

474 siehe oben S. 67.

475 § 85 I BayEUG.

476 Art. 4 VII BayDSG.

477 Art. 85 BayEUG.

geringfügigen Eingriff in die Rechte des Betroffenen dar. Es ist daher auch gerechtfertigt, einen Rückgriff zuzulassen. Im übrigen kann man davon ausgehen, daß die hier entstandene Lücke lediglich Folge eines Redaktionsversehens ist, da kaum vorstellbar ist, daß der schwerwiegende Eingriff der Übermittlung an Dritte unter Umständen zulässig sein soll, nicht aber die Weitergabe innerhalb derselben Behörde. Die Datennutzung darf demnach erfolgen, wenn sie zur Aufgabenerfüllung erforderlich ist und zu dem Zweck geschieht, zu dem die Daten erhoben bzw. gespeichert worden sind.[478] Dies ist hier zu bejahen, so daß auch in Bayern die Schule die Information an diejenigen Personen weitergeben darf, die sie zur Erfüllung ihrer Aufgaben benötigen. Es handelt sich dabei nur um Mitglieder der Lehrerschaft, da eine Beteiligung von Eltern und Schülern an Entscheidungen über Ordnungsmaßnahmen nicht vorgesehen ist.

(5) Hessen, Nordrhein-Westfalen und das Saarland

In Hessen fehlt es sowohl im Schulgesetz als auch im allgemeinen Datenschutzgesetz an einer ausdrücklichen Regelung. Man wird aber aus Gründen der Funktionsfähigkeit der Verwaltung die Benachrichtigung zumindest nach den Übermittlungstatbeständen zulassen müssen. Dies gilt um so mehr, als daß in Hessen Gesundheitsdaten nur verarbeitet werden dürfen, wenn sie von den Eltern freiwillig mitgeteilt worden sind.[479] Im Saarland dürfen Gesundheitsdaten ebenfalls nur verarbeitet werden, wenn die Eltern diese der Schule freiwillig mitteilen. Die Nutzung stellt dabei nach § 3 II SDSG eine Verarbeitungsform dar. Freiwilligkeit ist - wie oben bereits ausgeführt - im Sinne einer Einwilligung auch in die weitere Datenverarbeitung zu interpretieren.[480] In Nordrhein-Westfalen darf eine Verarbeitung von Gesundheitsdaten, zu der nach § 3 II DSGNW auch die Nutzung dieser Daten zählt, nur erfolgen, wenn diese für Unterrichtszwecke erforderlich sind. Es ist aber keine Situation denkbar, in der HIV oder Aids im Unterricht von Bedeutung sein könnte.[481] Andere Daten kann die Schule erheben und verarbeiten, wenn der Betroffene bzw. dessen Eltern eingewilligt haben. Dementsprechend dürfen in Hessen, Nordrhein-Westfalen und dem Saarland die maßgeblichen Personen nur benachrichtigt werden, soweit die Eltern einer Weitergabe zugestimmt haben. Es handelt sich hierbei in Hessen und Nordrhein-Westfalen nur um Mitglieder der

---

478 § 12 I LDSGBW; Art. 15 Abs. 1 BayDSG; § 12 I SächsDSG.

479 siehe oben S. 68.

480 siehe oben S. 109 f.

481 siehe oben S. 109 f.

Lehrerschaft; im Saarland hingegen sind auch Schüler und Eltern an den Entscheidungen über Ordnungsmaßnahmen beteiligt.[482]

(6) Baden-Württemberg und Sachsen

In Baden-Württemberg und Sachsen existieren derzeit keine speziellen datenschutzrechtlichen Regelungen in den Schulgesetzen. Es stellt sich die Frage, ob eine Nutzung nach den allgemeinen Datenschutzgesetzen erfolgen darf. Grundsätzlich bedarf es zur Datenverarbeitung in der Schule einer bereichsspezifischen Regelung. Eine solche ist in beiden Ländern bisher nicht ansatzweise erkennbar. Auch die Übergangszeit ist angesichts der Tatsache, daß das Volkszählungsurteil des Bundesverfassungsgerichts aus dem Jahre 1983 stammt, mittlerweile verstrichen. Dabei ist eine solche Regelung, wie auch die Vorschriften der anderen Länder zeigen, durchaus möglich. Die Schule muß daher die Eingriffsintensität auf ein absolutes Minimum beschränken. Angesichts der Tatsache, daß die Verwendung höchst sensibler Informationen wie beispielsweise Gesundheitsdaten - auch unabhängig von der jeweiligen Verarbeitungsform - immer einen erheblichen Eingriff in das Recht auf informationelle Selbstbestimmung darstellt, darf die schulische Informationstätigkeit jedenfalls in diesem Bereich nur mit Einwilligung des Betroffenen bzw. dessen Eltern erfolgen.[483]

(7) Ergebnis

Demnach darf in allen Ländern eine Benachrichtigung der aufsichtsführenden Lehrer sowie der Personen erfolgen, die in den für mögliche Ordnungsmaßnahmen zuständigen Gremien vertreten sind. Dabei ist zu beachten, daß dies in Baden-Württemberg, Hessen, Nordrhein-Westfalen, dem Saarland und Sachsen nur möglich ist, wenn die Eltern der Nutzung zugestimmt haben.

b) Information der Schulaufsichtsbehörden

Soweit die Schule die Schulaufsichtsbehörden benachrichtigt, verläßt die Information die Schule und gelangt in eine andere speichernde Stelle. Es handelt sich daher um eine Übermittlung im öffentlichen Bereich.

---

482 siehe oben Fn. 449.

483 vgl. auch oben S. 115.

(1) Berlin, Brandenburg, Hamburg, Mecklenburg-Vorpommern, Niedersachsen, Rheinland-Pfalz, Sachsen-Anhalt und Schleswig Holstein

In Berlin, Brandenburg, Hamburg, Mecklenburg-Vorpommern, Niedersachsen, Rheinland-Pfalz, Sachsen-Anhalt und Schleswig-Holstein dürfen Daten an die Schulaufsichtsbehörden übermittelt werden, wenn dies zur Aufgabenerfüllung der Schule oder der Schulaufsichtsbehörde erforderlich ist.[484] Soweit die Schule einen Schulausschluß verhängen möchte, bedarf es einer Entscheidung oder zumindest der Zustimmung der Schulaufsichtsbehörde.[485] Die Benachrichtigung ist daher sowohl aufgrund der Fürsorgeaufgaben der Schule, die andernfalls schwerwiegende, auch durch ein Ansteckungsrisiko begründete Maßnahmen nicht ergreifen könnte, als auch zur Aufgabenerfüllung der Schulaufsicht erforderlich. Eine Übermittlung der Daten ist auch verhältnismäßig. Die Notwendigkeit der Einschaltung der Schulbehörden ergibt sich aus einem wiederholten und schweren Fehlverhalten des infizierten Schülers. Dieser ist daher weniger schutzwürdig als ein sich in die Gemeinschaft integrierendes Kind. Darüber hinaus verbleibt die Information im öffentlichen Bereich, der verpflichtet ist, sich über die Risiken der Krankheit umfassend aufzuklären. Außerdem dürfen auch hier nur die unmittelbar an der Entscheidung beteiligten Personen unterrichtet werden.

Demzufolge darf die Schule in Berlin, Hamburg, Mecklenburg-Vorpommern, Niedersachen, Rheinland-Pfalz, Sachsen-Anhalt und Schleswig-Holstein die im Einzelfall zuständigen Schulaufsichtsbehörden informieren.

In Berlin, Niedersachsen und Sachsen-Anhalt ist darüber hinaus zu beachten, daß der Betroffene bzw. dessen Eltern nicht zur Auskunft verpflichtet sind. Die Schule muß daher bereits bei der Befragung über diese mögliche Verwendung aufgeklärt haben. Im übrigen kann aber auch eine verwertbare Spontanauskunft vorliegen.

---

484 § 5 a II BlnSchulG; § 65 VI BbgSchulG; § 98 III HmbSchulG; § 70 II SchulGMV; § 2 der niedersächsischen „VO über die Verarbeitung personenbezogener Daten von Schülerinnen, Schülern sowie ihrer Erziehungsberechtigten" vom 30.9.1994 (NGVBl. S. 455); § 54 I SchulGRP; § 84 a SchulGLSA; § 50 III SHSchulG.

485 siehe oben Fn. 450.

(2) Bayern

In Bayern darf die Schule nach Art. 85 I BayEUG personenbezogene Daten verarbeiten, wenn dies zur Aufgabenerfüllung der Schule erforderlich ist. Die Übermittlung stellt nach Art. 4 V Nr. 3 BayDSG eine Form der Verarbeitung dar. Soweit die Schulaufsicht an den möglichen Entscheidungen mitwirkt, ist eine Benachrichtigung der dort zuständigen Personen auch notwendig. Gegen eine Übermittlung spricht auch nicht, daß Art. 85 II BayEUG die Übermittlung an außerschulische Stellen untersagt. Bei den Schulbehörden handelt es sich ebenfalls um schulische Stellen, da sie aufgrund der staatlichen Kompetenzverteilung auch innerhalb der Einzelschule Aufsichts- und Entscheidungsbefugnisse haben. Im übrigen zeigt schon die Beschränkung des Übermittlungsverbots auf außerschulische Stellen, daß Übermittlungen innerhalb der Schule gerade nicht ausgeschlossen sein sollen. Übermittlungen innerhalb der Einzelschule sind aber - wie schon oben ausgeführt - nicht denkbar.[486] „Innerschulische" Datenübermittlungen kann es vielmehr nur bei der Zusammenarbeit von Einzelschule und Schulbehörden geben. Folglich darf auch in Bayern die Schulaufsicht informiert werden.[487]

(3) Bremen

In Bremen dürfen Gesundheitsdaten auch ohne Einwilligung des Betroffenen übermittelt werden, wenn dies zur Wahrnehmung der Dienst- und Fachaufsicht oder innerhalb eines Verwaltungsverfahrens erforderlich ist.[488] Fraglich ist, ob damit das Verwaltungsverfahren im engeren Sinn nach § 9 VwVfG gemeint oder weitergehend auch jede innerbehördliche Maßnahme erfaßt ist. Nach § 9 VwVfG zählen zum Verwaltungsverfahren u. a. alle nach außen wirkenden Tätigkeiten der Behörden, die auf die Prüfung der Voraussetzungen, die Vorbereitung und den Erlaß eines Verwaltungsaktes gerichtet sind. Ein Schulausschluß bedarf in Bremen nach § 7 der bremischen „Verordnung über das Verfahren bei Ordnungsmaßnahmen in der Schule"[489] der Zustimmung der Schulaufsicht. Die Entscheidung über einen Schulausschluß ist ein Verwaltungsakt, so daß die Information der Schulbehörde als vorbereitende Maßnahme anzusehen ist. In Anbetracht der Tatsache, daß die Information das Recht auf

---

486 siehe oben S. 131.

487 Falckenberg/Schiedermair/Amberg § 62 BayEUG Rn. 6.

488 § 4 II BremGzDSSchulwesen.

489 ABl. 1975, S. 529.

informationelle Selbstbestimmung beeinträchtigt, entfaltet die Benachrichtigung der Schulaufsicht auch unmittelbare Wirkung nach außen. Dies führt dazu, daß jede Datenverarbeitung im Rahmen eines auf den Erlaß eines Verwaltungsakts abzielenden Vorgangs stets dem Verwaltungsverfahren im engeren Sinn zuzurechnen ist.[490] Demnach handelt es sich um eine Tätigkeit im Sinne des § 9 VwVfG, so daß offen bleiben kann, ob sich § 4 II des Bremischen Gesetzes zum Datenschutz im Schulwesen auf das Verwaltungsverfahren im engeren oder weiteren Sinn bezieht. Im Ergebnis darf die Schule die Aufsichtsbehörden daher im Rahmen der Entscheidung über einen Schulausschluß informieren.

Allerdings ist zu beachten, daß in Bremen der Betroffene bzw. die Eltern nicht zur Auskunft verpflichtet sind. Die Schule muß daher über die mögliche Verwendung aufgeklärt haben, oder es muß eine verwertbare Spontanauskunft vorliegen.

(4) Thüringen

In Thüringen ist festgelegt, daß die Schule, Schulaufsichtsbehörden und der Schulträger in Erfüllung ihrer Aufgaben personenbezogene Daten von Schülern verarbeiten dürfen.[491] Gleichzeitig regelt § 57 IV ThürSchulG die Voraussetzungen für eine Weitergabe von Daten an Dritte. Danach darf eine Benachrichtigung nur erfolgen, wenn ein rechtliches Interesse des Dritten an den Daten besteht, die Gesundheitsämter die Daten im Rahmen der schulärztlichen Gesundheitspflege benötigen oder eine Einwilligung des Betroffenen vorliegt. Es stellt sich die Frage, ob Dritte auch die zur Datenverarbeitung berechtigten Behörden sind. Dafür spricht, daß die Datenschutzgesetze jede Stelle außerhalb der speichernden Stelle als Dritte ansehen. Schule, Schulträger und Schulaufsicht sind aber durch die staatliche Kompetenzverteilung eng miteinander verbunden. Es handelt sich um die Schule im weiteren Sinn. Die Schulaufsichtsbehörden üben die Rechts- und Fachaufsicht über die Arbeit der Einzelschule aus. In einigen Fällen - wie beispielsweise bei schwerwiegenden Ordnungsmaßnahmen - sind ihnen auch eigene Kompetenzen innerhalb der Einzelschule zugewiesen. Die Funktionsfähigkeit der Schule setzt daher die Zulässigkeit der Übermittlung von in der Schule gespeicherten Daten an die Schulbehörden zwingend voraus. Es ist daher anzunehmen, daß die Bezeichnung Dritte nicht im Sinne der Datenschutzgesetze, sondern im schulischen Sinn zu verstehen ist, mit der Folge, daß

---

490 Badura in Erichsen AllgVerwR § 34 Rn. 18.

491 § 57 I ThürSchulG.

sich Übermittlungen zwischen den zur Datenverarbeitung befugten Stellen nicht nach § 57 IV ThürSchulG, sondern nach Absatz I richten. Daraus folgt, daß die Schule der Schulaufsichtsbehörde Daten übermitteln darf, wenn dies zur Aufgabenerfüllung erforderlich ist. Wie bereits ausgeführt, ist dies im Rahmen der Entscheidung über einen Schulausschluß der Fall. Demnach darf auch in Thüringen die Schulaufsichtsbehörde informiert werden.

(5) Hessen, Nordrhein-Westfalen und das Saarland

Wie bereits oben ausgeführt, dürfen in diesen Ländern Gesundheitsdaten nur verarbeitet werden, wenn der Betroffene bzw. dessen Eltern in die Verarbeitung eingewilligt haben.[492] Folglich besteht in diesen Ländern auch keine Möglichkeit die Schulaufsichtsbehörden gegen den Willen der Eltern zu informieren.

(6) Baden-Württemberg und Sachsen

Wie schon oben aufgezeigt, dürfen die Schulen in Baden-Württemberg und Sachsen mangels spezialgesetzlicher Regelungen jedenfalls die höchst sensiblen Gesundheitsdaten nicht ohne Einwilligung der Eltern verarbeiten.[493] Daher ist auch in diesen Ländern eine Benachrichtigung der Schulaufsicht gegen den Willen der Eltern nicht möglich.

(7) Ergebnis

Demzufolge darf die Schule die Schulaufsichtsbehörden im Rahmen der Entscheidung über einen Schulausschluß informieren. In Baden-Württemberg, Hessen, Nordrhein-Westfalen, dem Saarland und Sachsen bedarf es hierzu jedoch der Einwilligung der Eltern.

III. Ergebnis

Eine namentliche Nennung des Kindes darf zur Zeit grundsätzlich nicht erfolgen. Die Schule kann aber, soweit sie in Hinblick auf die Erkrankung Vorkehrungen treffen muß, die Entscheidungsträger bzw. die die Maßnahmen

---

492 siehe oben S. 109 f., 136.

493 siehe oben S. 115, 137.

ausführenden Lehrer informieren. Hierzu bedarf es in Baden-Württemberg, Hessen, Nordrhein-Westfalen, dem Saarland und Sachsen der Einwilligung des Betroffenen bzw. der Eltern. Darüber hinaus dürfen die Eltern eines infizierten, minderjährigen Schülers nach Art. 6 II GG informiert werden, wenn dies im Interesse des Kindes ist.

B. Informationen, die ohne Namensnennung erfolgen

Die Schule könnte, ohne einen Namen zu nennen, Eltern und Schüler über das Auftreten einer HIV-Infektion in Kenntnis setzen. Der Vorteil einer derartigen Information bestünde darin, daß die Eltern - auch außerhalb der Schule - auf die Einhaltung der notwendigen Hygieneregeln achten und so das Risiko einer Ansteckung bei Unfällen vermindert werden könnte.

I. Grundrechtliche Relevanz

Es stellt sich die Frage, ob auch die nicht mit einer Namensnennung verbundene Benachrichtigung von Eltern und Schülern einen Eingriff in Grundrechte des Infizierten begründet. Informationelle Selbstbestimmung gewährt dem Einzelnen das Recht über die Preisgabe und Verwendung personenbezogener Daten selbst zu entscheiden. Auch anonymisierte Daten stammen ursprünglich vom Betroffenen. Man könnte daher annehmen, daß sich sein Entscheidungsrecht auch auf die Verwendung dieser Daten bezieht. Durch die Anonymisierung wird der Personenbezug jedoch vollständig aufgehoben, mit der Folge, daß der Betroffene die mit einer Datenverarbeitung verbundenen Nachteile gerade nicht zu befürchten hat. Die Möglichkeit einer Rechtsverletzung ist dann nicht mehr ersichtlich.[494] Dies kann aber nur solange gelten, wie Rückschlüsse auf die betreffende Person tatsächlich nicht möglich sind. Sobald die Information einer Person zugeordnet werden kann, diese also bestimmbar ist, stellt sich für den Betroffenen dieselbe Interessenlage wie bei einer Nennung seines Namens. Dementsprechend definieren die Datenschutzgesetze personenbezogene Daten auch als Einzelangaben über eine bestimmte oder bestimmbare natürliche

---

494 BVerfGE 65, 1, 51.

Person.[495] Bestimmbar ist eine Person, wenn ihre Identität anhand von Zusatzwissen zu ermitteln ist. Dieses kann beispielsweise aus allgemein zugänglichen Quellen stammen. Denkbar ist aber auch, daß ein Dritter durch Befragungen bzw. der Betroffene selbst durch Äußerungen oder sein Verhalten zu einer Individualisierung beitragen.[496] Man könnte annehmen, daß zumindest im letzten Fall der Betroffene sein Verhalten auf die ihm bewußte Gefahr einstellen und somit eine Zuordnung der Information verhindern könnte. Dabei ist aber zu berücksichtigen, daß das Recht auf informationelle Selbstbestimmung Teil des allgemeinen Persönlichkeitsrechts ist und als solches voraussetzt, daß nicht nur jeder frei entscheiden kann, welche persönlichen Lebenssachverhalte er offenbaren möchte, sondern auch, daß er sich dieser Entscheidung entsprechend verhalten kann.[497] Muß er befürchten, daß scheinbar harmlose Äußerungen und Verhaltensweisen im Zusammenhang mit staatlicher Informationstätigkeit zu einem Bekanntwerden anderer Sachverhalte führen, an deren Geheimhaltung er interessiert ist, muß er sein Verhalten darauf einstellen und wird damit genau in dieser Entscheidungsfreiheit beschränkt.[498]

Soweit die Schule das Auftreten einer HIV-Infektion bekannt gibt, stellt sich die Frage, ob der Infizierte anhand von Zusatzwissen bestimmbar ist. Angesichts der Geheimhaltung des Namens spricht eine gewisse Wahrscheinlichkeit dafür, daß andere Schüler oder deren Eltern neugierig werden und versuchen, den Namen des Infizierten durch gezielte Fragen und Beobachtungen zu ermitteln. Der Infizierte muß aufgrund seiner Krankheit häufig zum Arzt und regelmäßig, auch während der Schulzeit Medikamente einnehmen. Er unterscheidet sich daher in seinem Verhalten erheblich von anderen die Schule besuchenden Personen. Sobald innerhalb der Schule bekannt wird, daß ein Schüler oder Lehrer HIV-positiv ist, werden andere diese Verhaltensweisen sehr schnell mit der Krankheit in Verbindung bringen und auf diese Art den Infizierten ermitteln. Wenn dieser die Infektion geheimhalten möchte, muß er daher die häufigen Arztbesuche und Medikamenteneinnahmen verschweigen. Dies dürfte gerade bei Kindern kaum möglich sein. Angesichts dieser Umstände ist die Gefahr des Bekanntwerdens der Identität des Betroffenen sehr hoch. Dies bedeutet, daß auch die nicht mit einer Namensnennung verbundene Auskunft noch einen Personenbezug aufweist, mit der Folge daß ein Eingriff in das Recht auf

---

495 Diese Legaldefinition findet sich in § 3 I BDSG sowie allen gleichlautenden Vorschriften der Länder.

496 Dammann in Simitis/Dammann/Geiger/Mallmann/Walz § 3 BDSG Rn. 36.

497 BVerfGE 65, 1, 42 f.

498 Dammann in Simitis/Dammann/Geiger/Mallmann/Walz § 3 BDSG Rn. 36.

informationelle Selbstbestimmung vorliegt, der einer entsprechenden Ermächtigungsgrundlage bedarf.

II. Anforderungen an eine gesetzliche Ermächtigungsgrundlage

Welche Anforderungen an die Art und die Regelungsdichte einer gesetzlichen Grundlage zu stellen sind, richtet sich nach der Wesentlichkeitstheorie.[499] Entscheidend ist demnach, wie intensiv sich die anonyme Mitteilung auf die Grundrechtssphäre des Betroffenen auswirkt. Bei einer Weitergabe der Daten ohne Namensnennung kommt es dabei in erster Linie auf die Art der weitergegebenen Daten, die Gefahr des Bekanntwerdens des Namens und die Auswirkungen der anonymen Information auf die Entscheidungsfreiheit und das Verhalten des Betroffenen innerhalb der Gemeinschaft an. Bei der anonymen Mitteilung über eine HIV-Infektion in der Schule besteht die große Gefahr eines Bekanntwerdens sehr intimer Daten des Betroffenen. Versucht der Infizierte die Aufdeckung zu vermeiden, muß er auch gegenüber Freunden viele Bereiche seines persönlichen Lebens wie zum Beispiel Arztbesuche und Medikamenteneinnahmen nicht nur verschweigen, sondern regelrecht vertuschen. Dies kann dazu führen, daß zumindest bei Kindern Schuld- und Bestrafungsgefühle entstehen, da sie kaum einsehen werden, warum sie ihre Alltagserlebnisse niemanden erzählen dürfen. Weiterhin bestünde die Gefahr wilder Verdächtigungen innerhalb der Schule, die die Zusammenarbeit aller am Schulverhältnis beteiligten Personen nicht unerheblich erschweren dürfte. Der Infizierte könnte sich genötigt sehen, um dem psychischen Druck des Entdecktwerdens zu entgehen, die Infektion auch gegen seinen ursprünglichen Willen zu offenbaren. Die Auskunft über das Auftreten einer HIV-Infektion in der Schule würde daher mit großer Wahrscheinlichkeit zur Aufdeckung der Identität des Infizierten führen und stellt daher einen ebenso intensiven Eingriff in das Recht auf informationelle Selbstbestimmung dar wie eine namentliche Information.

Nach den hier gewonnen Ergebnissen besteht keine Möglichkeit andere Schüler oder Eltern über die Identität eines Infizierten zu unterrichten. Die in diesem Zusammenhang diskutierten Normen verwehren schon tatbestandsmäßig die Bekanntgabe von Gesundheitsdaten, unabhängig davon, ob dies mit einer ausdrücklichen Namensnennung verbunden ist oder nicht.[500] Dementsprechend

---

499 siehe oben S. 27 ff.

500 siehe oben S. 97 ff.

kann auch eine anonyme Mitteilung nicht auf diese Regelungen gestützt werden. Weitere, speziell auf eine anonyme Information zugeschnittene Ermächtigungsgrundlagen sind nicht ersichtlich.

III. Ergebnis

Die Schule darf ohne Einwilligung des Betroffenen bzw. dessen Eltern andere Schüler oder Eltern nicht über das Auftreten einer HIV-Infektion unterrichten.

C. Aufklärungspflicht der Schule

In den Schulen wird heute allgemein über Aids aufgeklärt. Im folgenden soll aufgezeigt werden, ob eine Aids-Aufklärung in den Schulen überhaupt zulässig ist und welchen Inhalt dieser Unterricht haben darf (I.). Anschließend werden die praktischen Probleme, die sich bei der Aids-Aufklärung in der Schule ergeben, dargestellt und anhand zweier Beispiele aus der Praxis Lösungsansätze für diese Probleme aufgezeigt (II.). Abschließend soll der Frage nachgegangen werden, welche Möglichkeiten Eltern haben, gegen ihnen mißfallende Unterrichtsmethoden vorzugehen (III.).

I. Zulässigkeit und Inhalt des Unterrichts

Die Aids-Aufklärung erfolgt aufgrund der bekannten Hauptansteckungsrisiken im Rahmen des allgemeinen Sexualkundeunterrichts.[501]
Die Zulässigkeit der schulischen Sexualerziehung ist seit dem Beschluß des Bundesverfassungsgerichts vom 21. Dezember 1977[502] zu diesem Thema

501 siehe Erster Zwischenbericht der Enquête-Kommission „Gefahren von AIDS und wirksame Wege zur Eindämmung" des Deutschen Bundestages vom 16. Juni 1988, abgedruckt in Goebel/Hehlmann/Gauweiler 1.5.1 S. 151 f..

502 BVerfGE 47, 46 ff.

allgemein anerkannt.[503] Das Gericht erkannte in dieser Entscheidung die individuelle Sexualerziehung als vornehmlich natürliches Recht der Eltern an, was sich insbesondere daraus ergebe, daß sich Fragen zur Sexualität eher im privaten und familiären Bereich stellen und dort auch geklärt werden könnten.[504] Andererseits weise Sexualität jedoch vielschichtige gesellschaftliche Bezüge auf. Das Sexualverhalten des einzelnen stelle sich dabei als Teil des Allgemeinverhaltens dar. Der verantwortungsbewußte Umgang mit der eigenen Sexualität sei daher ein wichtiger Bestandteil der Gesamterziehung des Kindes.[505] Demzufolge dürfe der Staat über die bloße Wissensvermittlung hinaus Sexualerziehung in den Schulen anbieten. Diese Argumentation des Bundesverfassungsgerichts hat durch das Auftreten von Aids eine neue Aktualität gewonnen. Der verantwortungsbewußte Umgang mit der eigenen Sexualität ist derzeit das wirksamste Mittel, sich und auch andere vor einer Ansteckung zu schützen. Eine effektive schulische Aids-Aufklärung ist vor allem deshalb so wichtig, weil sich die Bundesregierung entschlossen hat, möglichst keine repressiven Maßnahmen gegen HIV-Infizierte und Aids-Kranke zu ergreifen, sondern im breiten Umfang auf Aufklärung setzt.[506] In Anbetracht der Tatsache, daß Aids in den letzten Jahren kein ständiges Medienthema mehr ist, besteht aber die Gefahr, daß die Aufmerksamkeit dieser Krankheit gegenüber abnimmt und so das Risikoverhalten wieder zunimmt. Die weitere Ausbreitung von HIV und Aids wird stark davon abhängen, wie sich die heutigen Jugendlichen verhalten. Nur wenn sie ausreichend aufgeklärt sind und ihr Verhalten auch tatsächlich auf die drohende Infektion einstellen, besteht eine realistische Chance, die Zahlen in der Zukunft zu senken. Die schulische Aufklärung ist dabei das effektivste Mittel überhaupt, da die meisten Jugendlichen erreicht werden und sich die Schüler diesem Unterricht nicht entziehen können. Daher stellt die Aufklärung über Aids nicht mehr nur ein Teil des individuellen Erziehungsrechts der Eltern dar, sondern ist von erheblicher Bedeutung für das Zusammenleben in der Gesellschaft überhaupt. Die schulische Aids-Aufklärung im Rahmen des allgemeinen Sexualkundeunterrichts ist daher zulässig.

---

503 BVerwGE 47, 194 ff.; BVerwGE 57, 360 ff.; Heckel/Avenarius S. 359 f.; von Münch/Kunig/E. M. von Münch Art. 6 GG Rn. 37; Niehues Rn. 336 ff.; Oppermann in JZ 1982, 289 ff.

504 BVerfGE 47, 46, 70 f.

505 Niehues Rn. 336.

506 Endbericht der Enquete-Kommission „Gefahren von AIDS und wirksame Wege zu ihrer Eindämmung“ des Deutschen Bundestages, abgedruckt in Goebel/Hehlmann/Gauweiler 1.5.2., S. 48.

Die schulische Sexualerziehung befindet sich dabei im verfassungsrechtlichen Spannungsfeld zwischen dem elterlichen Erziehungsrecht aus Art. 6 II GG, dem staatlichen Erziehungsauftrag aus Art. 7 I GG und der mit zunehmenden Alter fortschreitenden Persönlichkeit des Kindes, die über Art. 2 I i.V.m. Art. 1 I GG geschützt ist. Weiterhin ist das sich aus Art. 3 III und Art. 4 GG ergebende Toleranzgebot zu beachten, das ein Verbot der Indoktrinierung der Schüler sowie eine Pflicht zur Offenheit gegenüber den vielfachen im sexuellen Bereich möglichen Wertvorstellungen beinhaltet. Aufgrund dieser verfassungsrechtlichen Bedeutung bedarf die schulische Sexualerziehung einer gesetzlichen Grundlage, die die Grundzüge der relevanten Erziehungsziele sowie die Frage, ob Sexualerziehung als fächerübergreifendes Unterrichtsprinzip oder als besonderes Unterrichtsfach mit etwaigen Wahl- und Befreiungsmöglichkeiten durchgeführt werden soll, festlegt. Weiterhin sind das Gebot der Toleranz sowie das elterliche Erziehungsrecht zu berücksichtigen.[507] Diese Voraussetzungen sind zwischenzeitlich in allen Bundesländern erfüllt.[508]

Es ergeben sich dabei drei Aspekte der schulischen Sexualerziehung: Information, Gefahrenbekämpfung und pädagogisches Geleit.[509] Mit dem Ziel, das Kind zu einem verantwortungsbewußten Mitglied der Gesellschaft zu erziehen, darf die Schule daher über geschlechtliche Fragen informieren, soweit das die freie Entfaltung der Persönlichkeit ausschließlich fördert und sexuelle Verklemmungen zu vermeiden hilft.[510] Der Aufklärungsunterricht muß sich daher mit den Ängsten, der Neugier, Risikobereitschaft und Experementierfreudigkeit der Jugendlichen auseinandersetzen. Weiterhin darf die Schule über Gefahren, die mit der Sexualität zusammenhängen, wie zum Beispiel Geschlechtskrankheiten, aufklären, und in diesem Zusammenhang zu einem gewissenhaften Umgang mit der eigenen Sexualität anhalten.[511] Dabei muß die Schule jede Beeinflussung der Schüler zu einem bestimmten Sexualverhalten unterlassen. Sie hat weiterhin das natürliche Schamgefühl zu achten und muß den Unterricht auf den jeweiligen Reifegrad der Schüler abstimmen. Auch auf die religiösen und

---

507 BVerfGE 47, 46, 80; Heckel/Avenarius S. 359;

508 Art. 27 BayEUG; § 100 b BWSchulG; § 22 BlnSchulG; § 12 III BbgSchulG; § 2 II BremSchulG; § 6 HmbSchulG; § 3 IV HSchulVerwG; § 6 SchulGMV; § 96 NSchG; § 1 V SchOGNW; § 1 III RPSchulG; § 15 a SSchulOG; § 59 V SchulGLSA; § 36 SächsSchulG; § 4 VI, VII SchulGSH; § 47 ThürSchulG.

509 BVerfGE 47, 46, 66 f., Niehues Rn. 336.

510 Niehues Rn. 336.

511 Niehues Rn. 336.

weltanschaulichen Vorstellungen der Eltern, soweit sie Einfluß auf die Sexualität haben, ist Rücksicht zu nehmen.[512]

Aufgabe der Schule im Bereich von Aids ist, die Schüler rechtzeitig mit allen Gefahren dieser Krankheit realistisch vertraut zu machen. Das bedeutet, daß die Ungefährlichkeit sozialer Kontakte genauso aufgezeigt werden muß wie die Gefährlichkeit bestimmter sexueller Praktiken. Dabei sind sowohl Möglichkeiten, sich selbst vor einer Ansteckung zu schützen, als auch der verantwortungsvolle Umgang mit einer eigenen Infektion aufzuzeigen. Außerdem muß versucht werden, Ängste im Kontakt mit HIV-Infizierten abzubauen, um einer möglichen Diskriminierungsbereitschaft entgegenzuwirken.[513] Im Zusammenhang mit Aids muß daher offen über Homosexualität, Promiskuität und bestimmte Risikopraktiken gesprochen werden können. Dies bedeutet noch nicht, daß die Schule auf alle Formen möglicher Sexualpraktiken eingehen sollte. Allerdings muß sie sich mit Fragen der Schüler in angemessener Weise auseinandersetzen. Dabei muß die Schule stets darauf achten, daß sie neutral bleibt und eine Beeinflussung der Schüler in die eine oder andere Richtung nicht stattfindet. Diese Gratwanderung dürfte im Einzelfall äußerst schwierig sein, wenn man bedenkt, daß bereits die Bejahung der vorehelichen Sexualität oder der offene Umgang mit anderen Formen der Sexualität als Beeinflussung gewertet wird.[514] Aufklärung muß jedoch stets von bestehenden Realitäten ausgehen. Die Schule muß daher berücksichtigen, daß Schüler heute früher als noch vor zwanzig Jahren sexuelle Erfahrungen machen. Soweit die Schule bei der Aids-Aufklärung von vorehelichem Sex und wechselnden Partnern ausgeht, ist dies somit auch noch keine Beeinflussung, sondern lediglich Offenheit gegenüber den realen Verhältnissen. Würde die Schule diese Tatsachen negieren, ginge dies auf Kosten der Glaubwürdigkeit und damit des Nutzens des gesamten Unterrichts. Auch der offene Umgang mit anderen Formen der Sexualität ist nicht fragwürdig. Im Rahmen von Offenheit und Toleranz kann aufgezeigt werden, daß es andere Formen der Sexualität gibt. Dies führt erst dann zu einer Beeinflussung der Schüler, wenn für ein bestimmtes Verhalten geworben oder davon grundsätzlich abgeraten wird. Hingegen ist ein offener Umgang mit Fragen über z.B. Homosexualität schon deshalb wichtig, weil nicht auszuschließen ist, daß Schüler der Klasse

512 BVerfGE 47, 46, 77; Heckel/Avenarius S. 359; Niehues Rn. 336.

513 siehe „Richtlinien für die Aids-Prävention an bayerischen Schulen", abgedruckt in Goebel/Hehlmann/Gauweiler II. 4. 2. 13., S. 1.

514 vgl. BVerwGE 57, 360, 367.

eventuell homosexuelle Neigungen haben, deren Unterdrückung unter Umständen schwere psychische Schäden verursachen könnte.

Im Rahmen der Aids-Aufklärung könnte sich auch die Frage ergeben, wie ein Kondom praktisch angewendet wird. Es ist daher zu klären, ob die Schule den Gebrauch eines Kondoms im Unterricht demonstrieren darf. Möglicherweise ist hierin eine verbotene Beeinflussung der Schüler und damit ein Verstoß gegen das Toleranzgebot zu sehen. Mit der Erklärung über Funktion und Handhabung eines Kondoms werden bestimmte sexuelle Praktiken jedoch weder befürwortet noch abgelehnt. Auch eine Beeinflussung zu besonders frühem Geschlechtsverkehr ist in einer derartigen Demonstration nicht zu erkennen. Die Schüler werden im Rahmen des Aufklärungsunterrichts mit verschiedenen Verhütungsmethoden vertraut gemacht. Das bedeutet noch nicht, daß sie auch dazu aufgefordert werden, die vorgeschlagenen Mittel in der Praxis auszuprobieren. Das mit zunehmenden Alter wachsende Interesse an sexuellen Erlebnissen wird nicht durch die schulische Sexualerziehung, sondern vielmehr durch Freunde, Fernsehen, Zeitungen u.ä. hervorgerufen. Dabei ist vor allem zu beachten, daß die Darstellung von Sexualität in den Medien und vor allem im Fernsehen heute nahezu alltäglich ist. Diese Neugier, die heutzutage über kurz oder lang auch in die Praxis umgesetzt wird, muß die Schule bei der Gestaltung des Unterrichts berücksichtigen. Aufgabe der Schule ist nicht, im Interesse überkommener Moralvorstellungen diese Tatsachen zu negieren, sondern zu versuchen, Risiken wie ungewollte Schwangerschaften oder Geschlechtskrankheiten zu verhindern. Die Demonstration, wie man mit einem Kondom umgeht, könnte dabei helfen, die Hemmschwelle herabzusetzen, beim „ersten Mal“ ein Kondom zu benutzen und nicht aus falschem Schamgefühl heraus eine Schwangerschaft oder Geschlechtskrankheit zu riskieren. Demnach bedeutet die Demonstration des Gebrauchs eines Kondoms keine verbotene Beeinflussung der Schüler.

Problematischer ist, wie diese Demonstration ablaufen darf. Dabei hat die Schule in erster Linie auf das Persönlichkeitsrecht und damit im Zusammenhang mit dem Aufklärungsunterricht auf den Reifegrad sowie das natürliche Schamgefühl der Schüler Rücksicht zu nehmen. Allein durch das Vorzeigen eines Kondoms dürfte keiner der Schüler in seinem natürlichen Schamgefühl verletzt sein. Der Lehrer sollte jedoch äußerst behutsam vorgehen und versuchen, Berührungsängste abzubauen. Aus diesem Grund sollte die praktische Demonstration auch nicht zu realistisch sein. Es genügt insbesondere ein einfacher Holzstab, um die korrekte Handhabung und die möglichen Unsicherheiten zu erklären. Ein künstlicher, erigierter Penis könnte noch unerfahrene Schüler abschrecken und so Ängste erzeugen, wo Ängste abgebaut werden sollen. Letztendlich ist Sexualität etwas, das jeder selbst in seiner privaten Sphäre erfahren und erleben sollte. Die Schule ist hierfür ein denkbar schlechter Ort.

Weiterhin hat die Schule den individuellen Reifegrad der Schüler zu beachten. Soweit hier im Einzelfall keine Bedenken bestehen, die Schüler mit der Benutzung eines Kondoms zu konfrontieren, darf die Schule grundsätzlich an einem einfachen Holzstab den Gebrauch eines Kondoms demonstrieren. In den einzelnen Klassen wird es häufig größere Unterschiede im Entwicklungs- und Reifeprozeß der Schüler geben. Der Unterricht darf weder auf ein besonders reifes Kind ausgerichtet sein, noch muß in übertriebenen Maße auf ein besonders empfindliches und unreifes Kind Rücksicht genommen werden. Die Schule muß daher im Einzelfall selbst entscheiden, wie der Unterricht unter Berücksichtigung der verfassungsrechtlichen Vorgaben zu gestalten ist.

II. Praktische Probleme der schulischen Aids-Aufklärung und Lösungsansätze

Ein besonderes Problem der Aids-Aufklärung, aber auch der schulischen Sexualerziehung im allgemeinen ist, daß der Lehrer im Rahmen dieses Unterrichts sehr offen sein muß und versuchen sollte, eine gewisse Nähe zu den Schülern herzustellen, wohingegen er im normalen Schulalltag eine distanzierte, sachliche und notengebende Rolle einnimmt. Eine distanzierte Position des Lehrers birgt jedoch die Gefahr, daß die Schüler den Lehrer lediglich als Wissensvermittler wahrnehmen und auf diese Weise den Bezug zur eigenen Sexualität nicht herstellen und damit das eigene Risiko nicht realisieren. Dies gilt um so mehr, als Sexualerziehung im regulären Unterricht stattfindet und daher in die Benotung einfließen könnte. Sexualerziehung, die über Wissensvermittlung hinausgeht, kann man jedoch nicht benoten. Es geht vielmehr um langfristige Schutzziele, deren Ergebnisse und Wirkungen erst in einigen Jahren abgeschätzt werden können. Ziel einer wirksamen Aids-Aufklärung muß daher zunächst sein, diesen Konflikt zwischen Schule als Wissensvermittler und Schule als vertrauenswürdigen Ratgeber zu überwinden. Wie weit die Schule davon in der Realität noch entfernt ist, zeigt zum Beispiel eine 1989 an Heidelberger Schulen durchgeführte Umfrage. So sagten 78, 1 % der befragten Schüler sie würden sich bei persönlichen Problemen mit Aids an die örtliche Aids-Hilfe wenden. 63, 5 % vertrauen sich Ärzten an, 54, 7 % ihren Eltern, 44,6% dem Partner,

28,1 % Freunden, 20,9 % dem Gesundheitsamt und lediglich 6,4 % würden sich an Lehrer ihres Vertrauens wenden.[515]

Diese Probleme vor Augen entwickelte Berlin ein sogenanntes „streetworker-Programm", das in dieser Form weltweit wohl einmalig war und von Juni 1987 bis Dezember 1991 an Berliner Schulen praktiziert wurde. Im Rahmen dieses Programms wurden mehrere ABM-Stellen geschaffen. Die Mitarbeiter wurden speziell für die Aids-Aufklärung geschult und hiernach als externe Lehrer in die Schulen geschickt. Zielgruppe waren Schüler im Alter von 14 bis 17 Jahren, wobei aufgrund der hohen Nachfrage auch jüngere und ältere Jahrgänge, soweit es die Zeit erlaubte, in diesen Unterricht einbezogen wurden. Der Vorteil dieses Programms besteht darin, daß die „Streetworker" speziell für den Aufklärungsunterricht ausgebildet sind. Außerdem haben die Schüler mit diesen Lehrern keinen alltäglichen Umgang. Sie stellen daher wesentlich offenere Fragen und sind insgesamt unbefangener. Ängste der Eltern sollen durch Elternabende im Vorfeld der Veranstaltung, an denen die „Streetworker" teilnehmen, abgebaut werden. Das Programm erbrachte insgesamt positive Ergebnisse. Das Wissen um die Krankheit und deren Ausbreitung und Übertragung wurde insgesamt größer. Insbesondere konnten auch Randgruppen wie Türkinnen besser erreicht werden, obwohl dort auch nach dem Programm noch ein Wissensdefizit im Vergleich zu gleichaltrigen deutschen Mitschülern bestand.[516] Nach Beendigung der Testphase wurde das Programm aus finanziellen Gründen eingestellt und der Aufklärungsunterricht wiederum in die Hände der internen Lehrer gelegt.

Ein anderes Programm stammt aus den Vereinigten Staaten und wurde in einigen deutschen Schulen, z.B. der Berliner John-F.-Kennedy-Schule praktiziert. Beim sogenannten „peer-helper-programme" werden Schüler ausgebildet, die auf Fragen der Mitschüler eingehen und die Verbindung zwischen Lehrern und Schülern herstellen sollen. Die so erkennbar werdenden Fragen, Ängste und Sorgen können dann im regulären Unterricht geklärt werden. Der Vorteil dieses Programms besteht darin, daß die Schüler sich zunächst an gleichaltrige ihres Vertrauens wenden können. Es besteht somit die Möglichkeit eher auf die Bedürfnisse der einzelnen Schüler einzugehen. Auch diese Programme sind für die meisten Schulen nicht finanzierbar, da die Ausbildung der sogenannten peers sowie Räume finanziert und bereitgestellt werden müßten.

---

515 Strehlow/Haffner in Zeitschrift für Sexualforschung 1989, 227, 232.

516 vgl. zum Programm und den Ergebnissen Hachmann/Langemann/Bargstedt S. 21 ff.

III. Rechtsbehelfe der Eltern gegen den Aufklärungsunterricht

Einige Eltern oder Schüler könnten Vorbehalte gegen die Art und Weise des Sexualkundeunterrichts haben. Möglicherweise wehren sie sich gegen ihrer Ansicht nach zu weit gehende Lehrmethoden oder wollen andere Inhalte wie zum Beispiel die Wiedereinführung der oben beschriebenen Programme durchsetzen. Denkbar ist sogar, daß sie die völlige Freistellung vom Sexualkundeunterricht verlangen.

1) Vorgehen gegen die Art und Weise des Aufklärungsunterrichts

Eine vollständige Verhinderung des Aufklärungsunterrichts für alle Schüler ist nicht erreichbar. Alle Bundesländer haben die Möglichkeit und Voraussetzungen dieses Unterrichts gesetzlich festgelegt. Nach den obigen Ausführungen bestehen keine Zweifel an der Verfassungsmäßigkeit dieser Regelungen.[517]

Zu überlegen ist, ob die Eltern oder Schüler zumindest gegen die Inhalte des Unterrichts vorgehen können. Der Verwaltungsrechtsweg ist nach § 40 I VwGO eröffnet. Richtige Klageart ist die allgemeine Leistungsklage. Die Unterrichtsgestaltung entfaltet keine unmittelbaren Rechtswirkungen nach außen, sondern ist auf einen tatsächlichen Erfolg, nämlich die Bildung und Erziehung des Kindes gerichtet. Inwieweit auch für die allgemeine Leistungsklage eine Klagebefugnis erforderlich ist, wird uneinheitlich beantwortet.[518] Allerdings spricht vieles für eine analoge Anwendung des § 42 II VwGO, da auch im Bereich der Leistungsklage ein Interesse an der Vermeidung von Popularklagen besteht. Letztlich kann dieser Streit hier aber offen bleiben, da im Rahmen des Sexualkundeunterrichts nicht ausgeschlossen werden kann, daß das Erziehungsrecht der Eltern nach Art. 6 II GG verletzt ist. Auch eine Beeinträchtigung der kindlichen Grundrechte wie des allgemeinen Persönlichkeitsrechts nach Art. 2 I GG sowie im Einzelfall der Religionsfreiheit nach Art. 4 I und II GG scheint möglich.

---

517 siehe oben S. 145 ff.

518 siehe zum Streit im einzelnen Kopp/Schenke § 42 VwGO Rn. 62 mwN.

Beteiligungsfähig sind die Inhaber des Personensorgerechts (regelmäßig beide Eltern gemeinsam) und das Kind, soweit es um die Verletzung eigener Rechte geht. Die Schule ist als Behörde nur dann beteiligungsfähig, wenn es das Landesrecht ausdrücklich bestimmt.[519] Andernfalls ist die Klage gegen den Schulträger zu richten.[520]

Die Eltern sind stets, die Kinder nur unter Berücksichtigung des § 62 I VwGO prozeßfähig. Geschäftsunfähige, also Kinder unter sieben Jahren, sind nicht in der Lage, einen Prozeß im eigenen Namen zu führen. In der Geschäftsfähigkeit beschränkte Personen können hingegen im Einzelfall ihre Rechte selbständig wahrnehmen. Wann dies der Fall ist, regelt das öffentliche Recht für einige Teilbereiche wie zum Beispiel im Gesetz über die religiöse Kindeserziehung ausdrücklich.[521] Es stellt sich die Frage, ob ein Kind auch in anderen Bereichen, insbesondere bei der Geltendmachung seiner Grundrechte, einen Prozeß eigenständig führen darf. Auch Kinder genießen unstreitig den Schutz der Grundrechte. Nur Art. 12 a I und 38 II GG sehen eine Altersgrenze vor. Daraus wird teilweise abgeleitet, daß eine Beschränkung der Rechte eines Minderjährigen dem Grundgesetz nicht zu entnehmen sei, mit der Folge, daß auch Minderjährige Grundrechte im eigenen Namen wahrnehmen können.[522] Hierbei wird aber übersehen, daß die Ausübung vieler Grundrechte natürliche Fähigkeiten und Eigenschaften voraussetzt, über die Kinder teilweise noch gar nicht verfügen. So können sich beispielsweise kleine Kinder, die ihre Eltern auf eine Demonstration begleiten, nicht auf die Versammlungsfreiheit berufen, wenn sie noch gar nicht im Stande sind, eine eigene Meinung, wie sie der Versammlungsbegriff nach Art. 8 I GG erfordert,[523] zu bilden und zu äußern. Bejaht man die Grundrechtsmündigkeit dagegen erst mit Eintritt der Volljährigkeit, wird der Reifeprozeß des Kindes nicht ausreichend berücksichtigt. Der Minderjährige entwickelt mit zunehmenden Alter eine von den Eltern unabhängige,

---

519 Eine uneingeschränkte Beteiligungsfähigkeit von Behörden ergibt sich aus § 8 AGVwGOBbg; § 14 GOrgGMV; § 5 I AGVwGONW; § 17 AGVwGOS; eine Beschränkung auf Landesbehörden besteht nach § 8 AGVwGON; § 8 AGVwGOLSA; § 6 AGVwGOSH.

520 Wer Schulträger ist richtet sich nach der landesrechtlichen Organisation des Schulwesens. Im Regelfall handelt es sich um kommunale Schulen, so daß Schulträger und Beteiligter am Verfahren die Stadt ist. In Ausnahmefällen sind staatliche Schulen vorgesehen, mit der Folge, daß das Land selbst zu verklagen ist.

521 RGBl. 1921, 939; nach § 5 RelKEG darf ein Kind mit Vollendung des 14. Lebensjahres selbst über sein religiöses Bekenntnis bestimmen.

522 Hohm in NJW 1986, 3107, 3110; siehe zum Streit ausführlich Roell S. 23 ff.

523 BVerfG in NJW 1989, 2411, 2412; v. Münch/Kunig/Kunig Art. 8 GG Rn. 14 mwN.

eigenständige Persönlichkeit, deren Schutz unvollkommen wäre, wenn er nicht seine Rechte - notfalls auch gegen den Willen der Erziehungsberechtigten - selbständig ausüben dürfte. Dabei ist die Festlegung starrer Altersgrenzen trotz hierdurch möglicherweise entstehender Rechtsunsicherheiten abzulehnen. Ein umfassender Grundrechtsschutz verlangt vielmehr, daß ein Minderjähriger seine Rechte in dem Rahmen selbst wahrnehmen darf, wie ihm das sein jeweiliger Reife- und Verstandesgrad ermöglicht.[524] Demnach dürfen auch Kinder im Einzelfall ihre Rechte im eigenen Namen geltend machen. Daneben können die Eltern infolge ihres Personensorgerechts weiterhin die Rechte des Kindes einklagen, soweit sich die Interessen der Eltern mit denen des Kindes decken oder im Einzelfall das Erziehungsrecht der Eltern vorgeht.[525]

Für die hier in Frage stehenden Grundrechte des allgemeinen Persönlichkeitsrechts und der Religionsfreiheit bedeutet dies: Das allgemeine Persönlichkeitsrecht steht dem Minderjährigen uneingeschränkt zu. Der Mensch entwickelt vom ersten Tag an eine eigene Persönlichkeit, die auch nur insofern verletzt werden kann, wie sie bereits vorhanden ist. Die Religionsfreiheit verlangt demgegenüber die Einsichtsfähigkeit in religiöse Vorstellungen und Handlungen. Hier ist in Übereinstimmung mit der gesetzlichen Regelung zur Religionsmündigkeit eine Altersgrenze von 14 Jahren anzunehmen.[526] Inwiefern bei fehlender Grundrechtsmündigkeit - wie von Münch[527] meint - eine Berufung auf Grundrechte überhaupt nicht möglich sein soll, kann hier dahingestellt bleiben, da in diesen Fällen im Schulbereich zumindest immer das Erziehungsrecht der Eltern betroffen sein wird, das auch die Vermittlung religiöser Vorstellungen umfaßt.[528]

Die Klage wird in den überwiegenden Fällen jedoch unbegründet sein. Nur wenn im Einzelfall tatsächlich gegen die oben beschriebenen[529] verfassungsrechtlichen Vorgaben verstoßen wird, hat die Klage Aussicht auf Erfolg. Hierbei ist insbesondere daran zu denken, daß die Schule eine rechtzeitige

---

524 Bleckmann § 17 Rn. 19; v. Mutius in Jura 1987, 272, 274; Pieroth/Schlink Rn. 1124; Kopp/Schenke § 62 VwGO Rn. 8; Stern III/1 § 70 V 2 d χ; v. Münch/Kunig/Wendt Art. 5 GG Rn. 5; vgl. auch BVerfGE 47, 46, 74.

525 siehe zu den Kollisionsmöglichkeiten v. Mutius in Jura 1987, 272, 275.

526 siehe § 5 RelKEG.

527 v. Münch/Kunig/I. v. Münch Vorb. Art. 1-19 GG Rn. 15.

528 BVerfGE 41, 29, 47 f.; Bleckmann § 27 Rn. 31; Kunig/Mager in Jura 1992, 364, 367; v. Münch/Kunig/Hemmrich Art. 7 GG Rn. 17 f.

529 siehe oben S. 145 ff.

Information der Eltern versäumt oder gegenteilige religiöse und weltanschauliche Vorstellungen nicht hinreichend berücksichtigt.[530] Allerdings läßt sich in einer pluralistischen Gesellschaft das Aufeinandertreffen unterschiedlichster, sich gegenseitig unter Umständen ausschließender Erziehungsvorstellungen kaum vermeiden.[531] Einen auf alle Wünsche der Eltern abgestimmten Unterricht kann es daher nicht geben. Vielmehr ist im Wege der praktischen Konkordanz ein größtmöglicher Ausgleich zwischen den Grundrechten der Eltern (Art. 6 II GG) und Kinder (Art. 2 I und 4 I und II GG), den Erziehungszielen des Staates sowie den Anforderungen eines durch Art. 7 I GG gewährleisteten geordneten Schulsystems zu finden.[532] Darüber hinaus müssen die Eltern über die Unterrichtsgestaltung rechtzeitig informiert werden, damit sie die Möglichkeit haben, im häuslichen Bereich auf ihre abweichende Auffassung hinzuweisen.

Soweit die Eltern bestimmte Lehrinhalte wie zum Beispiel die Wiedereinführung der oben beschriebenen Programme durchsetzen wollen, ist bereits problematisch, ob ihnen überhaupt eine Klagebefugnis zusteht, da sie die nicht unterrichteten Lehrinhalte jederzeit in die eigene Erziehung einbauen könnten.[533] Möglicherweise berufen sich die Eltern im Rahmen der schulischen Aids-Aufklärung aber auf die grundrechtliche Schutzpflicht des Staates gegenüber dem Kind.[534] Wie bereits oben aufgezeigt, ist die Schule aufgrund der staatlichen Schutzpflicht verpflichtet, die ihr anvertrauten Kinder vor einer HIV-Infektion zu schützen. Der Schule ist bei der Erfüllung dieser grundrechtlichen

---

530 vgl. VG Hannover in SPE 790, S. 17 ff., das Gericht hatte sich mit der Frage auseinanderzusetzen, inwieweit Eltern aus religiösen Gründen getrennt geschlechtlichen Unterricht verlangen können. Letztlich wurde der Antrag im einstweiligen Rechtsschutz abgelehnt, da aufgrund der Interessen anderer Schüler und Eltern sowie den Bedürfnissen eines geordneten Schulsystems die religiösen Interessen zurücktreten müßten (a.a.O. S. 20).

531 BVerfGE 47, 46, 76; OVG Münster in SPE II A IX S. 53, 55.

532 BVerfGE 47, 46, 70 f.; OVG Münster in SPE II A IX S. 53; VG Hannover in SPE Neue Folge 790, S. 17, 19.

533 Dabei ist allerdings zu beachten, daß im Rahmen der allgemeinen Leistungsklage ohnehin umstritten ist, ob eine Klagebefugnis überhaupt notwendig ist (vgl. oben S. 152).

534 Inwieweit die grundrechtlichen Schutzpflichten auch subjektive Rechte begründen, ist umstritten. Angesichts der bereits vorhandenen ausführlichen Literatur zu diesem Thema (vgl. Hermes S. 208 ff. mwN.) und der Tatsache, daß eine derartige Klage offensichtlich keinen Aussicht auf Erfolg hätte, unterbleibt eine Auseinandersetzung mit diesem Streit.

Schutzpflicht ein weiter Ermessensspielraum eingeräumt.[535] Nur in Ausnahmefällen kann sich die grundrechtliche Verpflichtung zu nur einer zulässigen Maßnahme verdichten, wenn keine andere Möglichkeit besteht, den notwendigen Schutz zu gewährleisten.[536] Dies ist hier offensichtlich nicht der Fall. Der Schutz der Bevölkerung vor Aids kann auf unterschiedlichste Weise geschehen und muß schon gar nicht zwingend über bestimmte Unterrichtsmethoden in der Schule erfolgen. Zwar haben die oben beschriebenen Unterrichtsprogramme durchaus ihre Vorteile; dem herkömmlichen Sexualkundeunterricht ist aber nicht generell die Geeignetheit abzusprechen, ebenfalls zur allgemeinen Aids-Aufklärung beitragen zu können.

2) Befreiung des Kindes vom Aufklärungsunterricht

Möglicherweise streben die Eltern oder das Kind eine Freistellung vom allgemeinen Sexualkundeunterricht an. Die Entscheidung, ob ein Kind nicht mehr an einem bestimmten Unterricht teilnehmen muß, stellt einen Verwaltungsakt dar, da hierdurch unmittelbar nach außen die Befreiung eines Kindes von der Schulpflicht geregelt wird. Richtige Klageart ist daher die Verpflichtungsklage. Vor Erhebung einer entsprechenden Klage ist gemäß § 68 II VwGO ein Vorverfahren durchzuführen, d. h. die Eltern bzw. der Schüler müssen zunächst eine entsprechende Befreiung beantragt und im Falle der Ablehnung Widerspruch eingelegt haben. Hinsichtlich der anderen Zulässigkeitsvoraussetzungen kann auf die Ausführungen zur allgemeinen Leistungsklage verwiesen werden.[537]

Zu überlegen ist, ob im Einzelfall ein Befreiungsanspruch besteht. Eine ausdrückliche Befreiungsmöglichkeit vom Sexualkundeunterricht ist mittlerweile in keinem Bundesland mehr vorgesehen.[538] Allerdings darf die Schule in den meisten Ländern ein Kind aus wichtigen Gründen von der Schulpflicht

535 siehe oben S. 104.

536 BVerfG in AIFO 1987, 521, 522; Costard S. 44 f.; Gallwas in RdJB 1988, 2, 3.

537 siehe oben S. 152 f.

538 Lediglich in Baden-Württemberg war nach § 100 B SchulGBW der Sexualkundeunterricht ein unverbindliches Angebot. Über die Teilnahme entschieden der Schüler bzw. bei Minderjährigen die Eltern. Mit Gesetzesänderung vom 28.6.1993 wurde auch in Baden-Württemberg ein fächerübergreifender, verbindlicher Sexualkundeunterricht eingeführt.

befreien.[539] Inwieweit die Schule die Beurlaubung tatsächlich gewährt, steht in ihrem Ermessen. Möglicherweise können aber die Grundrechte des Kindes oder der Eltern, insbesondere Art. 4 I, II und Art. 6 II GG, das Ermessen so weit reduzieren, daß die Schule einzelne Kinder vom Unterricht freistellen muß. Das ist der Fall, wenn die Erziehungsinteressen der Eltern bzw. die Rechte der Kinder im Einzelfall Vorrang haben vor den Erziehungszielen des Staates und dem Interesse der Allgemeinheit an einem durch die Schulpflicht geprägten und durch Art. 7 II GG gewährleisteten, geordneten Schulsystem.[540]

Wie bereits oben ausgeführt,[541] darf die Schule aufgrund der besonderen gesellschaftlichen Bedeutung der Sexualität neben den Eltern aufklärend tätig werden. Dabei kommt dem Sexualkundeunterricht gerade in Hinblick auf Aids große Bedeutung zu, solange die Bundesregierung bei der Bekämpfung der Infektion nicht auf repressive Maßnahmen, sondern im breiten Umfang auf Aufklärung setzt.[542] Eine derartiges Vorgehen ist nur dann erfolgversprechend, wenn es die gesamte Bevölkerung erreichen kann. Für diesen Zweck ist die Schule der geeignetste Ort, da sich die Schüler aufgrund der Schulpflicht dem Aufklärungsunterricht grundsätzlich nicht entziehen können. Es besteht daher ein großes Interesse des Staates, aber auch der Allgemeinheit, daß alle Kinder am Sexualkundeunterricht teilnehmen. Darüber hinaus sind die Spannungen, die durch das Aufeinandertreffen unterschiedlichster Erziehungs-, Glaubens- und Weltanschauungsvorstellungen auftreten können, auch nicht unzumutbar. Die Schule ist verpflichtet, bei der Unterrichtsgestaltung so weit wie möglich auf die kindlichen Interessen und elterlichen Erziehungsvorstellungen Rücksicht zu nehmen. Allerdings ist es in einer pluralistischen Gesellschaft unausweichlich, daß nicht alle Individualinteressen Beachtung finden können. Es ist nicht möglich, einen auf jedes Kind und jede Erziehungsmethode zugeschnittenen Unterricht zu gewährleisten. Die Einführung der Schulpflicht zeigt aber, daß der Staat derartige Spannungen bewußt in Kauf genommen und sich das Recht vorbehalten hat, Kinder auch entgegen den Vorstellungen der Eltern in

---

539 siehe § 3 I SchulbesuchsVOBW; § 12 SchulbesuchsVOBln; § 38 BbgSchulG; § 57 II SchulGBrem; § 28 VI SchulGHmb; § 69 III HessSchulG; § 8 I SchulpflichtsVOMV; § 11 I ASchONRW; § 36 Übergreifende SchulORP; § 7 I ASchOSaar; § 3 I SchulbesuchsVOSachs; § 26 II SchulGLSA; § 34 SHSchulG; § 7 I ThürSchulO

540 OVG Münster in SPE II A IX S. 53, 53 a; Kunig/Mager in Jura 1992, 364, 367; vgl. oben S. 155.

541 siehe oben S. 145 ff.

542 siehe oben S. 146.

Fragen der Erziehung zu unterweisen.[543] Eine Befreiungsmöglichkeit würde diese Schulpflicht aushöhlen, da sie den Eltern praktisch die Möglichkeit einräumen würde, in jedem Bereich, in dem die Schule auch erzieherisch tätig ist, auf eine Befreiung zu bestehen und damit die Schulpflicht letztlich in das Belieben der Eltern zu stellen.[544] Außerdem ist zu beachten, daß die in Deutschland schulpflichtigen Kinder Mitglieder dieser Gesellschaft sind und daher tagtäglich auch außerhalb der Schule insbesondere durch die Massenmedien - und dort oftmals viel intensiver - mit der christlich-abendländischen Kultur konfrontiert werden.[545] Im übrigen ließe sich eine Befreiungsmöglichkeit in den meisten Bundesländern auch praktisch nicht bewerkstelligen, da der Sexualkundeunterricht fächerübergreifend stattfindet und auch innerhalb anderer Themenbereiche wie zum Beispiel bei einer Buchbesprechung im Deutschunterricht angesprochen wird. Das befreite Kind müßte in diesen Fällen kurzzeitig den Unterricht verlassen, was zu kaum lösbaren Aufsichtsproblemen führen dürfte.[546] Aus diesen Gründen besteht kein Anspruch der Eltern oder des Kindes, vom allgemeinen Sexualkundeunterricht befreit zu werden.

3) Einfluß der Eltern auf Unterrichtsinhalte durch Mehrheitsbeschluß

Weiterhin ist daran zu denken, daß die Eltern per Mehrheitsbeschluß auf die Unterrichtsinhalte Einfluß nehmen wollen. Eine ausdrückliche Regelung, nach der die Eltern ein Mitbestimmungsrecht bei der Unterrichtsgestaltung hätten, ist nicht ersichtlich. Insbesondere die in allen Schulgesetzen der Länder vorgesehene Mitwirkung von Eltern und Schülern gewährt zwar eigene, abschließend aufgezählte Entscheidungsbefugnisse,[547] erlaubt aber nicht die inhaltliche Beeinflussung des Unterrichts. Vielmehr dienen die schulischen Gremien vor allem der Anhörung, Information und Beratung. Die Schule, Schüler und Eltern

---

543 BVerfGE 47, 46, 76; HessStGH in SPE Neue Folge 790, S. 3, 12; OVG Münster in SPE II A IX S. 53, 54.

544 HessStGH in SPE Neue Folge 790, S. 3, 14.

545 OVG Münster in SPE II A IX S. 53, 54.

546 BVerfGE 47, 46, 78; Niehues Rn. 338 c.

547 siehe z. B. § 47 SchulGBW; §§ 13 f. SchulVerfGBln; §§ 90 f. BbgSchulG; §§ 33 ff. BremSchulVwG; §§ 52 ff. HmbSchulG; § 133 HSchulG; §§ 76 ff. SchulGMV; §§ 32 ff. NSchulG; § 4 ff. SchulMGNW; §§ 8 ff SchulMGS; §§ 43 ff. SchulGSachs; 33 27 ff. SchulGLSA; §§ 91 ff. SHSchulG; §§ 38 ff. ThürSchulG.

können ihre unterschiedlichen Interessen darlegen und diskutieren. Die so entstandene Transparenz innerhalb des Schulbereichs dient der Ermittlung der im Spannungsfeld Schule-Eltern-Schüler herzustellenden praktischen Konkordanz.[548]

Möglicherweise läßt sich ein kollektives Mitbestimmungsrecht der Eltern aber aus Art. 6 II GG ableiten. Oppermann bejaht dies in Hinblick auf die von der herrschenden Lehre vertretene weite Auslegung des Art. 19 III GG, wonach auch teilrechtsfähige inländische Vereinigungen grundrechtsfähig sein sollen.[549] Dabei übersieht er aber, daß Art. 19 III GG eine Ausdehnung der Grundrechte auf Vereinigungen nur zuläßt, soweit dies mit dem Wesen des betroffenen Grundrechts vereinbar ist. Das Elternrecht nach Art. 6 II GG gibt den Eltern das Recht, aber auch die Pflicht, über Erziehungsfragen ihres Kindes zu entscheiden. Im Vordergrund steht die Verantwortung für das Wohl und die Pflege des eigenen Kindes.[550] Das Grundrecht bezieht sich demnach auf das einzelne Kind und gibt auch nur Rechte hinsichtlich des eigenen Kindes. Insbesondere ermächtigt Art. 6 II GG nicht zu Eingriffen in Grundrechte anderer Kinder oder Eltern.[551] Darüber hinaus erfordert der verfassungsrechtliche Interessenausgleich unabhängig von etwaigen Mehrheitsverhältnissen eine Abwägung und einen Ausgleich aller Einzelinteressen. Eine Elternmehrheit kann daher nicht auf Kosten einer Minderheit einen intoleranten und somit verfassungswidrigen Unterricht durchsetzen.[552] Aus diesen Gründen ist eine Einflußnahme der Eltern auf den Sexualkundeunterricht per Mehrheitsbeschluß nicht zulässig.[553]

---

548 Niehues Rn. 60.
549 Oppermann in JZ 1978, 289, 291 mwN.
550 Heckel/Avenarius S. 309; Niehues Rn. 58.
551 Heckel/Avenarius S. 309; Niehues Rn. 58; vgl. auch oben S. 126.
552 Niehues Rn. 58.
553 BVerfGE 47, 46, 76; Heckel/Avenarius S. 359; Niehues Rn. 338 c.

3. Kapitel: Mögliche Maßnahmen der Schule gegen infizierte Schüler und/oder Lehrer

A. Auferlegen von Verhaltensregeln

Wie bereits oben ausgeführt, besteht in der Schule nur dann eine Ansteckungsgefahr, wenn bei Unfällen mit blutenden Wunden die vorgeschriebenen Hygieneregeln nicht eingehalten werden oder es zu blutigen Raufereien kommt.[554] Die Schule muß im Rahmen ihrer Fürsorgepflicht ein ansteckungsrelevantes Verhalten vermeiden.[555] Sie ist daher verpflichtet, tätliche Auseinandersetzungen zu unterbinden und auf die Einhaltung der vorgeschriebenen Hygieneregeln zu achten. In Erfüllung dieser Aufgabe ist die Schule aufgrund ihres Erziehungsauftrags berechtigt, den Kindern die hierfür notwendigen Weisungen zu erteilen.[556] Die Mißachtung derartiger Verhaltensregeln verstößt gegen die innere Ordnung der Schule und kann daher unter Umständen - je nach Schwere des Verstoßes - mit Erziehungs- oder Ordnungsmaßnahmen geahndet werden.[557]

B. Aids-Test

Zu überlegen ist, ob sich die Lehrer oder Schüler vor oder nach ihrer Aufnahme in das Beamten- bzw. Schulverhältnis einem Aids-Test unterziehen müssen.

I. Beamtete Lehrer

Wie bereits oben dargestellt, muß ein Lehrer im laufenden Dienstverhältnis eine HIV-Infektion nicht offenbaren.[558] Dementsprechend darf der Dienstherr nach der Übernahme in das Beamtenverhältnis auch nicht mehr die Durchführung eines Aids-Tests verlangen.

---

554 siehe oben S. 19 f.
555 siehe oben S. 64.
556 Barth/Habermalz/Kieslich S. 136 ff.; Heckel/Avenarius S. 369 f.
557 Barth/Habermalz/Kieslich S. 137; Heckel/Avenarius S. 382.
558 siehe oben S. 63 ff.

Zu überlegen ist aber, ob ein Beamtenanwärter vor Übernahme in das Beamtenverhältnis auf Aids untersucht werden darf. Ein solcher Test erfolgt durch Nachweis der Antikörperbildung im Blut.[559] Die hierfür erforderliche Blutentnahme stellt einen Eingriff in die körperliche Unversehrtheit (Art. 2 II 1 GG) des Bewerbers dar. Auch das Recht auf informationelle Selbstbestimmung ist betroffen, da durch den Test Informationen über den Gesundheitszustand des Bewerbers gewonnen werden. Es bedarf daher einer den Anforderungen der Wesentlichkeitstheorie genügenden Ermächtigungsgrundlage. Eine ausdrückliche Regelung, nach der sich ein Beamtenanwärter einem Aids-Test unterziehen muß, ist nicht ersichtlich. Lediglich in Bayern existiert ein Beschluß der bayerischen Staatsregierung, wonach Bewerber für den öffentlichen Dienst im Rahmen der Einstellungsuntersuchung auf Aids zu testen sind.[560] Hierbei handelt es sich jedoch um eine Verwaltungsvorschrift, die keine unmittelbare Außenwirkung entfalten kann. Möglicherweise läßt sich eine Untersuchungspflicht aber aus den allgemeinen Beamtengesetzen der Länder herleiten.

1) Ermächtigungsgrundlage

a) Niedersachsen

In Niedersachsen ist in § 8 V NBG ausdrücklich festgelegt, daß sich ein Beamtenanwärter zum Nachweis seiner Eignung einer amtsärztlichen Untersuchung unterziehen muß. Zu überlegen ist, was unter Eignung im Sinne dieser Vorschrift zu verstehen ist. Nach Art. 33 II GG, der insoweit Art. 12 I GG einschränkt,[561] haben alle Deutschen nach Eignung, Befähigung und fachlicher Leistung gleichen Zugang zu einem öffentlichen Amt. Die nähere Ausgestaltung dieser Zugangsbeschränkung findet sich in §§ 8 f. NBG. Gemäß § 8 I NBG darf ein Beamter nur ernannt werden, wenn er zur Ausübung des vorgesehenen Amtes geeignet ist. Auch hier fehlt eine genaue Definition des Begriffes „Eignung". Es handelt sich somit um einen unbestimmten Rechtsbegriff, der der näheren Ausgestaltung bedarf. Ein Beamtenanwärter muß je nach Art des vorgesehenen Amtes verschiedene Fähigkeiten und Eigenschaften besitzen. Diese betreffen beispielsweise die Vorbildung, den Charakter oder die Gesundheit des

559 siehe oben S. 13.

560 „Beschluß der Bayerischen Staatsregierung zur weiteren Bekämpfung von Aids" vom 25.2.1987 abgedruckt in Goebel/Hehlmann/Gauweiler 4.2.4.

561 BVerfGE 7 , 377, 397 f.; Lichtenberg/Winkler in DVBl 1990, 10, 11; Wiese S. 36.

Bewerbers. § 8 V NBG bezieht sich offensichtlich auf die gesundheitliche Eignung, da nur diese im Rahmen einer amtsärztlichen Untersuchung ermittelt werden kann. Nach allgemeiner Ansicht ist die gesundheitliche Eignung gleichzusetzen mit der Dienstfähigkeit.[562] Dies ergibt ein Rückschluß aus §§ 42 I, 31 I Nr. 3 BBG bzw. §§ 26 I, 23 I Nr. 3 BRRG sowie den entsprechenden Vorschriften der Länder[563], nach denen die gesundheitliche Eignung wegfällt, wenn der Beamte nicht mehr dienstfähig ist.[564] Für diese Auslegung spricht auch, daß sich die Eignungsprüfung vor allem auf die Eignung zum Amt beziehen muß und daher auch nur der gesundheitliche Zustand entscheidend sein darf, der sich überhaupt auf die Amtsausübung auswirken kann.[565] Demzufolge darf ein Dienstherr in Niedersachsen einen Aids-Test verlangen, wenn eine HIV-Infektion zur Dienstunfähigkeit des Bewerbers führt.

Zu überlegen ist, ob eine HIV-Infektion bzw. Aids die Dienstunfähigkeit des Beamten nach sich zieht. Nach dem Ausbruch von Aids ist der Beamte angesichts häufiger Infektionen nicht dienstfähig.[566] Eine HIV-Infektion führt hingegen zunächst einmal zur gegenwärtigen Dienstfähigkeit, da der Beamte vor dem Ausbruch der Krankheit symptomlos und damit arbeitsfähig ist.[567] Die Dienstfähigkeit eines Lehrers wird auch nicht durch mögliche Ansteckungsgefahren beeinträchtigt, da im Schulbetrieb die Übertragung des Virus durch einen infizierten Lehrer kaum denkbar ist.[568] Man muß aber berücksichtigen, daß im Beamtenverhältnis eine Übernahme auf Lebenszeit ins Auge gefaßt wird. Ein Kündigungsrecht besteht nicht. Nach der Rechtsprechung des Bundesverwaltungsgerichts ist ein Bewerber daher schon dann nicht geeignet, wenn eine körperliche oder psychische Veranlagung der Art vorliegt, daß die Möglichkeit häufiger Erkrankungen oder des Eintritts dauernder Dienstunfähigkeit schon vor Erreichen der Altersgrenze nicht mit hoher Wahrscheinlichkeit

---

562 BVerwGE 92, 147, 149; Seewald in VerwArch 80, 163, 169; Seume in AIFO 1987, 703, 704.

563 siehe auch die landesrechtlichen Vorschriften §§ 43 I Nr. 2, 53 I LBGBW; Art. 42 I Nr. 2, 56 I BayBG; §§ 67 I Nr. 2, § 77 I LBGBln; §§ 96 I, 111 I LBGBbg; §§ 55, 51 I HBG; §§ 37 I Nr. 2, 45 LBGMV; §§ 49, , 45 I LBGNW; §§ 41 I Nr. 2, 56 I LBGRP; §§ 56 I, 52 I SBG; §§ 31 I Nr. 2, 42 I LBGLSA; §§ 43 I Nr. 2, 54 I LBGSH.

564 BVerwGE 92, 147, 149; Seewald in VerwArch 80, 163, 169; Seume in AIFO 1987, 703, 704.

565 Seewald in VerwArch 80, 163, 169.

566 Seume in AIFO 1987, 703, 705.

567 Seewald in VerwArch 80, 163, 169; Seume in AIFO 1987, 703, 705.

568 siehe oben S. 63 ff.

ausgeschlossen werden kann.[569] In Anbetracht der hohen Wahrscheinlichkeit eines Ausbruchs von Aids ist auch bei einem HIV-Infizierten dieser Sachverhalt gegeben.[570]

Seewald wendet sich gegen die Einbeziehung der zukünftigen Dienstfähigkeit in die Eignungsprüfung. Die Unkündbarkeit sei nicht Gegenleistung für die dauerhafte Dienstfähigkeit des Beamten. Vielmehr gebe sie dem Beamten die persönliche Sicherheit für eine unparteiliche, nur dem öffentlichen Wohl verpflichtete Amtsführung.[571] Dabei übersieht Seewald, daß ein solches Synallagma für die Einbeziehung der zukünftigen Dienstfähigkeit in die Eignungsprüfung gerade nicht notwendig ist. Der Staat geht gegenüber dem Beamten die einseitige Verpflichtung zur lebenslangen Fürsorge ein. Aufgrund dieses einseitigen Risikos hat er im Gegensatz zum Arbeitgeber im Arbeitsrecht, wo ein derartiges Synallagma besteht und dementsprechend die Schutzverpflichtung des Arbeitgebers wegen einer Erkrankung des Arbeitnehmers wegfallen kann, ein besonderes Interesse an der dauerhaften Dienstfähigkeit des Beamten.[572] Demzufolge kann der Staat nicht verpflichtet sein, einen Beamtenanwärter in ein lebenslanges, unkündbares Dienstverhältnis zu übernehmen, wenn bereits bei der Einstellung damit zu rechnen ist, daß der Beamte schon vor Erreichen der Altersgrenze dienstunfähig wird.[573]

Demnach darf in Niedersachsen im Rahmen der Eignungsprüfung grundsätzlich ein Aids-Test durchgeführt werden. Dies gilt auch unter den neuen Therapiemöglichkeiten. Zwar kann durch Medikamente der Ausbruch der Krankheit lange hinausgezögert werden; man darf aber nicht übersehen, daß diese Therapien mit erheblichen Nebenwirkungen einhergehen, die in vielen Fällen ebenfalls zu Krankschreibungen und Dienstunfähigkeit führen können.[574]

---

569 BVerwG in ZBR 1963, 215; BVerwGE 92, 147, 149.

570 BayVGH in AIFO 1989, 89, 90; Battis § 8 BBG Rn. 11; Bottke in AIFO 1993, 471, 472; Haesen in RdA 1988, 158, 162; Scheerbarth/Höffken/Bauschke/Schmidt § 12 III 3 c; Schenke in Schünemann/Pfeiffer S. 103, 133; Seume in AIFO 1987, 703, 704.

571 Seewald in VerwArch 80, 163, 178.

572 Seume in AIFO 1987, 703, 704.

573 Battis § 8 BBG Rn. 11; Bottke in AIFO 1993, 471, 472; Haesen in RdA 1988, 158, 162; Scheerbarth/Höffken/Bauschke/Schmidt § 12 III 3 c; Schenke in Schünemann/Pfeiffer S. 103, 133; Seume in AIFO 1987, 703, 704.

574 vgl. oben S. 12 ff.

b) Die übrigen Bundesländer

In allen anderen Bundesländern existieren Vorschriften, nach denen personenbezogene Daten eines Bewerbers erhoben werden dürfen, soweit dies zur Begründung des Dienstverhältnisses erforderlich ist.[575] Datenerhebung ist das Beschaffen von Daten über den Betroffenen.[576] Hierzu zählt auch eine ärztliche Untersuchung, da durch diese Informationen über den Gesundheitszustand des Betroffenen gewonnen werden.[577] Zu überlegen ist, ob diese allgemein formulierten Regelungen den Anforderungen der Wesentlichkeitstheorie genügen. In Anbetracht der Gefahren der modernen Datenverarbeitung muß die einen Eingriff in das Recht auf informationelle Selbstbestimmung legitimierende Vorschrift mit hinreichender Deutlichkeit erkennen lassen, welche Daten wo gespeichert sind und ob und gegebenenfalls an wen sie weitergeleitet werden dürfen. Darüber hinaus muß der Zweck der Datenerhebung aus der Norm hervorgehen.[578] Bei den hier in Frage stehenden Vorschriften ist der Erhebungszweck lediglich durch die Erforderlichkeit zur Begründung des Dienstverhältnisses umschrieben. Ein Aids-Test oder auch nur die Möglichkeit der ärztlichen Untersuchung sind nicht ausdrücklich erwähnt.

Zu überlegen ist, ob angesichts dieser Unbestimmtheit ein Aids-Test noch auf diese Regelungen gestützt werden darf. Wie bereits oben dargelegt, stellt die Verpflichtung, eine Frage nach HIV zu beantworten, einen erheblichen Eingriff in die Grundrechtssphäre des Betroffenen dar, mit der Folge, daß an die Art und Regelungsdichte der Ermächtigungsnorm hohe Anforderungen zu stellen sind.[579] Dies muß für eine Informationsgewinnung mittels einer ärztlichen Untersuchung erst recht gelten. Allerdings wird der Eingriff dadurch gemildert, daß sich der Bewerber nicht untersuchen lassen muß. Alle

---

575 siehe § 113 IV LBGBW; Art. 100 BayBG; § 56 IV LBGBln; § 57 IV LBGBbg; § 93 BremBG; § 96 HmbBG; § 107 IV HBG; § 100 IV LBGMV; § 102 IV LBGNW; § 102 IV LBGRP; § 108 SBG; § 117 IV SächsBG; § 90 IV LBGLSA; § 106 LBGSH; § 97 IV ThürBG.

576 § 3 II Nr. 1 LDSGBW; Art. 4 VI BayDSG; § 4 II Nr. 1 BlnDSG; § 3 II Nr. 1 BbgDSG; § 2 II Nr. 1 BremDSG; § 4 II Nr. 1 HmbDSG; § 2 II Nr. 1 HDSG; § 3 VII Nr. 1 DSGMV; § 3 II Nr. 1 NDSG; § 3 II Nr. 1 DSGNW; § 3 II Nr. 1 LDSGRP; § 3 II Nr. 1 SDSG; § 3 II Nr. 1 SächsDSG; § 2 II Nr. 4 DSGLSA; § 2 II Nr. 1 LDSGSH; § 3 II ThürDSG.

577 Dammann in Simitis/Damann/Geiger/Mallmann/Walz § 3 BDSG Rn. 115; Klebe in Däubler/Klebe/Wedde § 3 BDSG Rn. 13.

578 siehe oben S. 70 f.

579 siehe oben S. 70 ff.

Mitwirkungshandlungen sind mangels ausdrücklicher Verpflichtung freiwilliger Natur.[580] Man darf aber nicht übersehen, daß die Verweigerung des Testes regelmäßig die Nichteinstellung nach sich zieht. Es handelt sich insofern um eine Obliegenheit zur Mitwirkung bei der Sachverhaltsaufklärung, wie sie sich auch in § 26 II VwVfG widerspiegelt. Die Beeinträchtigung des Betroffenen wiegt daher aufgrund der mit einer Weigerung zur Mitwirkung verbundenen Nachteile ähnlich schwer wie eine Verpflichtung zur Information. Demnach berührt ein freiwilliger Aids-Test im Rahmen der Eignungsprüfung von Beamtenbewerbern die Grundrechtssphäre des Betroffenen wesentlich, so daß auch hier hohe Anforderungen an die Ermächtigungsgrundlage zu stellen sind.

Man muß aber beachten, daß das Beamtentum kein einheitliches Berufsbild kennt. Beamte werden in zahlreichen Bereichen des öffentlichen Lebens eingesetzt. Zur Begründung eines Dienstverhältnisses können daher unterschiedlichste Daten relevant sein. Bei der Einstellung eines Lehrers sind andere Informationen erforderlich als bei Piloten oder Polizisten. Detailregelungen für jeden einzelnen Aufgabenbereich würden zu einer unüberschaubaren Regelungsflut führen, die letztlich nicht weniger unübersichtlich wäre als die Verwendung unbestimmter Rechtsbegriffe und Generalklauseln. Dementsprechend reicht es im Interesse der Übersichtlichkeit aus, wenn sich der Erhebungszweck aus dem Gesamtzusammenhang, insbesondere der übrigen Vorschriften und des betroffenen Berufsbildes ergibt.[581]

Alle Beamtengesetze der Länder sehen vor, daß der Anwärter zur Ausübung des vorgesehenen Amtes geeignet sein muß.[582] Wie bereits oben ausgeführt, kann sich die Eignung auf verschiedene Eigenschaften und Fähigkeiten des Bewerbers beziehen. Hierzu zählt auch die gesundheitliche Eignung, die mit der gegenwärtigen und künftigen Dienstfähigkeit gleichzusetzen ist.[583] Die hier vorliegenden Regelungen berechtigen somit den Dienstherrn, die zur Ermittlung der gesundheitlichen Eignung erforderlichen Informationen zu erheben.

---

580 Seume in AIFO 1987, 703, 707, der aufgrund dieser Freiwilligkeit eine Rechtsgrundlage insgesamt für nicht erforderlich hält.

581 siehe oben S. 70 f.

582 siehe § 11 LBGBW; Art. 12 BayBG; § 12 LBGBln; § 12 LBGBbg; § 9 BremBG; § 7 HmbBG; § 8 HBG; § 9 LBGMV; § 7 LBGNW, § 10 LBGRP; § 9 SBG, § 12 SächsBG; § 8 LGBLSA, § 10 LBGSH; § 8 ThürBG.

583 siehe oben S. 162.

Fraglich ist, ob dies auch mittels einer körperlichen Untersuchung erfolgen darf. Die Einstellungsbehörde bestimmt gemäß § 24 I VwVfG bzw. den entsprechenden Vorschriften der Länder Art und Umfang der Ermittlungen. Als Beweismittel darf sie sich gemäß § 26 I Nr. 2 VwVfG bzw. der entsprechenden Vorschriften der Länder auch eines Sachverständigengutachtens bedienen. Viele Erkrankungen sind dem Betroffenen insbesondere im Anfangsstadium (z. B. Krebs) oder in der Latenzzeit (z. B. HIV) gar nicht bekannt. Selbst wenn der Bewerber um seine Krankheit weiß, bedarf es des Urteils eines Arztes, um im Einzelfall entscheiden zu können, ob der Bewerber dienstfähig ist oder nicht. Sowohl dem Bewerber als auch dem Dienstherrn fehlt die hierfür erforderliche Sachkunde. Aus diesem Grund kann der Dienstherr vor der Übernahme in das Beamtenverhältnis eine amtsärztliche Untersuchung zur Feststellung der Dienstfähigkeit verlangen.

c) Zwischenergebnis

In allen Bundesländern kann grundsätzlich ein Aids-Test durchgeführt werden, da eine HIV-Infektion zur gesundheitlichen Ungeeignetheit des Bewerbers führt.

2) Verhältnismäßigkeit

Es stellt sich die Frage, ob damit auch in jedem Fall ein Aids-Test vorgenommen werden darf oder sogar muß. In Bayern existiert - wie bereits oben erwähnt[584] - ein Erlaß, wonach sich Beamtenbewerber einem derartigen Test unterziehen müssen. Dabei ist es aber nach einem Urteil des Verwaltungsgerichts Ansbach[585] nicht zwingend vorgeschrieben, daß die Behörde diesen Test auch wirklich durchführt. Sie habe vielmehr ein Entschließungsermessen, welche Krankheiten sie überhaupt für relevant hält und ein Auswahlermessen, ob sie zu deren Ermittlung einfache Befragungen oder Untersuchungen einsetzen möchte. Die Grenzen des Ermessens ergäben sich dabei aus dem Grundsatz der Verhältnismäßigkeit.[586]

---

584 siehe oben Fn. 560

585 VG Ansbach in NJW 1988, 1540, 1541.

586 VG Ansbach in NJW 1988, 1540, 1541; BayVGH in AIFO 1989, 89, 90.

In der Literatur wird vertreten, daß ein Aids-Test gegen das Übermaßverbot verstoße. Zur Begründung werden die Belastungen des Bewerbers im Falle eines positiven Testergebnisses,[587] die Prognoseunsicherheit,[588] die negativen Auswirkungen auf die öffentliche Meinung,[589] ein Verstoß gegen das Sozialstaatsprinzip,[590] die geringen finanziellen Belastungen für den Staat[591] sowie das Willkürverbot[592] herangezogen.

Soweit der Test als eine zu große Belastung für den Bewerber angesehen wird,[593] kann damit zumindest nicht die Untersuchung selbst gemeint sein. Hierzu bedarf es lediglich einer einfachen Blutentnahme, die den Betroffenen nur geringfügig belastet. Allerdings ist nicht auszuschließen, daß der Bewerber im Falle eines positiven Ergebnisses einen Schock erleidet.[594] Man muß aber beachten, daß die Untersuchung und damit auch der Aids-Test freiwilliger Natur sind. Der Bewerber ist daher über die beabsichtigten Tests aufzuklären.[595] Erteilt er dennoch seine Zustimmung, muß er damit rechnen, daß eine Krankheit diagnostiziert wird. Darüber hinaus würde dieses Argument nicht nur für HIV, sondern für alle unheilbaren Krankheiten wie z.B. Krebs, Multiple Sklerose, Parkinson, Alzheimer o. ä. gelten, da auch bei deren Diagnose eine Schockreaktion eintreten könnte. Im Ergebnis dürfte dann überhaupt keine Langzeitprognose mehr gestellt werden, da vor allem bei unheilbaren Krankheiten mit dem Eintritt der Dienstunfähigkeit vor Erreichen der Altersgrenze zu rechnen ist. Dies ist dem Dienstherrn aber in Anbetracht seines einseitig eingegangenen Risikos der lebenslangen Fürsorge nicht zuzumuten. Demnach schließt eine mögliche Belastung durch ein positives Ergebnis die Zulässigkeit eines Aids-Testes nicht von vornherein aus.[596]

---

587 Lichtenberg/Winkler in DVBl 1990, 10, 16.

588 Lichtenberg/Winkler in DVBl 1990, 10, 15.

589 Haesen in RdA 1988, 158, 162; Schenke in DVBl 1988, 165, 172; Seewald in VerwArch 80, 163, 194 f.

590 Seewald in VerwArch 80, 163, 192 ff.

591 Lichtenberg/Winkler in DVBl 1990, 10, 16; Seewald in VerwArch 80, 163, 179.

592 Haesen in ZPR 1989, 15, 16; Lichtenberg/Winkler in DVBl, 10, 16; Schenke in DVBl 1988, 165, 172; Seewald in VerwArch 80, 163, 185.

593 Lichtenberg/Winkler in DVBl 1990, 10, 16.

594 Lichtenberg/Winkler in DVBl 1990, 10, 16.

595 vgl. oben S. 94.

596 Seume in AIFO 1987, 703, 707.

Ein Teil der Literatur sieht die Unzulässigkeit eines Aids-Testes in dessen Prognoseunsicherheit begründet.[597] Wie bereits oben erwähnt, kann der Test nach erfolgter Infektion noch einige Wochen oder sogar Monate negativ ausfallen.[598] Es ist daher möglich, daß ein Infizierter unberechtigt als geeignet in das Beamtenverhältnis übernommen wird. Aufgrund der Doppeltestung ist es aber unwahrscheinlich, daß der Test bei einem Gesunden positiv ausfällt. Eine Untersuchung darf jedoch nicht schon deswegen unzulässig sein, weil nicht alle Infektionen erkannt werden können. Vielmehr geht es darum, möglichst viele ungeeignete Bewerber herauszufiltern. Da die HIV-Infektion zur Ungeeignetheit des Bewerbers führt, ist ein Aids-Test daher auch dann zulässig, wenn durch diesen nicht alle Infektionen aufgedeckt werden.

Weiterhin wird gegen den Test vorgebracht, daß durch eine routinemäßige Untersuchung auf HIV ein negatives Zeichen in der Öffentlichkeit gesetzt werde. Wenn schon der Staat einen Infizierten nicht einstelle, sei nicht auszuschließen, daß sich auch die private Wirtschaft mehr und mehr sträube und damit einer drohenden Isolation und Diskriminierung Vorschub geleistet werde.[599] Dem ist entgegenzuhalten, daß es sich bei der Übernahme in den Beamtendienst um eine lebenslange Bindung handelt.[600] Eine Kündigung ist im Gegensatz zur privaten Wirtschaft nicht möglich. Der Staat kann einer möglichen Diskriminierungsgefahr entgegenwirken, indem er Infizierte als Angestellte im öffentlichen Dienst einstellt. Dort gelten ähnliche Bedingungen wie in der privaten Wirtschaft, so daß eine Vergleichbarkeit eher gegeben ist.[601]

Weiterhin wird angeführt, daß die Vornahme eines Aids-Testes gegen das Sozialstaatsprinzip verstoße. Der Staat müsse bei der Auslegung des Art. 33 II GG das verfassungsrechtlich verankerte Sozialstaatsprinzip beachten. Inhalt dieses Grundsatzes sei unter anderem das Rehabilitationsrecht, das sich in einer Vielzahl von Regelungen niedergeschlagen und die Eingliederung von Behinderten, aber auch die Vermeidung von Sozialfällen zur Aufgabe habe. Das müsse auch für einen HIV-Infizierten gelten, der ansonsten zum Sozialfall zu werden drohe und der trotz voller Arbeitsfähigkeit darauf warten müsse, daß er endlich

---

597 Lichtenberg/Winkler in DVBl 1990, 10, 16

598 siehe oben S. 13.

599 Haesen in RdA 1988, 158, 162; Schenke in DVBl 1988, 165, 172; Seewald in VerwArch 80, 163, 194 f.

600 Schenke in DVBl 1988, 165, 172.

601 Costard S. 152 Fn. 25; Seume in AIFO 1987, 703, 707.

erkranke und sterbe.[602] Fraglich ist, ob eine derartige Auslegung des Art. 33 II GG überhaupt zulässig ist. Die Einstellung eines objektiv nicht geeigneten Bewerbers verstößt gegen das Gleichheitsgebot des Art. 33 II GG.[603] Art. 33 II GG stellt als spezielle Ausprägung des Gleichheitsgrundsatzes des Art. 3 I GG ein grundrechtsgleiches Recht dar.[604] Grundrechte können nur im Rahmen der verfassungsrechtlichen Vorgaben eingeschränkt werden. Art. 33 II GG enthält keinen Gesetzesvorbehalt. Einschränkungen sind daher nur aufgrund kollidierender Grundrechte Dritter oder anderer mit Verfassungsrang ausgestatteter Rechtswerte zulässig.[605] Hierzu zählt grundsätzlich auch das in Art. 20 I GG verankerte Sozialstaatsprinzip.[606] Aus den schon für die Schutzpflicht entwickelten Gründen kann aber das Sozialstaatsprinzip allein einen derartigen Eingriff noch nicht legitimieren.[607] Vielmehr bedarf es eines Gesetzes, das die Einstellung Infizierter z. B. durch die Gleichstellung mit einem Schwerstbehinderten zum Inhalt hat.[608] Ein solches Gesetz existiert bislang nicht, so daß ein Aids-Test nicht unter Hinweis auf das Sozialstaatsprinzip unterlassen werden darf.

Ein Teil der Literatur vertritt die Ansicht, daß HIV unter Beamtenanwärtern so wenig verbreitet sei, daß durch die Übernahme eines Infizierten in den Beamtendienst insgesamt nur sehr niedrige Kosten entstünden, die einen routinemäßigen Test unverhältnismäßig erscheinen ließen.[609] Wie bereits oben ausgeführt,[610] übernimmt der Staat die einseitige Verpflichtung auf lebenslange Fürsorge. Er hat daher ein berechtigtes Interesse daran, Bewerber, bei denen das Erreichen der Altersgrenze mit hoher Wahrscheinlichkeit auszuschließen ist, nicht in das Beamtenverhältnis zu übernehmen. Dabei kann es nicht darauf ankommen, wieviele Bewerber im Einzelfall dieselbe zur Ungeeignetheit führende Veranlagung aufweisen. Vielmehr ist auf die Gesamtkosten abzustellen, die durch das vorzeitige Ausscheiden aus dem Dienst entstehen. Dabei ist zu

602 Seewald in VerwArch 80, 163, 192 ff.

603 Seume in AIFO 1987, 703, 705.

604 Badura Teil D Rn. 102; Hilg § 5 II 2; Maunz in Maunz/Dürig/Scholz/Herzog Art. 33 GG Anm. 3; v. Münch/Kunig/Kunig Art. 33 GG Rn. 14.

605 Maunz in Maunz/Dürig/Scholz/Herzog Art. 33 GG Anm. 22; Schmidt-Aßmann in NJW 1980, 16, 20.

606 Maunz in Maunz/Dürig/Scholz/Herzog Art. 33 GG Anm. 22

607 vgl. oben S. 104 ff.

608 Seume in AIFO 1987, 703, 705; vgl. auch BVerfGE 59, 231, 263; Schmidt-Aßmann in NJW 1980, 16, 20.

609 Lichtenberg/Winkler in DVBl 1990, 10, 16; Seewald in VerwArch 80, 163, 179.

610 siehe oben S. 163 f.

beachten, daß im Jahre 1997 38 % aller in den Ruhestand getretener Beamter aufgrund eines amtsärztlichen Zeugnisses vor Erreichen der Altersgrenze aus dem Dienst entlassen wurden.[611] Angesichts der Tatsache, daß demnach trotz Einstellungsuntersuchungen noch mehr als ein Drittel der Beamten wegen Dienstunfähigkeit vorzeitig in den Ruhestand versetzt wird (z. B. weil der Beamte erst nach der Übernahme erkrankt oder eine zur Dienstunfähigkeit führende Veranlagung nicht erkannt wurde), gebietet es die Pflicht zur wirtschaftlichen Haushaltsführung (vgl. § 7 I 1 BHO), eine Einstellung ungeeigneter Beamter so weit wie möglich zu vermeiden. Aus den diesen Gründen kann es für die Frage, ob ein Aids-Test bei Beamtenwärtern überhaupt zulässig ist, nicht auf die Anzahl HIV-positiver Bewerber ankommen.

Zu prüfen bleibt, ob ein Aids-Test auch ohne Verdachtsmomente zulässig ist. Dagegen spricht vor allem, daß eine Untersuchung auf alle nur erdenklichen Krankheiten, die eine frühzeitige Dienstunfähigkeit nach sich ziehen, kaum möglich sein dürfte.[612] Es sind daher Krankheiten aufzulisten, nach denen stets und andere, nach denen nur beim Vorliegen konkreter Verdachtsmomente geforscht wird. Hierbei sind vor allem die möglichen Gefährdungen anderer sowie die Wahrscheinlichkeit einer Erkrankung unter Beamtenanwärtern zu berücksichtigen. Je eher damit zu rechnen ist, daß eine bestimmte Krankheit unter den Bewerbern auftritt und je größer die Gefährdung anderer durch eine Übernahme des kranken Bewerbers in das Beamtenverhältnis ist, desto eher muß sich die Untersuchung routinemäßig auf diese Krankheit erstrecken.[613] Weiterhin kann von Bedeutung sein, wie stark eine Untersuchung den Bewerber belastet.[614] So sind beispielsweise viele Krankheiten durch einfaches Abhören der Brust, das den Bewerber kaum beeinträchtigt, problemlos festzustellen.

Aids kann nur mittels eines Bluttests diagnostiziert werden. Zwar muß der Bewerber in einigen Ländern eine Blutprobe abgeben; es ist aber eine Vielzahl von Krankheiten denkbar, die mittels einer Blutanalyse erkannt werden können. Eine Untersuchung auf alle in Frage kommenden Erkrankungen ist dabei sowohl aus Zeitgründen als auch aufgrund der Tatsache, daß nur eine Probe vorliegt, kaum möglich. Nach welchen Krankheiten geforscht wird, ist daher erneut eine Frage der Wahrscheinlichkeit und möglicher Ansteckungsrisiken. Die

---

611 siehe aktuelle Daten unter http://www.statistik-bund.de.

612 das behauptet aber Seume in AIFO 1987, 703, 706, wobei er aber selbst einräumt, daß auf einige Erkrankungen nur bei besonderem Verdacht untersucht wird.

613 Schenke in DVBl 1988, 165, 172.

614 Schenke in DVBl 1988, 165, 172.

Verbreitung von Aids unter Beamtenbewerbern, die in ihrer Mehrheit kaum aus den Risikogruppen promiskuitive Homosexuelle, Bluter, Prostituierte und intravenös Drogenabhängige stammen, ist sehr gering.[615] Darüber hinaus scheidet zumindest bei Lehramtsanwärtern eine Gefährdung anderer aus, da eine Übertragung im Schulbetrieb praktisch ausgeschlossen ist.[616] Eine routinemäßige Testung aller Beamtenanwärter ist daher unverhältnismäßig.[617]

Demnach darf ein Aids-Test nur durchgeführt werden, wenn Anhaltspunkte für das Bestehen einer HIV-Infektion sprechen. Es stellt sich die Frage, welche Anforderungen an einen derartigen Verdacht zu stellen sind. Im Zusammenhang mit der Zulässigkeit von Fragen nach Aids gegenüber Schülern oder Eltern wurde festgestellt, daß angesichts der Gefährlichkeit von HIV und Aids die Anforderungen an einen Infektionsverdacht niedrig anzusetzen sind.[618] Diese Grundsätze lassen sich aber nicht ohne weiteres auf den hier zu entscheidenden Sachverhalt übertragen. Das Fragerecht der Schule gegenüber Eltern und Schülern dient der Gefahrenabwehr in der Schule. Ziel ist es, eine Ansteckung in der Schule zu vermeiden. Bei Lehrern ist eine Übertragung der Infektion im Schulbetrieb praktisch ausgeschlossen.[619] Die HIV-Infektion eines Lehrers berührt vielmehr nur die finanziellen Interessen des Staates. Entscheidend ist daher, inwieweit das staatliche Interesse an der Nichteinstellung ungeeigneter Beamter das Recht des Bewerbers auf informationelle Selbstbestimmung und körperliche Unversehrtheit im Einzelfall überwiegt. Hierbei gewinnen die gegen einen Aids-Test vorgebrachten Argumente erneut an Bedeutung. Ein Infizierter kann angesichts der neuen Therapiemöglichkeiten noch viele Jahre uneingeschränkt dienstfähig sein. Die drohenden finanziellen Belastungen für den Staat sind daher nicht sehr hoch. Andererseits stellt ein positives Testergebnis eine große Belastung für den Bewerber dar, da ihm nach der Diagnose ein Absinken ins soziale Abseits droht. Aus diesen Gründen sind hohe Anforderungen an die Wahrscheinlichkeit des Vorliegens einer HIV-Infektion zu stellen. Es reicht daher insbesondere nicht aus, einer Risikogruppe anzugehören, da die Durchseuchung innerhalb dieser Gruppen noch immer nicht auffällig hoch ist.[620] Darüber hinaus ist zu beachten, daß der Dienstherr in der Regel nicht weiß, ob ein Bewerber einer Risikogruppe zugehört. Wenn er davon Kenntnis hat, dürfte die

---

615 Costard S. 151 f.; Schenke in DVBl 1988, 165, 172.

616 siehe oben S. 63 ff.

617 Costard S. 151 f.

618 siehe oben S. 81 ff.

619 siehe oben S. 63 ff.

620 Frankenberg „AIDS-Bekämpfung“ S. 88; Rudin S. 44 ff.

Übernahme in den Beamtendienst z. B. bei Prostituierten und intravenös Drogenabhängigen auch unabhängig von deren HIV-Status ausgeschlossen sein.

Die einen Aids-Test legitimierenden Verdachtsmomente beschränken sich daher auf äußere Krankheitsanzeichen. Hierbei ist vor allem an das Auftreten von Aids-indizierenden Kaposi-Sarkomen zu denken.

Der Dienstherr ist hingegen berechtigt, den Bewerber allgemein nach Krankheiten zu fragen, die seine Dienstfähigkeit in Zukunft beeinträchtigen könnten. Der Bewerber ist auch zur wahrheitsgemäßen Beantwortung verpflichtet, soweit ihm derartige Krankheiten bekannt sind. Dies gilt auch für HIV und Aids, da diese Infektion grundsätzlich zur Untauglichkeit des Bewerbers führt. Dabei ist zu beachten, daß eine ausdrückliche Frage nach HIV bzw. Aids unzulässig wäre, da die Aufnahme dieser speziellen Krankheit in den Fragekatalog aus den oben beschriebenen Gründen[621] willkürlich wäre. Eine allgemeine Frage ist aber ohne weiteres möglich.

3) Ergebnis

HIV führt zwar grundsätzlich zur Ungeeignetheit des Beamtenanwärters; ein Aids-Test darf jedoch nur vorgenommen werden, wenn bereits Krankheitssymptome erkennbar sind. Dies ist erst nach Ausbruch von Aids der Fall. Der Dienstherr ist aber berechtigt, allgemein nach Krankheiten zu fragen, die die Dienstfähigkeit des Bewerbers beeinträchtigen könnten. Nach der Übernahme in das Beamtenverhältnis darf der Dienstherr weder nach HIV bzw. Aids fragen noch einen Aids-Test verlangen.

II. Angestellte Lehrer

Angestellte Lehrer haben gemäß § 7 I BAT vor einer Einstellung auf Verlangen des Arbeitgebers ihre gesundheitliche Eignung (Gesundheitszustand und Arbeitsfähigkeit) durch das Zeugnis eines vom Arbeitgeber bestimmten Arztes nachzuweisen. Zu überlegen ist, ob auch hier die zukünftige Dienstfähigkeit in die Eignungsprüfung einzubeziehen ist. Dafür spricht, daß der Bewerber gemäß

---

621 siehe oben S. 171 f.

§ 7 I BAT offenbar ein umfassendes Gesundheitszeugnis vorlegen muß, wohingegen eine Untersuchung im laufenden Dienstverhältnis nach § 7 II BAT nur bei gegebener Veranlassung zulässig sein soll. § 7 I BAT geht also scheinbar weiter. Man darf aber nicht übersehen, daß Art. 33 II GG nicht nur für das Beamtenverhältnis, sondern für den gesamten öffentlichen Dienst gilt.[622] Die Einstellung kann daher nur aufgrund mangelnder Eignung, Befähigung oder fachlicher Leistung abgelehnt werden. Demnach kann auch bei Bewerbern für den öffentlichen Dienst nur der gesundheitliche Zustand entscheidend sein, der sich überhaupt auf die Amtsführung auswirken kann.[623] Dabei ist zu beachten, daß das Angestelltenverhältnis im öffentlichen Dienst im Gegensatz zum Beamtenverhältnis nicht auf Lebenszeit angelegt ist. Eine Kündigung ist grundsätzlich möglich. Entsprechend kann es für die gesundheitliche Eignung auch nur darauf ankommen, daß der Bewerber gegenwärtig in gesundheitlicher Hinsicht seinen Berufspflichten nachkommen kann.[624] Daran ändert auch § 53 BAT nichts, nach dem Angestellte des öffentlichen Dienstes nach 15 Jahren, frühestens aber mit Erreichen des 40. Lebensjahres, unkündbar werden. Der Dienstherr hat auch in diesen Fällen gemäß § 54 BAT das Recht zur Kündigung aus wichtigem Grund. Hierzu zählt bei unkündbaren Angestellten auch eine Kündigung wegen Krankheit, wenn dem Dienstherrn aufgrund längerer Fehlzeiten eine Weiterbeschäftigung nicht mehr zuzumuten ist.[625]

Wie bereits oben dargestellt,[626] kann ein HIV-infizierter Lehrer im allgemeinen Schulbetrieb praktisch niemanden anstecken. Darüber hinaus ist er bis zum endgültigen Ausbruch der Krankheit, also möglicherweise noch viele Jahre, arbeitsfähig. Ein HIV-infizierter Lehrer ist demnach gegenwärtig dienstfähig. Der Dienstherr darf daher anläßlich der Einstellungsuntersuchung keinen Aids-Test durchführen. Soweit der Dienstherr den Bewerber allgemein nach Krankheiten fragt, die seine Dienstfähigkeit beeinträchtigen, darf dieser dementsprechend die HIV-Infektion verschweigen.

Etwas anderes kann nur gelten, wenn der Bewerber bereits an Aids erkrankt ist. In diesem Fall ist der Lehrer von vornherein dienstunfähig. Der Dienstherr kann

---

622 BAG in AP Art. 33 II GG Nr. 2; BVerwGE 61, 325, 330; Maunz in Maunz/Dürig/Scholz/Herzog Art. 33 GG Anm. 12; v. Münch/Kunig/Kunig Art. 33 Rn. 20.

623 Richardi in NZA 1988, 73, 76.

624 Löwisch in DB 1987, 936, 941; Richardi in NZA 1988, 73, 76.

625 Fürst GKÖD § 54 BAT Rn. 58.

626 siehe oben S. 64 ff.

dann grundsätzlich einen Aids-Test verlangen.[627] Es bedarf aber konkreter Verdachtsmomente, die erst beim Auftreten erster Krankheitsanzeichen vorliegen.[628]

Nach der Einstellung ist ein Aids-Test mangels eines Ansteckungsrisikos unzulässig.[629]

III. Schüler

Es stellt sich die Frage, ob in der Schule im Rahmen der Schulgesundheitspflege ein Aids-Test durchgeführt werden kann. Alle Schulgesetze sehen vor, daß die Schüler an schulärztlichen Untersuchungen teilnehmen müssen.[630] Diese sind Aufgabe der Gesundheitsämter.[631] Zu überlegen ist, wie gründlich der Schularzt die Kinder aufgrund dieser Vorschriften untersuchen darf. In Rheinland-Pfalz und Mecklenburg-Vorpommern sind gemäß § 52 III SchulGRP und § 58 I SchulGMV Eingriffe in die körperliche Unversehrtheit des Schülers nicht zulässig. In diesen Ländern darf der Arzt daher den Schülern kein Blut abnehmen. Ein Aids-Test ist somit von vornherein ausgeschlossen.

Zu überlegen ist, ob in den anderen Ländern, die diese Einschränkung nicht kennen, ein Aids-Test vorgenommen werden darf. Die Vorschriften zur Schulgesundheitspflege sind allgemein gehalten. Sie regeln weder Art noch Umfang der Untersuchungen. Angesichts der Tatsache, daß durch umfassende Untersuchungen nicht nur die körperliche Unversehrtheit, sondern auch das Recht auf informationelle Selbstbestimmung betroffen ist, darf der Schularzt aufgrund dieser Vorschriften den Schüler nicht auf alle nur erdenklichen Krankheiten

---

627 Löwisch in DB 1987, 936, 941; Richardi in NZA 1988, 73, 74, 76.

628 siehe oben S. 172 f.

629 siehe oben S. 63 ff.

630 § 91 SchulGBW; Art. 80 BayEUG; § 20 SchulGBln; § 45 SchulGBbg; § 36 BremSchulG; § 34 SchulGHmb; § 71 HSchulG; § 58 SchulGMV; § 57 NSchulG; § 29 SchulVGNW; § 52 SchulGRP; § 20 SchulOGS; Sächsische „Verordnung über die Schulgesundheitspflege" vom 30.7.1992 (GVBl. 1992, 371);§ 38 SchulGLSA; § 47 SchulGSH; § 55 ThürSchulG.

631 siehe z. B. baden-württembergische „VO zur Durchführung schulärztlicher Untersuchungen" vom 1.7.1987 (GABl. S. 769); Art. 86 BayEUG; § 20 III SchulGBln; § 37 I SchulGBbg; § 58 III SchulGMV; § 56 NSchulG; § 29 I SchulVGNW; § 78 Übergreifende SchulORP; § 18 SchulOGS; § 38 SchulGLSA; § 55 ThürSchulG.

untersuchen und sich so ein vollständiges Bild seines Gesundheitszustandes machen. Derart weitreichende Eingriffe in die Rechte der Schüler bedürften nach der Wesentlichkeitstheorie eines Gesetzes, das die Voraussetzungen, den Umfang und die Art der Untersuchung eindeutig regelt.[632]

Schulärztliche Untersuchungen dienen vielmehr rein schulischen Zwecken.[633] Dies ist damit zu begründen, daß der Einflußbereich der Schule auf das Schulgrundstück und die Schulzeit beschränkt ist. Ausnahmen können nur gelten, wenn ein unmittelbarer Zusammenhang zum Unterrichts- und Erziehungsauftrag gegeben ist. Außerhalb des Schulverhältnisses tragen die Eltern infolge ihres Erziehungs- und Sorgerechts nach Art. 6 II GG die alleinige Verantwortung.[634] Im Rahmen der Schulgesundheitspflege sind z. B. Einschulungsuntersuchungen vorgesehen, um sicherzustellen, daß das Kind überhaupt die notwendige Reife besitzt, am Schulunterricht teilzunehmen. Diese Untersuchungen sind eher oberflächlicher Natur und verlangen keine Eingriffe in die körperliche Unversehrtheit. Außerdem ist das Wissen um den Gesundheitszustand in diesen Fällen im Interesse des Kindes und zur Aufrechterhaltung eines funktionierenden Schulbetriebs dringend erforderlich. Aus diesem Grund reichen auch allgemeine Regelungen für die Zulässigkeit derartiger Untersuchungen aus.

Daneben hat die schulische Gesundheitspflege auch einen fürsorgerischen Charakter.[635] Insoweit ist sie Teil der Fürsorgepflicht der Schule und dient daher ebenfalls schulischen Zwecken. Im Rahmen dieser Fürsorgepflicht ist Aufgabe der Schulgesundheitspflege, Krankheiten frühzeitig zu erkennen und Infektionsketten aufzuzeigen.[636] Damit sollen einerseits Ansteckungsrisiken in der Schule vermieden, andererseits im Interesse des betroffenen Kindes Gesundheitsstörungen erkannt und Wege zu deren Behebung aufgezeigt werden.[637] Zur Erkennung von Krankheiten können im Einzelfall auch umfassende Untersuchungen, wie beispielsweise Bluttests, erforderlich sein, die mit einem Eingriff in die körperliche Unversehrtheit des Kindes einhergehen. Darüber hinaus ist zu beachten, daß der Schüler bzw. dessen Eltern ein Interesse an der

---

632 vgl. oben S. 27 ff.

633 Heckel/Avenarius S. 392; Margies/Gampe/Gelsing/Rieger § 42 ASchONW Rn. 25; vgl. auch § 3 sächsische „VO über die Schulgesundheitspflege"; § 3 baden-württembergische „VO zur Durchführung schulärztlicher Untersuchungen".

634 Heckel/Avenarius S. 372.

635 Heckel/Avenarius S. 390.

636 vgl. § 45 I BbgSchulG; § 17 SchulVGBrem; § 42 ASchONW; § 55 ThürSchulG.

637 Heckel/Avenarius S. 392.

Geheimhaltung einer Krankheit haben könnten. Eine solche Untersuchung stellt demnach einen sehr intensiven Eingriff in die Rechte des Schülers dar. Sie kann daher nicht mehr auf die allgemeinen Regelungen in den Schulgesetzen gestützt werden.

Möglicherweise bietet aber das Bundesseuchengesetz eine ausreichende Ermächtigungsgrundlage. Dieses Gesetz dient der Verhütung und Bekämpfung übertragbarer Krankheiten. Es enthält im sechsten Abschnitt zusätzliche Sonderregelungen für den Schulbereich. Das zeigt, daß das Bundesseuchengesetz grundsätzlich auch in der Schule Anwendung findet. Der Schularzt kann dementsprechend Untersuchungen aufgrund dieses Gesetzes durchführen. HIV bzw. Aids sind nach einhelliger Auffassung Krankheiten im Sinne des Bundesseuchengesetzes, da das Virus durch einen Krankheitserreger auf den Menschen übertragen wird.[638] Die Legaldefinition des § 1 BSeuchenG ist somit erfüllt. Nach § 31 BSeuchenG darf das Gesundheitsamt bereits bei der Annahme eines Ansteckungsverdachts[639] Ermittlungen einleiten, zu denen nach § 32 II BSeuchenG auch körperliche Untersuchungen zählen. Dabei ist aber zu beachten, daß der Schularzt, der den Schüler nur sehr kurz sieht und sich daher kaum ein Bild von dessen Persönlichkeit machen kann, über Tatsachen, die einen HIV-Verdacht begründen könnten, überhaupt nicht informiert ist. Ein seuchenrechtlicher Verdacht wird sich daher regelmäßig nur nach Ausbruch von Aids beim Auftreten sichtbarer Krankheitsanzeichen oder durch eine entsprechende Äußerung des zu untersuchenden Kindes ergeben.

Soweit der Schularzt doch einmal den Verdacht hegt, daß ein Kind HIV-positiv ist, stellt sich die Frage, ob in jedem Fall eine Untersuchung durchgeführt werden darf. Ein Teil der Literatur vertritt die Auffassung, daß ein HIV-Infizierter nicht Störer im Sinne des Bundesseuchengesetzes ist.[640] Zur Begründung wird angeführt, daß der Hauptübertragungsweg dieser Infektion der gemeinsame sexuelle Kontakt sei und sich der Gesunde durch einfachste Maßnahmen ohne weiteres selbst schützen könne. Eine Anwendung der in Rechtsprechung und Literatur herrschenden Theorie der unmittelbaren Verursachung führe ebenfalls zu diesem Ergebnis, da der Infizierte weder die letzte Ursache für die

---

638 BayVGH in AIFO 1988, 300; Brandes in RdJB 1988, 10, 12; Bruns in MDR 1987, 353; Costard S. 82; Gallwas in RdJB 1988, 2; Seewald in NJW 1987, 2265, 2266.

639 siehe zum Begriff und der Anwendung auf HIV und Aids auch oben S. 82 ff.

640 Hofmann in NJW 1988, 1486, 1492; Seewald in NJW 1987, 2265, 2273 f.

Ansteckung setze noch eine solche objektiv oder subjektiv bezwecke.[641] Das Bundesseuchengesetz regelt in § 31 I BSeuchenG ausdrücklich, wer Störer im Sinne dieser Vorschrift ist. Für eine Anwendung der Verursachungstheorien verbleibt demzufolge kein Raum.[642] Darüber hinaus führt das Vorliegen der tatbestandlichen Voraussetzungen des § 31 I BSeuchenG nicht automatisch dazu, daß das Gesundheitsamt Ermittlungen durchführen oder weitergehende Maßnahmen nach §§ 34 ff BSeuchenG anordnen darf. Vielmehr muß die jeweilige Maßnahme auch verhältnismäßig, d. h. im Einzelfall zum angestrebten Zweck geeignet, erforderlich und angemessen sein.[643]

Zu klären ist demnach, ob ein Aids-Test im Rahmen der Schulgesundheitspflege verhältnismäßig ist. Der Staat hat nicht das Recht, sich umfassend über den Gesundheitszustand der Bevölkerung zu informieren. Das Bundesseuchengesetz dient vielmehr der Bekämpfung und Verhütung ansteckender Krankheiten. Ermittlungsmaßnahmen sind daher nur dann erforderlich, wenn überhaupt die Gefahr einer Übertragung besteht.[644] Außerdem ist zu beachten, daß die Untersuchung nicht in Hinblick auf einen bestimmten Verdacht, sondern als Pflichtuntersuchung im Rahmen der Schulgesundheitspflege stattfindet.[645] Den Umstand, daß sich ein großer Teil der Bevölkerung einer Untersuchung unterziehen muß, darf das Gesundheitsamt nicht für seine Zwecke ausnutzen. Vielmehr muß es die Verbindung mit schulischen Aufgaben im Auge behalten.[646] § 31 I BSeuchenG wird insoweit durch die ursprünglich die Untersuchung legitimierenden Normen der Schulgesetze eingeschränkt. Dabei ist insbesondere zu berücksichtigen, daß sich die Fürsorgepflicht der Schule nur auf den schulischen, nicht auf den außerschulischen Bereich erstreckt.[647] Ermittlungsmaßnahmen sind daher nur gerechtfertigt, wenn überhaupt die Möglichkeit einer Ansteckung in der Schule besteht.

Viele Krankheiten werden durch soziale Kontakte übertragen. In der Schule, in der täglich viele Menschen auf engem Raum zusammenkommen, können sich

---

641 Hofmann in NJW 1988, 1486, 1492; Seewald in NJW 1987, 2265, 2273; vgl. hinsichtlich der Argumente zur Theorie der unmittelbaren Verursachung auch ausführlich unten S. 194 ff.

642 Costard S. 91; Götz Rn. 193; Schenke in DVBl. 1988, 165, 168; Spießhofer S. 82.

643 Costard S. 117; Schenke in DVBl. 1988, 165, 168.

644 Costard S. 122.

645 Heckel/Avenarius S. 392 f.; Margies/Gampe/Gelsing/Rieger § 42 ASchONW Rn. 25.

646 Heckel/Avenarius S. 372.

647 siehe oben S. 176.

diese Krankheiten besonders schnell ausbreiten. HIV ist hingegen nicht über Sozialkontakte übertragbar und begründet demnach im Regelfall keine Ansteckungsgefahr in der Schule. Ein erhöhtes Ansteckungsrisiko und damit eine Grundlage für entsprechende Ermittlungen besteht lediglich dann, wenn der betroffene Schüler besonders aggressiv ist.[648] Diese Tatsache ist aber nur der Schule bekannt, nicht dem Schularzt. Die Schule wiederum darf den Schularzt nicht rein prophylaktisch über eine Aggression informieren, da dieser die Information regelmäßig nicht für seine Untersuchung benötigt. Dies ist allenfalls eine Frage für den Schulpsychologen. Eine Aufklärung über den HIV-Status eines Kindes kann daher nicht über den Schularzt erfolgen. In diesem Zusammenhang ist außerdem zu erwähnen, daß den Eltern HIV-infizierter Kinder die Krankheit im Regelfall bekannt ist. Beinahe alle betroffenen Kinder haben sich während der Schwangerschaft bzw. der Geburt bei ihrer Mutter angesteckt.[649] Ohne ärztliche Behandlung, d. h. ohne das Wissen um die Infektion, hätten diese Kinder ein schulpflichtiges Alter nicht erreichen können.[650] Es ist daher davon auszugehen, daß die Eltern ihre Erziehung auf die Infektion abstimmen und somit auch außerhalb der Schule keine nennenswerte Ansteckungsgefahr besteht.

Der Schularzt hat aber die Möglichkeit, die Eltern über seinen Verdacht zu informieren, um so in den sehr seltenen Fällen einer bislang unerkannten Infektion eine außerschulische Untersuchung und Behandlung in die Wege zu leiten.

Soweit nach den hier gewonnen Ergebnissen die Eltern in Bayern, Brandenburg, Hamburg, Mecklenburg-Vorpommern, Rheinland-Pfalz, Schleswig-Holstein und Thüringen im Einzelfall eine Frage nach HIV und Aids beantworten müssen,[651] ist zu überlegen, ob die Schule zumindest dann einen Aids-Test durch den Schularzt verlangen darf, wenn die Eltern die Auskunft verweigern. Wie bereits oben dargestellt,[652] stellt der Aids-Test ebenfalls eine Form der Datenerhebung dar. Allerdings muß die Schule bei der Wahl, welches Erhebungsmittel sie einsetzen will, den Grundsatz der Verhältnismäßigkeit beachten, d. h. das Erhebungsmittel muß geeignet, erforderlich und zumutbar sein. Mildestes Mittel ist dabei zunächst die Frage nach HIV bzw. Aids. Erst wenn die Eltern die Auskunft verweigern, kann die Schule auch zu Erhebungsmitteln

---

648 siehe oben S. 75 ff.

649 siehe oben S. 12.

650 siehe oben S. 19.

651 siehe oben S. 69 ff.

652 siehe oben S. 165.

greifen, die den betroffenen Schüler stärker belasten. Da die Information über HIV bzw. Aids grundsätzlich der Vermeidung von Ansteckungsgefahren und damit der Krankheitsbekämpfung in der Schule dient, kann sie den für die Gesundheitspflege in der Schule zuständigen Schularzt im Rahmen der Gefahrenerforschung heranziehen. Dieser darf dann nach § 31 BSeuchenG einen Aids-Test durchführen und das Ergebnis der Schule mitteilen.

IV. Rechtsbehelfe bei verweigerter Aufnahme bzw. Einstellung

1) Rechtsbehelfe des Schülers

Schüler unterliegen der allgemeinen Schulpflicht. Die Schulgesetze legen fest, welche Schule für einen Schüler örtlich zuständig ist.[653] Diese Schule ist verpflichtet, einen ihr zugeordneten Schüler aufzunehmen.[654] Möglicherweise kann sie aber sofort einen Schulausschluß und damit verbunden die Erteilung von Hausunterricht anordnen.[655] Rechtsbehelfe hiergegen werden im folgenden noch erörtert.[656]

2) Rechtsbehelfe des Lehrers

a) Beamtete Lehrer

Die Nichteinstellung eines HIV-infizierten Beamtenanwärters ist rechtmäßig, da die HIV-Infektion zur Ungeeignetheit des Bewerbers führt.[657] Beruht die Ablehnung des Bewerbers hingegen auf dessen Weigerung, einen Aids-Test durchzuführen, ist dies zumindest dann rechtswidrig, wenn bei diesem Bewerber noch keine Krankheitszeichen erkennbar sind, die auf den Ausbruch von Aids hinweisen.[658]

---

653 z. B. Art. 42 BayEUG; § 8 SchulGBln; § 45 SchulGMV; § 50 SchulGRP; § 19 SchulOGS.

654 Heckel/Avenarius S. 52.

655 siehe unten S. 190 ff.

656 siehe unten S. 200 ff.

657 siehe oben S. 163.

658 siehe oben S. 167 ff.

(1) Konkurrentenklage

Zu überlegen ist, ob der abgelehnte Bewerber auf Einstellung klagen kann. Für Streitigkeiten aus dem Beamtenverhältnis sind nach § 126 I BRRG die Verwaltungsgerichte zuständig. Fraglich ist, ob § 126 I VwGO hier überhaupt Anwendung findet. Dagegen spricht, daß ein Beamtenverhältnis durch die angestrebte Ernennung erst begründet werden soll. Eine Streitigkeit *aus* dem Beamtenverhältnis liegt also noch gar nicht vor. Möglicherweise ist § 126 BRRG aber auch auf sogenannte vorbeamtliche Streitigkeiten - wie beispielsweise die hier zu entscheidende Frage der Rechtmäßigkeit der Ablehnung eines Beamtenanwärters - anzuwenden. § 126 I BRRG dient der Vereinheitlichung des Rechtswegs. Alle Rechte, die im Beamtenrecht wurzeln, sollen der gleichen Verfahrensart angehören.[659] Auch vorbeamtliche Streitigkeiten richten sich nach beamtenrechtlichen Vorschriften. Es ist daher sachgerecht, auch auf diese Rechtsstreitigkeiten § 126 VwGO anzuwenden.[660] Richtige Klageart ist die Verpflichtungsklage, da die Ernennung einen Verwaltungsakt darstellt. Ihre rechtsgestaltende Wirkung besteht darin, daß sie das Beamtenverhältnis unmittelbar begründet.[661] Die nach § 42 II VwGO erforderliche Klagebefugnis liegt vor, da nicht auszuschließen ist, daß die Auswahl den Bewerber in seinem grundrechtsgleichen Recht aus Art. 33 II GG verletzt. Vor Erhebung einer Verpflichtungsklage muß der Bewerber nach § 126 III BRRG ein Vorverfahren durchführen.

Zu beachten ist aber, daß die Behörde nur dann einen bestimmten Bewerber einstellen muß, wenn dieser der einzig in Frage kommende Kandidat für den ausgeschriebenen Dienstposten ist. In vielen Fällen verfügen mehrere Bewerber über gleiche Qualifikationen. Möglicherweise ist die Behörde von allen Bewerbern nicht überzeugt und möchte daher den ausgeschriebenen Dienstposten gar nicht, zumindest aber erst nach einer erneuten Ausschreibung besetzen. Ein Bewerber hat daher grundsätzlich keinen Anspruch auf Einstellung.[662] Die Behörde ist wegen Art. 33 II GG in ihrer Auswahl aber auch nicht völlig frei. Sie darf sich bei ihrer Entscheidung vielmehr nur von der Eignung, Leistung und

---

659 VGH Mannheim in ESVGH 15, 14; Battis § 172 BBG Rn. 3; Kunig in Schmidt-Aßmann BesVerwR 6. Abschnitt Rn. 180; Wind/Schimana/Wichmann S. 308 f.

660 VGH Mannheim in ESVGH 15, 14; Battis § 172 BBG Rn. 7; Kernbach S. 68; Kunig in Schmidt-Aßmann BesVerwR 6. Abschnitt Rn. 180; Wind/Schimana/Wichmann S. 308 f.

661 Behrens § 3 Rn. 5; Hilg § 11 II 1; Scheerbarth/Höffken/Bauschke/Schmidt § 12 I 2 a.

662 BVerfGE 39, 334, 354; BVerwG in NVwZ 1997, 283; Kunig in Schmidt-Aßmann BesVerwR 6. Abschnitt Rn. 88; Wind/Schimana/Wichmann S. 133.

Befähigung der einzelnen Bewerber leiten lassen. Soweit die Behörde andere, sachfremde Kriterien zugrunde legt, übt sie ihr Ermessen fehlerhaft aus und verletzt den Bewerber in seinem Recht aus Art. 33 II GG.[663] In einem derartigen Fall kann der Bewerber nach § 113 V 1 VwGO zwar nicht seine Einstellung, wohl aber eine erneute Entscheidung der Behörde verlangen (sogenannte Neubescheidungsklage).

Einer solchen Klage könnte jedoch das Rechtsschutzinteresse fehlen. Wenn ein anderer Bewerber (im folgenden Konkurrent) bereits endgültig in das Beamtenverhältnis übernommen wurde, ist die angestrebte Stelle vergeben. Eine erneute Entscheidung über diesen Posten ist nur dann möglich, wenn auch die Rechtsstellung des Konkurrenten angreifbar ist. Der Bewerber kann sein Ziel also nur erreichen, wenn er gleichzeitig die Ernennung des Konkurrenten anficht. Die Zulässigkeit einer sogenannten Konkurrentenklage im Beamtenrecht ist umstritten. Ein Teil der Literatur[664] und offenbar auch die Rechtsprechung[665] verneinen bereits die Klagebefugnis des Bewerbers. Dieser sei weder Adressat des Verwaltungsakts noch durch diesen beschwert. Ein Verwaltungsakt mit Drittwirkung liege nicht vor, da die Begünstigung des Konkurrenten nicht mit einer Belastung des Bewerbers einherginge. Die den Bewerber belastende Maßnahme sei vielmehr in der der Ernennung vorgeschalteten Auswahlentscheidung zu sehen, durch die der Antrag des Bewerbers abgelehnt werde.[666] Diese Meinung verkennt aber, daß die Auswahlentscheidung im Regelfall ein Verwaltungsinternum bleibt, das keine unmittelbaren Rechtsfolgen nach außen entfaltet.[667] Wie bereits oben dargestellt, liegt es im Interesse der Behörde, sich vor der endgültigen Ernennung nicht unwiderruflich zu binden.[668] Nur so behält sie die Möglichkeit, die Stelle gar nicht zu besetzen oder ein neues Ausschreibungsverfahren einzuleiten.[669] Darüber hinaus darf man nicht übersehen, daß sich die Behörde im Zeitpunkt der Auswahlentscheidung häufig gar nicht endgültig

---

663 BVerfGE 39, 334, 354; BVerwGE 2, 151, 153; Kunig in Schmidt-Aßmann BesVerwR 6. Abschnitt Rn. 88.

664 Hilg § 15 I 2 a); Peter in JuS 1992, 1042, 1044.

665 BVerwGE 80, 127, 130 dort heißt es: „Die Klägerin wendet sich nicht gegen die - durch einen anderen, von der Entscheidung über ihre Bewerbung rechtlich zu trennenden, sie nicht betreffenden Verwaltungsakt ausgesprochene - Ernennung."

666 OVG Lüneburg in DVBl 1985, 1245; Peter in JuS 1992, 1042, 1044.

667 Eyermann/Happ § 42 VwGO Rn. 104; Kernbach S. 114; Ronellenfitsch in VerwArch 82, 121, 131.

668 siehe oben S. 181.

669 Eyermann/Happ § 42 VwGO Rn. 104; Kernbach S. 114.

binden kann, weil Mitwirkungshandlungen wie beispielsweise die Anhörung des Personalrates noch ausstehen.[670] Aus diesen Gründen entfaltet die Auswahlentscheidung selbst noch keine unmittelbaren Rechtswirkungen nach außen. Solange aber eine rechtsverbindliche Entscheidung über die Stelle nicht getroffen wurde, kann das Recht der abgelehnten Bewerber aus Art. 33 II GG nicht verletzt, sondern allenfalls gefährdet sein. Erst die Ernennung eines Konkurrenten wirkt rechtsvernichtend, da sich durch sie die in der rechtswidrigen Auswahl liegende Rechtsverletzung manifestiert. Aus diesem Grund ist die Ernennung vielleicht nicht die alleinige Beschwer, sie entfaltet aber jedenfalls auch belastende Wirkung für den Bewerber.[671] Demnach ist der Bewerber klagebefugt.

Möglicherweise fehlt jedoch ein Rechtsschutzbedürfnis. Die Gerichte sollen vor überflüssigen und mutwilligen, insbesondere auch nutzlosen Prozessen geschützt werden. Hierzu zählt auch die Ausübung von prozessualen Rechten, durch die sich die Rechtsstellung des Klägers nicht verbessern kann, weil auch die Gerichte einen bestehenden Nachteil nicht mehr beheben dürfen.[672] Unter diesem Gesichtspunkt verneint die herrschende Meinung bei der beamtenrechtlichen Konkurrentenklage das Rechtsschutzbedürfnis des Bewerbers. Aufgrund der im Beamtenrecht geltenden Ämterstabilität seien die Gerichte daran gehindert, eine entgegen den Auswahlkriterien des Art. 33 II GG erfolgte Ernennung wieder zu beseitigen.[673] Die Mindermeinung mißt der Durchsetzung des in Art. 33 II GG zum Ausdruck kommenden Leistungsprinzips größere Bedeutung zu und bejaht infolgedessen die Zulässigkeit einer Anfechtungsklage.[674] Zu überlegen ist, welchem Grundsatz der Vorrang gebührt. Gegen die Zulässigkeit der Konkurrentenklage im Beamtenrecht spricht, daß die Beamtengesetze die Rücknahme- und Nichtigkeitstatbestände einer Ernennung ausdrücklich

---

670 Kernbach S. 114.

671 Eyermann/Happ § 42 VwGO Rn. 104; Kernbach S. 79; wohl auch Kunig in Schmidt-Aßmann BesVerwR 6. Abschnitt Rn. 92, der das verletzte Zugangsrecht als „drittgerichtet" qualifiziert.

672 Kernbach S. 82; Kopp/Schenke Vorb. § 40 VwGO Rn. 38; Ronellenfitsch in VerwArch 82, 121, 172.

673 BVerwGE 80, 127, 130; Günther in ZTR 1993, 281, 283; Hilg § 15 I 2 b; Kunig in Schmidt-Aßmann BesVerwR 6. Abschnitt Rn. 91; Peter in JuS 1992, 1042, 1043; Scheerbarth/Höffken/Bauschke/Schmidt § 6 V 2 b; Wittkowski in NJW 1993, 817, 818.

674 Finkelnburg in DVBl 1980, 809, 811; Wind/Schimana/Wichmann S. 318.

festlegen.[675] Eine gegen Art. 33 II GG verstoßende Auswahl zählt nicht dazu. Hiergegen wird vorgebracht, daß diese Vorschriften lediglich eine Auflösung durch den Dienstherren beträfen. Ein Gericht sei ohne weiteres befugt, auf Antrag eines Bewerbers Ernennungen zu überprüfen und gegebenenfalls aufzuheben.[676] Diese Ansicht überzeugt jedoch nicht. Nach § 59 BRRG darf die rechtliche Stellung eines Beamten nur unter den Voraussetzungen und in den Formen, die dieses Gesetz vorsieht, verändert werden. Dieser Vorschrift ist keine Beschränkung ihrer Geltung auf die Exekutive zu entnehmen. Vielmehr ist nach Art. 20 III GG auch die Judikative an bestehende Gesetze und damit an § 59 BRRG gebunden.[677] Demzufolge dürfen auch die Verwaltungsgerichte eine einmal erfolgte Ernennung nicht mehr aufheben, mit der Folge, daß der Rechtsweg trotz der Verletzung eines subjektiven Rechts nutzlos ist und somit kein Rechtsschutzinteresse besteht.[678] Damit entfällt gleichzeitig auch das Rechtsschutzbedürfnis für die Neubescheidungsklage, da sich mit der Ernennung des Konkurrenten das Einstellungsverfahren erledigt hat und der Bewerber die begehrte Stelle nicht mehr erlangen kann.[679]

(2) Fortsetzungsfeststellungsklage

Der Bewerber könnte aber ein Interesse auf Feststellung der Rechtswidrigkeit haben. Richtige Klageart ist die Fortsetzungsfeststellungsklage nach § 113 I 4 VwGO. Eine solche ist zulässig, wenn der Kläger ein berechtigtes Interesse an der Feststellung der Rechtswidrigkeit eines bereits erledigten Verwaltungsaktes hat. Dabei ist unerheblich, ob die Erledigung vor oder nach Klageerhebung eingetreten ist.[680] Diese Klage erfaßt nicht nur Fälle, denen

---

675 siehe §§ 11 ff. BBG; §§ 13 ff. LBGBW; Art. 14 ff. BayBG; §§ 14 ff. LBGBln; §§ 15 ff. LBGBbg; §§ 13 ff. BremBG; §§ 12 ff. HmbBG; §§ 13 ff. HBG; §§ 13 ff. LBGMV; §§ 18 ff. LBGNW, §§ 11 ff. LBGRP; §§ 16 ff. SBG, §§ 14 ff. SächsBG; §§ 11 ff. LGBLSA, §§ 14 ff. LBGSH; §§ 12 ff. ThürBG.

676 Finkelnburg in DVBl 1980, 809, 811; Wind/Schimana/Wichmann S. 318.

677 HessVGH in DöD 1985, 258, 260; Kernbach S. 88; Peter in JuS 1992, 1042, 1045; Seitz S. 44.

678 Kernbach S. 94; Peter in JuS 1992, 1042, 1045; aA. Schenke Rn. 562 a, der nicht das Rechtsschutzbedürfnis, sondern die Begründetheit der Klage ablehnt. Da beide Ansichten letztlich eine Anfechtung ausschließen, unterbleibt auch angesichts der hier zitierten ausführlichen Literatur eine weitere Auseinandersetzung.

679 Kernbach S. 99.

680 Aufgrund des Wortlauts des § 113 I 4 VwGO ist dieser auf eine Erledigung vor Klageerhebung nur analog anwendbar (BVerwGE 26, 161, 165; BVerwGE 81, 226, 227; Eyermann/Schmidt § 113 VwGO Rn. 72; Kopp/Schenke § 113 VwGO Rn. 99).

ursprünglich eine Anfechtungsklage zugrunde lag, sondern ist in Anbetracht der identischen Interessenlage analog auch auf die Ablehnung eines Verwaltungsaktes, der aus rechtlichen oder tatsächlichen Gründen nicht mehr erlassen werden kann, anwendbar.[681] Allerdings bedarf es zur Vermeidung unnötiger Klagen eines besonderen Feststellungsinteresses wie beispielsweise einer Wiederholungsgefahr.[682]

Im vorliegenden Fall ist eine Bescheidungsklage nicht mehr zulässig, weil sich der angestrebte und abgelehnte Verwaltungsakt durch Vergabe der Stelle endgültig erledigt hat.[683] Wenn sich der Bewerber nochmals um eine Einstellung bemüht, besteht wiederum die Gefahr, daß die Behörde ihn aufgrund des fehlenden Aids-Testes ablehnt. Das besondere Feststellungsinteresse ist demnach gegeben. Der Bewerber kann daher mit der Fortsetzungsfeststellungsklage die Rechtswidrigkeit der Auswahl feststellen lassen.[684]

Zu klären bleibt, ob der Bewerber vor Erhebung dieser Klage ein Vorverfahren durchführen muß. Grundsätzlich schreibt § 126 III BRRG für alle Klagen aus dem Beamtenverhältnis ein solches vor. Außerhalb des Anwendungsbereiches des § 126 BRRG hält die herrschende Meinung in Rechtsprechung und Literatur ein Vorverfahren zumindest dann für überflüssig, wenn sich der Verwaltungsakt noch vor Ablauf der Widerspruchsfrist erledigt. Der Bürger habe ein Interesse an der rechtskräftigen Feststellung der Rechtswidrigkeit und sei daher nicht an die Verwaltung zurückzuweisen.[685] Dieser Grundsatz wird teilweise auch auf das Beamtenverhältnis übertragen.[686] Man darf aber den unterschiedlichen Zweck der Vorverfahren nach § 126 III BRRG und §§ 68 ff. VwGO nicht übersehen. Das Verfahren nach §§ 68 ff. VwGO dient der Selbstkontrolle der Verwaltung und Entlastung der Gerichte,[687] wohingegen § 126 III BRRG vor allem gerichtliche Streitigkeiten zwischen einem Beamten bzw. Bewerber und seinem (zukünftigen) Dienstherrn verhindern soll. Streitigkeiten innerhalb

---

681 BVerwGE 89, 354, 355; VGH Mannheim in ESVGH 15, 14, 15; Eyermann/Schmidt § 113 VwGO Rn. 97; Kopp/Schenke § 113 VwGO Rn. 109.

682 Kopp/Schenke § 113 VwGO Rn. 141.

683 BVerwGE 80, 127, 130.

684 Peter in JuS 1992, 1042, 1046; Wind/Schimana/Wichmann S. 323.

685 BVerwGE 26, 161, 167; 56, 24, 26; Erichsen/Weiß in Jura 1993, 103, 104 f. mwN.

686 Wind/Schimana/Wichmann S. 314; BVerwG in DVBl 1980, 503, 504, für den Fall, daß sich die Behörde auf die Klage einläßt.

687 BVerwGE 61, 45, 48; Eyermann/Rennert § 68 VwGO Rn. 2; Kopp/Schenke Vor § 68 VwGO Rn. 1 mwN.

des Beamtenverhältnisses oder auch nur anläßlich dessen Begründung sollten zur Vermeidung von Loyalitätskonflikten im besonderen Maße innerhalb der Verwaltung gelöst werden.[688] Aus diesem Grund ordnet § 126 III BRRG nicht wie § 68 VwGO nur bei Anfechtungs- und Verpflichtungsklagen, sondern auch bei Leistungs- und Feststellungsklagen ein Vorverfahren an. Dieselbe Interessenlage besteht auch bei der Fortsetzungsfeststellungsklage. Diese ist zwar in § 126 III BRRG nicht ausdrücklich erwähnt. Sie stellt sich aber als Folge einer Anfechtungs- oder Verpflichtungsklage in Form einer Feststellungsklage dar[689] und ist daher ebenfalls § 126 III BRRG zuzuordnen. Demzufolge muß der Bewerber in jedem Fall Widerspruch gegen seine Ablehnung einlegen.[690]

(3) Einstweiliger Rechtsschutz

Angesichts der eingeschränkten Rechtsschutzmöglichkeiten des Bewerbers ist zu prüfen, inwiefern ihm einstweiliger Rechtsschutz zur Seite steht. Möglicherweise kann er auf diesem Wege die Ernennung des Konkurrenten verhindern bis über seine Neubescheidungsklage im Hauptverfahren entschieden ist. Es stellt sich die Frage, ob der Bewerber gegen die beabsichtigte Ernennung im einstweiligen Rechtsschutz über §§ 80 a, 80 VwGO oder § 123 VwGO vorgehen muß. §§ 80 a, 80 VwGO wären einschlägig, wenn bereits vor der Ernennung ein auch den Bewerber belastender Verwaltungsakt vorläge. Wie bereits oben dargestellt, will und kann sich die Behörde bis zur endgültigen Ernennung des Konkurrenten nicht endgültig binden.[691] Die Auswahlentscheidung entfaltet demnach noch keine unmittelbaren Rechtswirkungen nach außen.[692] Ein über §§ 80 a, 80 VwGO angreifbarer Verwaltungsakt liegt demnach nicht vor.[693] Der Bewerber muß daher nach § 123 VwGO die bevorstehende Ernennung des Konkurrenten angreifen. Im vorliegenden Fall begehrt der Kläger die Nichteinstellung des Konkurrenten, also die Beibehaltung des derzeitigen Zustands zur Sicherung eigener Rechte. Er kann daher eine Sicherungsanordnung nach § 123 I 1 VwGO beantragen.

---

688 VGH Mannheim in NVwZ-RR 1991, 55, 56; Günther in DöD 1991, 78, 87; Kunig in Schmidt-Aßmann BesVerwR 6. Abschnitt Rn 179; Semianer in ZBR 1992, 71, 74; Wiese Zweiter Teil, Vierter Abschnitt, 1. b).

689 Kopp/Schenke § 113 VwGO Rn. 97.

690 Günther in DöD 1991, 78, 87; Semianer in ZBR 1992, 71, 80.

691 siehe oben S. 182.

692 siehe oben S. 182.

693 Günther in NVwZ 1986, 697, 700; Kernbach S. 116 f.; aA: OVG Lüneburg in OVGE 34, 475.

Der Antrag ist begründet, wenn der Bewerber einen Anordnungsanspruch und einen Anordnungsgrund glaubhaft machen kann. Der Anordnungsanspruch ist gegeben, wenn der Bewerber bei einer erneuten, Art. 33 II GG genügenden Auswahl möglicherweise ernannt werden könnte.[694] Im vorliegenden Fall muß der Bewerber also glaubhaft machen, daß seine Nichternennung nur auf den fehlenden Aids-Test zurückzuführen ist, er aber ansonsten genauso bzw. besser geeignet wäre als sein Konkurrent. Der Anordnungsgrund bezieht sich auf die Gefährdung dieses Rechts. Eine solche ist im vorliegenden Fall zu bejahen, da dem Bewerber mit der Ernennung des Konkurrenten der Rechtsschutz abgeschnitten wird und er seine Rechte von diesem Augenblick an nicht mehr durchsetzen kann.[695] Das Gericht ist in der Wahl des geeigneten Mittels frei. Es kann der Behörde die Ernennung des ausgewählten Bewerbers untersagen bis über die Bewerbung des Konkurrenten fehlerfrei entschieden ist[696] oder aber eine Neubescheidung unter Vorbehalt anordnen[697] (die endgültige Entscheidung über die Notwendigkeit einer Neubescheidung bleibt der Hauptsache vorbehalten). Letzteres bietet den Vorteil, daß die Behörde im Falle einer erneuten Ablehnung des Bewerbers die Möglichkeit zur schnellen Stellenbesetzung hat. Der Bewerber muß aber dennoch Verpflichtungsklage erheben, da durch eine einstweilige Anordnung die Hauptsache nicht vorweggenommen werden darf.[698]

Der einstweilige Rechtsschutz setzt demnach voraus, daß der Bewerber noch vor der Ernennung des Konkurrenten nicht nur die eigene Ablehnung, sondern die gesamte Auswahlentscheidung kennt. Fraglich ist, ob die Behörde zu einer derartigen Information verpflichtet ist. Art. 19 IV GG gewährleistet dem Bürger einen möglichst effektiven Rechtsschutz gegen Akte der öffentlichen Gewalt. Mit dieser Garantie lassen sich weder von vornherein irreparable Entscheidungen vereinbaren,[699] noch darf das Verwaltungsverfahren so ausgestaltet sein, daß es einen möglichen Rechtsschutz vereitelt oder erschwert.[700] Im vorliegenden Fall kann der Bewerber mit der Neubescheidungsklage gegen seine Ablehnung vorgehen. Der Rechtsweg ist demnach grundsätzlich eröffnet. Mit

---

694 Wittkowski in NJW 1993, 817, 819.

695 Wittkowski in NJW 1993, 817, 819.

696 Peter in JuS 1992, 1046.

697 Günther in NVwZ 1985, 697, 704.

698 Kopp/Schenke § 123 VwGO Rn. 13 mwN.

699 BVerfG in NJW 1990, 501; BVerfGE 67, 43, 59; Kernbach S. 179; Pieroth/Schlink Rn. 1020.

700 BVerfG in NJW 1990, 501; Kernbach S. 187; Peter in JuS 1992, 1042, 1045; Pieroth/Schlink Rn. 1024.

der Ernennung des Konkurrenten entfällt aber das Rechtsschutzbedürfnis, mit der Folge, daß die ursprünglich zulässige Klage unzulässig wird. Die Behörde muß daher, damit die Entscheidung nicht von vornherein irreparabel ist, den Bewerber so rechtzeitig über die beabsichtigte Auswahl unterrichten, daß dieser - ohne die bereits erfolgte Ernennung eines Konkurrenten angreifen zu müssen - eine neue Entscheidung erreichen kann.[701]

(4) Ergebnis

Zusammenfassend ist festzustellen, daß dem abgelehnten Bewerber nach der Ernennung des Konkurrenten nur noch die Fortsetzungsfeststellungsklage zur Verfügung steht. Eine Anfechtungs- oder Verpflichtungsklage ist mangels Rechtsschutzbedürfnis unzulässig. Die Behörde ist aber verpflichtet, alle Bewerber rechtzeitig über die beabsichtigte Auswahl in Kenntnis zu setzen. Im einstweiligen Rechtsschutz kann der Bewerber eine einstweilige Anordnung nach § 123 I 1 VwGO erlangen, mit der er die Ernennung des Konkurrenten bis zur endgültigen Entscheidung über die Auswahl verhindert.

b) Angestellte Lehrer

Angestellte Lehrer können wegen der Geltung des Art. 33 II GG im öffentlichen Dienst ebenfalls gegen die Nichteinstellung vorgehen. Allerdings müssen sie sich wegen der privatrechtlichen Ausgestaltung des Angestelltenvertrages an das Arbeitsgericht wenden. Nach § 46 II ArbGG findet die ZPO Anwendung. Es stellt sich die Frage, ob der Bewerber zumindest im Bereich des Angestelltenverhältnisses gegen einen bereits abgeschlossenen Arbeitsvertrag vorgehen kann. Im Angestelltenverhältnis besteht die im Beamtenrecht geltende Ämterstabilität nicht. Die Gültigkeit und der Bestand des Arbeitsverhältnisses richten sich vielmehr nach dem BGB. Ein entgegen den Auswahlkriterien des Art. 33 II GG abgeschlossener Arbeitsvertrag könnte nach § 134 BGB nichtig sein.[702] Dann müßte Art. 33 II GG ein Verbotsgesetz im Sinne dieser Norm darstellen. Welche Normen Verbotsgesetze nach § 134 BGB sind und ob sich aus diesen im Einzelfall die Nichtigkeit des Rechtsgeschäfts ergibt, ist durch Auslegung zu ermitteln.[703] Die Grundrechte sind im Verhältnis Bürger-Staat

---

701 BVerfG in NJW 1990, 501.

702 so Günther in ZTR 1993, 281, 284.

703 BGHZ 93, 264, 267; BGHZ 89, 369, 373; MüKo/Mayer-Maly § 134 BGB Rn. 38; Palandt/Heinrichs § 134 BGB Rn. 7.

grundsätzlich geeignet, eine Nichtigkeit nach § 134 BGB herbeizuführen. Dies gilt vor allem deshalb, weil der Staat nicht berechtigt ist, durch die Wahl der privaten Rechtsform Grundrechte zu mißachten.[704] Hätte die Behörde im vorliegenden Fall nicht die private, sondern die öffentlich-rechtliche Form gewählt, wäre der Konkurrent nicht in das Angestellten-, sondern in das Beamtenverhältnis übernommen worden. In diesem Fall wäre die Ernennung wirksam. Dies zeigt, daß Art. 33 II GG derartige Rechtsgeschäfte gerade nicht schlichtweg verbietet. Für einen Bestand des Arbeitsvertrages spricht auch, daß bei einer ermessensfehlerhaften Auswahl nur der Staat, nicht aber der ausgewählte Bewerber gegen Art. 33 II GG verstößt.[705] Dieser wird die fehlerhafte Auswahl nicht einmal kennen. Nach den Motiven des Gesetzgebers sollte § 134 BGB grundsätzlich aber nur solche Rechtsgeschäfte erfassen, bei denen beide Seiten gegen das Verbot verstoßen. Dem rechtmäßig Handelnden sollte ein Erfüllungsanspruch zustehen.[706] Dem ist jedenfalls dann zuzustimmen, wenn der Verstoß ein reines Internum der gegen das Gesetz verstoßenden Partei bleibt.[707] Nur in extrem gelagerten Ausnahmefällen, in denen die Interessen Dritter oder der Allgemeinheit besonders schützenswert erscheinen, kann auch in diesen Fällen ein einseitiger Verstoß die Nichtigkeit des Rechtsgeschäfts begründen.[708] Im vorliegenden Sachverhalt ist davon auszugehen, daß sich der Konkurrent ebenfalls zur Ausübung des vorgesehenen Amtes eignet. Außerdem sind die Interessen des ausgewählten Konkurrenten, der die fehlerhafte Auswahl nicht einmal kennt, schützenswert. Aus diesen Gründen ist der Arbeitsvertragsabschluß mit dem Konkurrenten nicht derart zu mißbilligen, daß das gesamte Rechtsgeschäft nichtig sein muß. Für dieses Ergebnis spricht auch § 611 a II BGB, nach dem eine gegen Art. 3 III GG verstoßende Einstellung nur Schadensersatzansprüche des benachteiligten Bewerbers, nicht aber die Nichtigkeit eines bereits mit einem Dritten abgeschlossenen Arbeitsvertrages auslöst. Demzufolge kann der unterlegene Bewerber auch im öffentlichen Dienst eine einmal erfolgte Einstellung nicht mehr angreifen.[709] Als Folge davon hat auch er einen Anspruch auf rechtzeitige Information über die beabsichtigte Auswahl. Er kann dann nach § 940 ZPO im Wege der einstweiligen Verfügung

---

704 BGHZ 65, 284, 287; Staudinger/Dilcher § 134 BGB Rn. 37.

705 Seitz S. 57.

706 Motive zu dem Entwurf eines Bürgerlichen Gesetzbuches für das Deutsche Reich I, 210.

707 Palandt/ Heinrichs § 134 BGB Rn. 9; Canaris S. 27.

708 BGHZ 93, 264, 267; BGHZ 89, 369, 372; MüKo/Mayer-Maly § 134 BGB Rn. 45.

709 LAG Hamm in ZTR 1993, 339, 341; Maunz/Dürig/Maunz Art. 33 GG Anm. 17; Seitz S. 62.

einen Arbeitsvertragsabschluß mit dem Konkurrenten verhindern. Nach Abschluß des Arbeitsvertrages kann der Bewerber nur noch mit der Feststellungsklage nach § 256 I ZPO die Rechtswidrigkeit der Auswahl feststellen lassen.

C. Unterrichtsausschluß

I. Nach § 34 BSeuchenG

Wie bereits oben ausgeführt, ist das Bundesseuchengesetz auf Aids anwendbar.[710] Problematisch ist jedoch, ob nach § 34 BSeuchenG ein Schulausschluß angeordnet werden kann. Dagegen spricht vor allem, daß dieses Gesetzes bereits in § 45 BSeuchenG den Schulausschluß für bestimmte Krankheiten, zu denen Aids nicht zählt, regelt. Ein Ausschluß nach § 34 BSeuchenG ist daher nur denkbar, wenn § 45 BSeuchenG seinerseits keine abschließende Regelung enthält.

Gallwas vertritt die Auffassung, daß das Gesundheitsamt, das für die Ausführung des Bundesseuchengesetzes zuständig ist, einen Ausschluß anordnen kann. Er begründet dies damit, daß der sechste Abschnitt, in dem sich § 45 BSeuchenG befindet, nur von „zusätzlichen Vorschriften" spricht. Es könnten daher weitere Maßnahmen dieser Art nach § 34 BSeuchenG getroffen werden.[711] Gallwas verkennt dabei den Sinn eines durch das Gesundheitsamt verhängten Ausschlusses. Die in § 45 BSeuchenG genannten Krankheiten sind ausnahmslos solche, bei denen allein das Zusammensein mehrerer Menschen eine Ansteckung hervorrufen kann. Die Leichtigkeit einer Ansteckung, kombiniert mit der Gefährlichkeit bzw. schweren Therapie rechtfertigen bei diesen Krankheiten einen Schulausschluß. In diesen Fällen muß das Gesundheitsamt zuständig sein, da es am ehesten die ausschließlich medizinisch begründeten Gefahren beurteilen kann. Diese Argumentation trifft aber auf HIV und Aids nicht zu. Bei dieser Krankheit kann eine Übertragung regelmäßig nicht über Sozialkontakte erfolgen. Vielmehr muß ein besonderes Verhalten hinzukommen, das eine Infizierung ermöglicht. Dieses Verhalten kann aber allein die Schule beurteilen. Sie kennt den Schüler und kann sagen, inwiefern er zu risikoverstärkenden Verhaltensweisen wie Aggressionen neigt. Dementsprechend sollte auch bei

710 siehe oben S. 177.

711 Gallwas in RdJB 1988, 2, 9, Fn. 25.

verhaltensabhängigen Ansteckungsmöglichkeiten nicht das Gesundheitsamt, sondern - wenn überhaupt - die Schule die entsprechenden Maßnahmen anordnen dürfen.[712] Folglich sind die Vorschriften des § 45 BSeuchenG abschließend, da sie diejenigen Krankheiten aufzählen, bei denen einen Übertragung nicht auf ein Verhalten, sondern nur auf die Anwesenheit des Erkrankten zurückzuführen ist. Der in der Überschrift des sechsten Abschnitts enthaltende Hinweis auf „zusätzliche Vorschriften" gibt daher nicht die Möglichkeit, die dort aufgeführten Maßnahmen über § 34 BSeuchenG auch auf weitere Krankheiten auszudehnen, sondern stellt vielmehr klar, daß in der Schule auch andere - nicht im sechsten Abschnitt erwähnte - Vorkehrungen nach den allgemeinen Regelungen dieses Gesetzes getroffen werden dürfen.[713] Dies gilt aber nicht für einen Schulausschluß, da dieser bereits geregelt ist.[714]

Darüber hinaus verstieße die Anordnung eines Schulausschlusses nach § 34 BSeuchenG auch gegen den Gesetzesvorbehalt. Nach der Wesentlichkeitstheorie muß der Gesetzgeber das wesentliche selbst regeln.[715] Eine Generalklausel, wie sie § 34 BSeuchenG darstellt, kann einen Schulausschluß nicht rechtfertigen. Durch den Schulausschluß wird das kranke Kind, das im besonderen Maß des Schutzes der Gesellschaft bedarf und darüber hinaus auch ein Recht auf Bildung hat, von anderen Kindern isoliert. Eine derartig einschneidende Maßnahme in das Persönlichkeitsrecht des Kindes bedarf einer ausdrücklichen Regelung, wie sie in § 45 BSeuchenG auch getroffen, auf HIV und Aids aber nicht anwendbar ist.

---

712 Dieses Problem sieht auch Gallwas in RdJB 1988, 2, 9, Fn. 25.

713 VGH Kassel in NJW 1987, 2954, 2955; siehe auch zu den Untersuchungen des Schularztes oben S. 175ff.

714 Costard S. 161; Engler in RdJB 1988, 23, 28; Schenke in Schünemann/Pfeiffer S. 103, 118; zweifelnd auch Bender in NJW 1987, 2903, 2904, Fn. 7.

715 vgl. oben S. 27 ff.

II. Nach allgemeinem Schulrecht

1) Bundesländer mit spezieller Ausschlußregelung

In Nordrhein-Westfalen und Rheinland-Pfalz existiert jeweils ein Gesetz, das der Schule einen Schulausschluß beim Auftreten einer ernsten oder ernstlichen gesundheitlichen Gefahr für die anderen Mitschüler erlaubt.[716] Es muß allerdings das Einvernehmen mit dem Gesundheitsamt hergestellt werden. Der Unterschied zu den Vorschriften des Bundesseuchengesetzes liegt darin, daß die Schule bei Zustimmung des Gesundheitsamtes selbst über den Ausschluß entscheiden kann.

a) Aids als ernste bzw. ernstliche Gefahr

Es muß eine ernste bzw. eine ernstliche Gefahr vorliegen. Grundsätzlich besteht in der Schule keine ernste Gefahr einer Ansteckung mit Aids. Etwas anderes gilt nur, wenn ein Kind zu aggressivem Verhalten neigt.[717] Je größer der Grad der Aggressivität und je unbeherrschbarer das Kind, desto größer wird auch die Gefahr einer Ansteckung, die mit zunehmender Intensität auch ernst genannt werden kann. Dabei ist es für das Bestehen einer Gefahr grundsätzlich gleichgültig, ob das infizierte oder ein gesundes Kind aggressiv ist.

b) Störereigenschaft des infizierten Kindes

Der Schulausschluß darf aber nur verhängt werden, wenn der Verbleib des infizierten Schülers eine ernste bzw. ernstliche Gefahr für die Gesunden hervorruft. In Anbetracht der Tatsache, daß ein Schulausschluß sehr intensiv in die Rechte des Kindes eingreift, sind diese Vorschriften dahingehend auszulegen, daß die

---

716 § 29 III SchulGNW lautet: „Ein Schüler, dessen Verbleib in der Schule eine ernste Gefahr für die Gesundheit der anderen Schüler bedeutet, kann vorübergehend oder dauernd vom Schulbesuch ausgeschlossen werden.“; § 78 Übergreifende SchulORP lautet: „ Ein Schüler, dessen Verbleib in der Schule eine ernstliche Gefahr für die Gesundheit der anderen Schüler bedeutet, kann für die Dauer der Gefährdung vom Schulbesuch ausgeschlossen werden.“

717 siehe oben S. 43 ff.

Gefahr von dem auszuschließenden Schüler ausgehen muß.[718] Dafür spricht auch, daß eine Ansteckung bei den meisten Krankheiten nicht über ein Verhalten, sondern vielmehr durch die bloße Anwesenheit eines Infizierten erfolgt. Der Ausschluß wird daher regelmäßig wegen des Zustands des eigenen Körpers angeordnet. Wann von einem Schüler eine Gefahr ausgeht, regeln die Schulgesetze nicht ausdrücklich. Möglicherweise kann hierbei auf die allgemeinen Grundsätze des Polizei- und Ordnungsrechts zurückgegriffen werden. Die hier in Frage stehenden Normen dienen beide der Abwehr von Gesundheitsgefahren in der Schule und stellen demnach spezialgesetzliche Regelungen des Ordnungsrechts dar. Soweit eine spezialgesetzliche Vorschrift den Eingriffstatbestand nicht vollständig regelt, sind zur Lückenausfüllung die allgemeinen Grundsätze des Polizei- und Ordnungsrechts heranzuziehen.[719] Das Polizei- und Ordnungsrecht unterscheidet nach Verhaltens- und Zustandshaftung. Grundsätzlich bezieht sich die Zustandshaftung nur auf Sachen. Die Formulierung der hier in Frage stehenden Regelungen dehnt die Anwendung auch auf eine Haftung für den Zustand des eigenen Körpers aus.[720] Es stellt sich die Frage, ob und wann ein HIV-infizierter Schüler nach diesen Grundsätzen für eine Gefährdung anderer verantwortlich ist.

(1) Verursachung nach dem allgemeinen Polizei- und Ordnungsrecht

Zu überlegen ist, wann ein Zustand oder ein Verhalten eine ordnungsrechtliche Gefahr begründen. Dies ist umstritten. Friauf vertritt die Auffassung, daß es bei der Zustandshaftung überhaupt nicht auf die im Ordnungsrecht vertretenen Verursachungstheorien ankomme, da es dabei nicht um eine Polizeiwidrigkeit ginge, sondern der Gegenstand selbst die Gefahr bilde.[721] Unterstellt man die Richtigkeit dieser Ansicht, ist immer noch zu klären, wann eine Sache eine Gefahr darstellt. Eine Gefahr liegt vor, wenn bei ungehinderten Ablauf des Geschehens ein Zustand oder ein Verhalten mit hinreichender Wahrscheinlichkeit zu einem Schaden führen würde.[722] Entscheidend ist also, ob der Zustand der

718 Margies/Gampe/Gelsing/Rieger § 45 ASchONW Rn. 4.

719 Drews/Wacke/Vogel/Martens S. 155; Götz Rn. 184; Würtenberger in Achterberg/Püttner II Kapitel 7 Rn. 99.

720 Schünemann in Schünemann/Pfeiffer S. 373, 469.

721 Friauf in Schmidt-Aßmann BesVerwR 2. Abschnitt Rn. 83.

722 BVerwGE 28, 310, 315; BVerwGE 62, 36, 38 f.; Brandt/Smeddinck in Jura 1994, 225, 227; Drews/Wacke/Vogel/Martens S. 220; Götz Rn. 140; Knemeyer Rn. 61; Schoch in JuS 1994, 667 mwN.

Sache zu einem Schaden führen, ihn also letztlich verursachen kann.[723] Demnach stellt sich auch nach dieser Ansicht die Frage der Verursachung einer Gefahr.

Zu überlegen ist also, wonach sich die Verursachung im allgemeinen Polizei- und Ordnungsrecht beurteilt. Sinn und Zweck des allgemeinen Polizei- und Ordnungsrechts ist in erster Linie eine effektive Gefahrenabwehr. Der Staat muß die Möglichkeit haben, beim Auftreten von Gefahren auch unabhängig von einem Verschulden Maßnahmen zu ergreifen.[724] Ausgehend davon läßt sich die im Zivilrecht vertretene Adäquanztheorie,[725] die auf die Vorhersehbarkeit eines Schadens abstellt, nicht auf das Polizei- und Ordnungsrecht übertragen, da sich Gefahren für die öffentliche Sicherheit und Ordnung häufig gerade aus unvorhersehbaren Situationen ergeben.[726] Auch die früher im Ordnungsrecht mit unterschiedlichen Modifikationen vertretene Theorie der rechtswidrigen Verursachung[727] bietet keine befriedigenden Lösungen. Nach dieser Theorie soll es darauf ankommen, daß der Störer seinen Rechtskreis verläßt.[728] Da die Grenzen des eigenen Rechtskreises fließend und damit unbestimmt sind,[729] ergeben sich bei dieser Theorie immer dann Probleme, wenn klare verhaltenssteuernde Normen fehlen.[730] Darüber hinaus läßt sie sich auch nicht auf die Zustandshaftung anwenden, da eine Sache ihren Rechtskreis nicht überschreiten kann.[731]

Die herrschende Meinung in Rechtsprechung und Literatur stellt auf die Unmittelbarkeit der Verursachung ab.[732] Nur ein Zustand oder ein Verhalten, das selbst die Gefahrengrenze überschreitet, soll eine Verantwortlichkeit begründen. Der mittelbare Verursacher, der sogenannte Veranlasser, ist grundsätzlich

---

723 Kränz S. 92.

724 Drews/Wacke/Vogel/Martens S. 292, 311; Friauf in Schmidt-Aßmann BesVerwR 2. Abschnitt Rn. 73.

725 Larenz § 27 III mwN.

726 Drews/Wacke/Vogel/Martens S. 311; Friauf in Schmidt-Aßmann BesVerwR 2. Abschnitt Rn. 74; Spießhofer S. 32; aA. Brandner S. 100.

727 Erichsen in VVDStRL 35, 171, 205; Pietzcker in DVBl 1984, 457, 459; Schnur in DVBl 1962, 1, 3.

728 Erichsen in VVDStRL 35, 171, 205; Pietzcker in DVBl 1984, 457, 459; Schnur in DVBl 1962, 1, 3.

729 Drews/Wacke/Vogel/Martens S. 311; Götz Rn. 199; Spießhofer S. 34, 46.

730 Götz Rn. 198.

731 Kränz S. 92.

732 OVG Münster in DVBl 1973, 924, 927; Drews/Wacke/Vogel/Martens S. 313; Götz Rn. 192; Wolff/Bachof § 127 I b.

nicht verantwortlich. Damit wird regelmäßig derjenige zur Verantwortung gezogen, der die letzte Ursache für das Auftreten der Gefahr setzt.[733] Aufgrund von Wertungsgesichtspunkten kann aber im Einzelfall bei einem engen Wirkungs- und Verantwortungszusammenhangs auch der Veranlasser als der wahre Verursacher der Gefahr erscheinen.[734] Abzustellen ist dabei auf die räumliche und zeitliche Nähe des Störers zur abzuwehrenden Gefahr. Die „Theorie der unmittelbaren Verursachung" hat den Vorteil, daß sie aufgrund ihrer einzelfallbezogenen Wertung die Argumente der Adäquanztheorie und der rechtswidrigen Verursachung aufnehmen kann, ohne dabei an deren starre Handhabung gebunden zu sein. Da sie auf die örtliche und zeitliche Nähe eines Störers zur Gefahr abstellt, bietet sie darüber hinaus am ehesten Sachgerechtigkeit im Sinne einer effizienten, verschuldensunabhängigen Gefahrenabwehr einerseits und Einzelfallgerechtigkeit andererseits.[735] Zu klären ist demnach, wann ein infiziertes Kind nach dieser Theorie für den Zustand seines Körpers haftet.

(2) Aggressives, infiziertes Kind

Soweit ein infiziertes Kind selbst aggressiv ist, bestehen an seiner Verantwortlichkeit keine Bedenken. Der Infizierte setzt die einzige Ursache für das erhöhte Ansteckungsrisiko und ist entsprechend auch Störer.

(3) Aggressives gesundes Kind

Anders könnte der Fall zu beurteilen sein, wenn nicht das infizierte, sondern das gesunde Kind aggressiv ist. Das Problem besteht darin, daß zwar das infizierte Kind durch die Krankheit die Gefahr erhöht, diese sich aber nur realisieren kann, weil sich das gesunde Kind nicht adäquat verhält. Erst die Kumulation beider Sachverhalte läßt eine ernste Gefahr entstehen.

Nach der Theorie der unmittelbaren Verursachung ist der infizierte Schüler im vorliegenden Fall nicht Verursacher, sondern lediglich Veranlasser der Gefahr, da nicht er, sondern das gesunde Kind durch den körperlichen Angriff die letzte

---

733 OVG Lüneburg in NVwZ 1988, 638, 639; Drews/Wacke/Vogel/Martens S. 313; Götz Rn. 198; Würtenberger in Achterberg/Püttner II Kapitel 7 Rn. 166.

734 OVG Münster in NVwZ 1985, 355, 356; Drews/Wacke/Vogel/Martens S. 315; Götz Rn. 198; Würtenberger in Achterberg/Püttner II Kapitel 7 Rn. 76.

735 Götz Rn.199.

Ursache für die Ansteckung setzt. Es stellt sich die Frage, ob das infizierte Kind ausnahmsweise als Veranlasser haften muß.

Zu denken ist dabei zunächst an die Figur des Zweckveranlassers. Diese umschreibt eine Gefährdungslage, in der die Handlungen oder der Zustand eines Gegenstandes andere zu einem Verhalten veranlassen, das eine Gefährdung der öffentlichen Sicherheit und Ordnung nach sich zieht.[736] So hat die Rechtsprechung beispielsweise entschieden, daß der Inhaber eines Ladengeschäfts, der in seinem Schaufenster bewegliche Puppen ausstellt, für Gefahren verantwortlich sei, die dadurch entstünden, daß Passanten vor dem Fenster stehen blieben und so den Verkehr behinderten. Die Störereigenschaft des Geschäftsinhabers ergebe sich daraus, daß dieser die Aufmerksamkeit der Passanten erregen wolle und daher die Gefahr letztlich genauso verursache wie die Passanten.[737] Im vorliegenden Fall veranlaßt der infizierte Schüler das gesunde Kind in keiner Weise zu einem Angriff. Allein dieser führt aber letztlich zum Eintritt einer ernsten Gefahr. Es liegt demnach kein Fall der Zweckveranlassung vor.

Weiterhin ist zu überlegen, ob das infizierte Kind aufgrund einer in seinem Körper angelegten, latenten Gefahr haftet. Rechtsprechung und Teile der Literatur nehmen eine derartige Verantwortlichkeit an, wenn einer Sache von vornherein eine Gefahr anhaftet, die sich erst durch das Hinzutreten weiterer Umstände realisieren kann.[738] Zu denken ist dabei vor allem an Nutzungskonflikte. So hat die Rechtsprechung beispielsweise entschieden, daß der Eigentümer einer Schweinemästerei im Außenbereich Zustandsstörer sei, wenn im Laufe der Jahre eine Wohnsiedlung an die Anlage heranrücke und die von der Mästerei ausgehenden Geruchsbelästigungen zu Gesundheitsbeeinträchtigungen führten.[739] Zu überlegen ist, ob eine derartige Gefahrenlage hier gegeben ist. Der Körper eines HIV-Infizierten trägt die übertragbaren Viren in sich. Eine

---

736 Diese Figur ist in Rechtsprechung und Literatur allgemein anerkannt, wobei allerdings streitig ist, ob der Veranlasser die Störung subjektiv bezweckt haben muß (so VGH Mannheim in NVwZ-RR 1995, 663; Friauf in Schmidt-Aßmann BesVerwR 2. Abschnitt Rn. 80 b; Würtenberger in Achterberg/Püttner II 7. Kapitel Rn. 169) oder ob eine objektive Verursachung ausreicht (OVG Lüneburg in NVwZ 1988, 638, 639; Drews/Wacke/Vogel/Martens S. 315; Götz Rn. 202). In Anbetracht der Tatsache, daß diese Rechtsfigur hier auch unabhängig von diesem Streit ohnehin nicht einschlägig ist, unterbleibt eine ausführliche Auseinandersetzung.

737 PrOVG 85, 270.

738 OVG Münster in OVGE 11, 250, 251; Drews/Wacke/Vogel/Martens S. 322 f.; aA: Götz Rn. 236.

739 OVG Münster in OVGE 11, 250 ff.

Ansteckung kann sich aber im alltäglichen Kontakt nicht realisieren. Erst wenn ein anderer den Infizierten angreift, besteht die Gefahr einer Übertragung. Beide Fälle sind also auf den ersten Blick vergleichbar. Dabei ist aber der Ausnahmecharakter der Veranlasserhaftung zu berücksichtigen. Mit diesem läßt sich eine Verantwortlichkeit desjenigen, der selbst gestört wird und gegenüber den Angriffen eines Dritten sogar schutzbedürftig ist, nicht vereinbaren.[740] Im vorliegenden Fall muß die Schule den infizierten Schüler vor den Angriffen des gesunden Kindes schützen. Dieses greift den Infizierten an und ist demnach selbst Störer der öffentlichen Sicherheit und Ordnung. Die Schule muß daher unabhängig vom HIV-Status des angegriffenen Kindes Erziehungs- und Ordnungsmaßnahmen gegen den aggressiven Schüler ergreifen. Eine Verantwortlichkeit des infizierten Kindes scheidet folglich aus.

Demzufolge begründen die hier in Frage stehenden Regelungen nur dann eine Ausschlußmöglichkeit, wenn das infizierte Kind selbst aggressiv ist.

2) Bundesländer ohne spezielle Ausschlußregelung

(1) Maßnahmen nach Disziplinarregelungen

Teilweise wird angenommen, daß der Schulausschluß bei Fehlen entsprechender Sonderregelungen auf die disziplinarrechtlichen Vorschriften der Schulgesetze gestützt werden darf.[741] Diese können schon ihrem Wortlaut nach nur eingreifen, wenn das infizierte Kind selbst gegen die Schulordnung verstößt, nicht wenn es Opfer eines Angriffs ist. Gegen die Anwendung der disziplinarrechtlichen Vorschriften könnte sprechen, daß es sich um erzieherische Maßnahmen handelt, die nicht mit einer Krankheit im Zusammenhang stehen dürfen. Man darf aber nicht übersehen, daß Disziplinarregelungen nicht nur einen erzieherischen, sondern auch einen fürsorgerischen Charakter haben. Alle Bundesländer lassen Maßnahmen gegen ein sich nicht adäquat verhaltendes Kind auch zur

---

740 VGH Mannheim in NVwZ 1987, 237, 238; Drews/Wacke/Vogel/Martens S. 308; Götz Rn. 200; Würtenberger in Achterberg/Püttner II Kapitel 7 Rn. 162.

741 Eiselt/Heinrich S. 143.

Sicherheit anderer Kinder zu.[742] Im übrigen ist zu beachten, daß ein Schulausschluß bei Aids eben gerade mit einer Verhaltenskomponente einhergeht. Das Verhalten des Kindes würde disziplinarrechtliche Schritte ohnehin zulassen. Derartige Maßnahmen richten sich nach der Art und Schwere des Vergehens, aber auch nach den durch das Verhalten des Schülers verursachten Gefahren.[743] Je wichtiger die bedrohten Rechtsgüter sind und je wahrscheinlicher der Eintritt eines Schadens ist, desto stärker darf die Schule auch in die Rechte des störenden Kindes eingreifen. Dementsprechend können die Disziplinarregelungen auch einen Ausschluß rechtfertigen, wenn ein HIV-infiziertes Kind so aggressiv und unbeherrschbar ist, daß es zu einer ernsten Gefahr für Gesundheit und Leben der Mitschüler wird. Die Disziplinarregelungen bilden daher grundsätzlich eine ausreichende Ermächtigungsgrundlage für einen Schulausschluß.

Dabei ist aber zu beachten, daß der Schule nicht gedient ist, wenn das aggressive Kind nur von einer Schule verwiesen wird. Insbesondere wenn die Aggressionen auf die Erkrankung zurückzuführen sind, ist nicht damit zu rechnen, daß sich der infizierte Schüler in einer anderen Schule anders verhalten wird. Es ist daher zu überlegen, ob ein HIV-infiziertes Kind gleich von allen Schulen ausgeschlossen werden kann. Eine derartige Maßnahme ist nicht in allen Bundesländern vorgesehen.[744] In diesen Ländern ist daher scheinbar nur die Verweisung auf eine andere Schule möglich. Dies könnte dazu führen, daß ein HIV-positives Kind von Schule zu Schule geschoben wird. Man darf aber nicht übersehen, daß ein Schulausschluß im Zusammenhang mit HIV und Aids nicht nur auf dem Verhalten des Kindes, sondern auch auf dessen Krankheit beruht. Nur in Hinblick auf die Erkrankung ist es gerechtfertigt, dem Kind eine weitere Chance zu verwehren und frühzeitig besonders einschneidende Maßnahmen zuzulassen. Diesen Schüler nicht nur die Gemeinschaft anderer Kinder zu

---

742 § 90 I SchulGBW; Art. 86 I BayEUG; § 55 I SchulGBln; § 63 I BbgSchulG; § 46 I BremSchulG; § 49 IV SchulGHmb; § 82 IV Nr. 1 HSchulG; § 60 I SchulGMV; § 61 III NSchulG; § 26 a I SchulVGNW; § 43 I, III SchulGRP; § 32 I SchOGS; § 39 I SächsSchulG; § 44 II SchulGLSA; § 45 I SchulGSH; § 51 II ThürSchulG.

743 Heckel/Avenarius S. 384.

744 Art. 86 IV BayEUG; § 55 II Nr. 6 SchulGBln; § 64 IV BbgSchulG; § 49 IV Nr. 5 HmbSchulG; § 44 SchulGLSA; § 52 III ThürSchulG.

verwehren, sondern ihm auch noch das Recht auf Bildung[745] abzuerkennen, könnte mit dem Grundsatz der Verhältnismäßigkeit nicht zu vereinbaren sein. Dabei ist aber zu beachten, daß der Schulverweis sowohl aus disziplinarischen als auch gesundheitlichen Gründen erfolgen soll. Es sind daher nicht nur die Vorschriften für Ordnungsmaßnahmen, sondern auch solche Regelungen anwendbar, die sich auf erkrankte Kinder beziehen. Soweit ein Schüler aufgrund einer Erkrankung nicht am allgemeinen Unterricht teilnehmen kann, bieten alle Bundesländer die Erteilung von Hausunterricht an.[746] Dies muß auch für einen Schüler gelten, der aus gesundheitlichen Gründen die Schule nicht besuchen darf. Demnach ist einem infizierten Kind, das aufgrund seines Verhaltens eine Ansteckung anderer Schüler fördert und daher ausgeschlossen werden muß, Hausunterricht zu erteilen.[747] Folglich stellt der Ausschluß eines infizierten Schülers nicht den Ausschluß von allen Schulen, sondern lediglich die Verweisung auf eine andere Schule, nämlich die des Hausunterrichts dar und ist demzufolge in allen Bundesländern möglich. Eine solche Maßnahme ist auch verhältnismäßig, da sich das infizierte Kind nicht adäquat verhält und auf diese Weise andere Schüler gefährdet. Sein Recht auf Bildung wird durch die Erteilung von Hausunterricht gewährleistet. Zu beachten ist, daß vor einer solchen Entscheidung in jedem Fall der Schularzt anzuhören ist, da dieser die Gefahren besser beurteilen kann als die für einen Schulausschluß zuständigen oberen Schulbehörden. Die Verpflichtung der Schule, den Schularzt bei der Entscheidung einzubeziehen ergibt sich aus dessen Zuständigkeit für die Schulgesundheitspflege. Da der hier vorliegende Schulausschluß nicht nur auf das Verhalten, sondern vor allem auch auf eine Erkrankung des Schülers zurückzuführen ist, muß neben der Schule auch der insoweit sachkundige und nach dem

---

745 Das Recht auf Bildung ist heute in einigen Landesverfassungen ausdrücklich anerkannt (Art. 11 VerfBW; Art. 128 VerfBay; Art. 20 VerfBln; Art. 29 I VerfBbg; Art. 27 LVerfBrem; Art. 8 VerfMV; Art. 8 I VerfNW; Art. 31 VerfRP; Art. 7 I VerfSachs; Art. 25 VerfLSA; Art. 20 VerfThür). In den anderen Ländern sehen die Schulgesetze ein solches Recht vor (§ 1 HmbSchulG; § 1 HSchulG; § 39 I NSchulG; § 1 I SchulOGS; § 4 SchulGSH). Weiterhin ist allgemein anerkannt, daß auch Art. 2 I iVm. Art. 7 I GG uU. auch Art. 12 I GG ein Recht auf Teilhabe an den vorhandenen Bildungseinrichtungen gewährt (BVerwGE 47, 201, 206; Jarass in DöV 1995, 674, 677; Scholz in Maunz/Dürig/Scholz/Herzog Art. 12 GG Rn. 433).

746 § 21 SchulGBW; Art. 23 II BayEUG; § 42 SonderschulVOBln; § 36 II 3 SchulGBbg; § 19 IV SchulGHmb; § 53 IV HSchulG; § 36 IV SchulGMV; § 69 NSchulG; § 44 III SchulGRP; § 4 VII SchulOGS; § 26 IV SächsSchulG; § 39 III SchulGLSA; § 26 III SchulGSH; § 54 II ThürSchulG.

747 Bender in NJW 1987, 2903, 2909; Gallwas in RdJB 1988, 2, 9, Fn. 26.

Bundesseuchengesetz für die Gesundheitserhaltung in der Schule zuständige Schularzt eingeschaltet werden.[748]

(2) Parallelen zur arbeitsrechtlichen Druckkündigung

Möglicherweise kann die Schule einen HIV-infizierten Schüler nach den Grundsätzen der arbeitsrechtlichen Druckkündigung entlassen. Nach der Rechtsprechung ist eine solche zulässig, wenn andere Arbeitnehmer im Fall einer Nichtentlassung des betroffenen Arbeitnehmers mit Massenkündigungen bzw. Streiks drohen. Der Arbeitgeber muß sich aber so weit wie möglich schützend vor den betroffenen Arbeitnehmer stellen. Erst wenn jegliche Bemühungen fehl schlagen und aufgrund der zu erwartenden Reaktionen der anderen Arbeitnehmer schwerer wirtschaftlicher Schaden für das Unternehmen droht, kann eine Kündigung als ultima ratio gerechtfertigt sein.[749] Diese Grundsätze können jedoch keine ausreichende gesetzliche Grundlage für einen Schulausschluß darstellen.[750] Sie entsprechen als von der Rechtsprechung geformtes übergesetzliches Recht nicht den Anforderungen der Wesentlichkeitstheorie. Außerdem droht einer Schule, die selbst keine Einnahmen erzielt, kein wirtschaftlicher Schaden. Damit sind die Interessen, die ausnahmsweise eine Druckkündigung gestatten, und die der Schule wesensverschieden, so daß sich eine Übertragbarkeit verbietet.

3) Rechtsbehelfe

Soweit die Schule einen Schulausschluß verhängt, stellt sich die Frage, wie die Eltern bzw. der betroffene Schüler hiergegen vorgehen können. Es handelt sich um eine öffentlich-rechtliche Streitigkeit nichtverfassungsrechtlicher Art, für die gemäß § 40 VwGO die Verwaltungsgerichte zuständig sind. Der Schulausschluß entfaltet unmittelbare Rechtswirkungen nach außen und ist daher als Verwaltungsakt zu qualifizieren, der gemäß § 42 I VwGO mit der Anfechtungsklage anzugreifen ist. Durch den Schulausschluß ist der Schüler in seinen

---

748 Vgl. Nr. 7 der „Richtlinien für die Aids-Prävention an den bayerischen Schulen" vom 15. März 1989 (AllMBl. 1989, S. 404)

749 BAG in DB 1976, 634; Bruns in MDR 1987, 353, 357; Eich in NZA 1987 Beilage 2, 10, 20; Haesen in RdA 1988, 158, 162; Lichtenberg/Schücking in NZA 1990, 41, 46; Löwisch in DB 1987, 936, 941; Richardi in NZA 1988, 73, 78.

750 im Ergebnis, wenn auch ohne Begründung, Engler in RdJB 1988, 23, 29.

Rechten betroffen, so daß die Klagebefugnis nach § 42 II VwGO gegeben ist. Zunächst muß allerdings ein Vorverfahren nach §§ 68 ff. VwGO durchgeführt werden. Hinsichtlich der weiteren Zulässigkeitsvoraussetzungen kann auf die Ausführungen zum Sexualkundeunterricht verwiesen werden.[751]

Im Rahmen des Schulausschlusses stellt sich im besonderen Maße die Frage des einstweiligen Rechtsschutzes. Der Infizierte muß, soweit er ein Hauptverfahren abwarten müßte, erhebliche Einbußen im Rahmen seiner Schulausbildung hinnehmen. Soweit die Schule den Schulausschluß nach § 80 II Nr. 4 VwGO für sofort vollziehbar erklärt, was sie angesichts der Gefährdung anderer Schüler in der Regel tun wird, hat ein Widerspruch keine aufschiebende Wirkung nach § 80 I VwGO. Die Eltern und der betroffene Schüler können dann über § 80 V VwGO die Wiederherstellung der aufschiebenden Wirkung beantragen.

D. Anordnung des Hausunterrichts

Soweit die zuständige Schulbehörde einen Schulausschluß verhängt, kann und muß sie Hausunterricht anordnen. Dieser muß von einem Lehrer erteilt werden. Die Schule weist daher einen beamteten oder angestellten Lehrer an, das infizierte Kind zu unterrichten. Fraglich ist, ob der Lehrer dieser Anweisung Folge leisten muß. Die Anweisung könnte eine Versetzung, Abordnung, Umsetzung oder lediglich die Änderung des Geschäftsplans darstellen.

Eine Versetzung bzw. Abordnung liegt vor, wenn der Lehrer dauernd oder vorübergehend zu einer anderen Dienststelle eingeteilt wird.[752] Es ist also darauf abzustellen, ob der Lehrer durch den Hausunterricht weiterhin dem Kollegium der Schule angehören soll oder an eine andere Schule wechselt. Hausunterricht wird im Rahmen der Aufgaben einer Regelschule organisiert. Der Schulleiter als Vorgesetzter der Lehrer bestimmt, welcher Lehrer den Hausunterricht

---

751 siehe oben S. 152 ff.

752 §§ 26 f. BBG; §§ 36 ff. LBGBW; Art. 33 ff. BayBG; §§ 61 f. LBGBln; §§ 86 ff. LBGBbg; §§ 27 ff. BremBG; §§ 29 ff. HmbBG; §§ 28 ff. HBG; §§ 30 ff. LBGMV; §§ 31 ff NBG; §§ 28 ff. LBGNW, §§ 33 f. LBGRP; §§ 33 ff. SBG, §§ 35 ff. SächsBG; §§ 26 f. LGBLSA, §§ 32 ff. LBGSH; §§ 31 f. ThürBG; bei Angestellten § 12 BAT.

erteilen muß. Dieser bleibt dem Kollegium der Schule zugehörig.[753] Er wird demnach keiner anderen Dienststelle zugeordnet. Eine Abordnung oder Versetzung liegt somit nicht vor.

Die Umsetzung ist die Übertragung eines neuen funktionell-konkreten Amtes, das heißt eines anderen Dienstpostens innerhalb derselben Behörde.[754] Das funktionell-konkrete Amt ist der einem Beamten oder Angestellten des öffentlichen Dienstes nach dem Organisations- und Geschäftsverteilungsplan einer Behörde speziell übertragene Aufgabenkreis.[755] Die Umsetzung ist nur in Brandenburg gesetzlich geregelt.[756] Im Bund und in allen anderen Ländern fehlt eine entsprechende Vorschrift. Aufgrund der Organisationsgewalt der öffentlichen Verwaltung und des Weisungs- bzw. Direktionsrechts des Dienstvorgesetzten wird sie aber allgemein als zulässig erachtet.[757] Der Lehrer soll auch beim Hausunterricht weiterhin Schüler unterrichten, auch die Lehrinhalte ändern sich nicht. Der einzige Unterschied besteht darin, daß er nunmehr nur eine Person unterrichtet und nicht mehr ganze Klassen. Dies stellt zwar eine Änderung seines Aufgabenbereichs dar, bedeutet aber nicht, daß er einen völlig neuen Posten bekommen soll. Insbesondere ist davon auszugehen, daß die Lehrer, die Hausunterricht erteilen, nicht nur diesen Schüler unterrichten, sondern weiterhin auch im normalen Schulbetrieb eingesetzt werden.

Eine Änderung des Geschäftsplans liegt vor, wenn lediglich das konkret-funktionelle Amt verändert wird.[758] Auch sie ist gesetzlich nicht geregelt. Die Zulässigkeit ergibt sich aber daraus, daß hier ein „weniger“ zur Umsetzung vorliegt, das damit erst recht möglich sein muß.[759] Durch die Anweisung, Hausunterricht zu erteilen, verändert sich das konkret-funktionelle Amt derart, daß der Lehrer neben Klassen- auch Einzelunterricht erteilen muß. Eine Änderung des Geschäftsplans liegt also vor.

---

753 siehe z. B. § 21 SchulGBW; § 7 der bayerischen „Verordnung über den Hausunterricht“ vom 29.8.1989 (GVBl. 1989, 455); § 43 der Berliner „Sonderschulordnung“ vom 28.8.1984 (ABl. 1984, 1344).

754 BVerwGE 60, 144, 146; Heckel/Avenarius S. 214; Hilg § 18 II 1; Kremer in NVwZ 1983, 6, 7; Scheerbarth/Höffken/Bauschke/Schmidt § 14 II 1.

755 Kremer in NVwZ 1983, 6, 7.

756 § 89 LBGBbg

757 BVerwGE 60, 144, 146; Battis in Achterberg/Püttner I Kapitel 4 Rn. 80; Heckel/Avenarius S. 214; Scheerbarth/HöffkenBauschke/Schmidt § 14 II 1.

758 BVerwG in NVwZ 1982, 103; BayVGH in ZBR 1982, 33; Hilg § 18 II 1; Scheerbarth/Höffken/Bauschke/Schmidt § 14 II 1; Wagner Rn. 167.

759 Scheerbarth/Höffken/Bauschke/Schmidt § 14 II 1 Fn. 7.

Fraglich ist, ob die hier vorliegende Änderung des Geschäftsplans rechtmäßig ist. Der Beamte hat ein Recht auf eine seinem status-rechtlichen Amt, d. h. seiner Amtsbezeichnung, Laufbahn- und Besoldungsgruppe, entsprechenden Beschäftigung. Auf eine bestimmte Tätigkeit, also ein Amt im konkret-funktionalen Sinn hat er keinen Anspruch.[760] Ebenso verhält es sich bei einem angestellten Lehrer. Für diesen gelten zwar nicht die Besonderheiten des Beamtenrechts. Ein Angestellter ist aber zu einem dem Inhalt seines Arbeitsvertrages entsprechenden Tätigkeit verpflichtet. Innerhalb der Grenzen des Arbeitsvertrages darf der Arbeitgeber infolge seines Direktionsrechts dem Arbeitnehmer eine andere gleichwertige Tätigkeit zuteilen.[761] Der Vertrag eines Lehrers wird regelmäßig nicht die ausdrückliche Bestimmung enthalten, Klassen zu unterrichten, sondern lediglich eine allgemeine Unterrichtstätigkeit (u.U. in einem bestimmten Fach) beinhalten. Eine Änderung des Geschäftsplans ist daher grundsätzlich zulässig.

Allerdings ist zu beachten, daß der Dienstherr aufgrund seiner Fürsorgepflicht auch bei derartigen Maßnahmen die Interessen des Lehrers berücksichtigen muß. Der Lehrer übt auch im Rahmen des Hausunterrichts weiterhin seinen ursprünglichen Beruf aus. Der Unterschied liegt lediglich darin, daß er nur noch eine Person statt einer ganzen Klasse unterrichtet. Der Eingriff in die Rechte des Lehrers wiegt daher nicht sonderlich schwer. Darüber hinaus hat das infizierte Kind auch einen Anspruch auf Bildung, der durch einen Lehrer erfüllt werden muß. Außerdem ist eine Gefährdung des Lehrers nicht erkennbar. Vielmehr besteht eine Gefahr für das Kind, wenn die Schule einen besonders infektionsanfälligen Lehrer wählt. Dementsprechend ist die Anweisung, Hausunterricht zu erteilen, grundsätzlich rechtmäßig. Die Rechtswidrigkeit kann sich daher nicht aus der Pflicht zur Unterrichtung eines HIV-positiven Kindes, sondern allenfalls aus der Nichtberücksichtigung anderer Umstände des Einzelfalls ergeben. Hier wäre etwa daran zu denken, daß das Kind besonders weit von dem betroffenen Lehrer entfernt wohnt oder andere Kollegen dieser Schule im Gegensatz zum betroffenen Lehrer noch nie zum Hausunterricht herangezogen wurden. Solche Fallgestaltungen dürften aber eher die Ausnahme sein. Da es sich außerdem nicht um eine speziell mit dem hier zu untersuchenden Thema „HIV und Aids in der Schule" zusammenhängende, sondern um eine allgemeine

---

760 BVerwG in DVBl 1980, 884; Battis § 26 BBG Rn. 2; Wind/Schimana/Wichmann S. 46 f.

761 BAG in AP Nr. 1 zu § 75 BPersVG; BAG in ZTR 1990, 485.

Problematik des öffentlichen Dienstrechts handelt, sollen diese Fälle im Rahmen dieser Arbeit nicht erörtert werden.[762]

E. Ausschluß von Schulveranstaltungen

Weiterhin ist daran zu denken, daß die Schule einen Schüler von einzelnen Schulveranstaltungen ausschließen möchte. Hierbei ist insbesondere an Klassenreisen zu denken, auf denen in Anbetracht der tatsächlichen Umstände keine umfassende Aufsicht gewährleistet ist.[763] Aus diesem Grund muß die Schule die Möglichkeit haben, einen aggressiven, infizierten Schüler von derartigen Schulveranstaltungen auszuschließen. Alle Disziplinarvorschriften der Länder sehen vor, daß ein Schüler von einzelnen Schulveranstaltungen ausgeschlossen werden kann.[764] Aus den im Zusammenhang mit dem Schulausschluß dargestellten Gründen gilt dies auch dann, wenn aufgrund des Verhaltens eine Gefahr für andere Mitschüler droht. Demzufolge darf die Schule einen aggressiven Schüler von einer Klassenreise ausschließen, wenn sein Verhalten die Gefahr einer Ansteckung erhöht. Auch hier ist allerdings ein Einvernehmen mit dem Schularzt herzustellen, der die medizinischen Gefahren besser beurteilen kann als die Schule.[765]

---

762 Zur Problematik der Rechtmäßigkeit von Geschäftsplanänderungen und möglicher Rechtsbehelfe siehe

763 siehe oben S. 49 ff.

764 siehe § 90 III Nr. 3 SchulGBW; Art. 86 II Nr. 6 BayEUG;§ 55 II Nr. 2 SchulGBln; § 64 II Nr. 3 BbgSchulG; § 47 I Nr. 3 BremSchulG; § 49 IV HmbSchulG; § 82 II Nr. 2 HSchulG; § 60 III Nr. 3 SchulGMV; § 61 II Nr. 4 NSchulG; § 26 a V Nr. 3 SchulVGNW; § 84 Nr. 4 Übergreifende SchulORP; § 32 II Nr. 3 a SchulOGS; § 39 II Nr. 3 SächsSchulG; § 44 IV Nr. 3 SchulGLSA; § 45 I Nr. 2 SchulGSH; § 51 III Nr. 5 ThürSchulG.

765 vgl. auch oben S. 199.

F. Kündigung bzw. Versetzung infizierter Lehrer in den Ruhestand

I. Beamtete Lehrer

Beamten kann nicht gekündigt werden. Sie werden mit Ausnahme der Beamten auf Widerruf und der auf Probe, die aufgrund ihrer Sonderstellung nicht Gegenstand dieser Erörterung sein sollen, durch ihre Ernennung zu Beamten auf Lebenszeit. Nur in wenigen, hier nicht einschlägigen Ausnahmefällen kann das Verhältnis wieder aufgelöst werden. Aus diesem Grund kann ein Beamter lediglich anders verwendet oder bei Dienstunfähigkeit in den Ruhestand versetzt werden. Dies ist bei Aids erst dann gegeben, wenn damit zu rechnen ist, daß der Beamte längere Zeit ausfallen wird und aufgrund seiner Erkrankung nicht mehr in den Dienst zurückkehren kann. Nach § 42 I BBG und der entsprechenden Vorschriften der Länder[766] ist hiervon auszugehen, wenn der Beamte in sechs Monaten insgesamt drei Monate erkrankt war und mit einer Wiederherstellung seiner Dienstfähigkeit innerhalb der nächsten sechs Monate nicht zu rechnen ist.

II. Angestellte Lehrer

1) Ordentliche Kündigung

Bei angestellten Lehrern richtet sich die Kündigungsmöglichkeiten nach den allgemeinen Vorschriften. Soweit der angestellte Lehrer unter die Kündigungsschutzvorschriften fällt, ist eine Kündigung nur möglich, wenn sie sozial gerechtfertigt ist. Bei Aids könnte eine krankheitsbedingte Kündigung möglich sein. Diese ist zulässig, wenn der Arbeitnehmer häufig erkrankt, und auch in Zukunft die Besorgnis weiterer signifikanter Erkrankungen, die die Arbeitsunfähigkeit nach sich ziehen, besteht[767] oder eine lang anhaltende Erkrankung vorliegt, die die prognostische Aussage zuläßt, daß aufgrund objektiver Umstände auf absehbare Zeit mit einer Arbeitsunfähigkeit zu rechnen ist und

---

766 § 53 I LBGBW; Art. 56 I BayBG; § 77 I LBGBln; § 111 I LBGBbg; § 43 I BrBG; § 47 I HmbBG; § 51 I HBG; § 45 I LBGMV; § 54 I NBG; § 45 I LBGNW; § 56 I LBGRP; § 52 I SBG; § 52 I SächsBG; § 42 I LBGLSA; § 54 I LBGSH; § 46 ThürBG.

767 Eich in NZA 1987 Beilage 2, 10, 19; Lichtenberg/Schücking in NZA 1990, 41, 46; Richardi in NZA 1988, 73, 79.

gerade diese Ungewißheit über die Wiederherstellbarkeit der Gesundheit zu unzumutbaren betrieblichen und wirtschaftlichen Belastungen führt.[768] Dabei sind die Beeinträchtigungen und die Dauer des Arbeitsverhältnisses von Bedeutung.[769] Beim Ausbruch von Aids wird der Infizierte aufgrund von Infektionen oftmals nicht arbeitsfähig sein. Es handelt sich dabei um häufige Erkrankungen.[770] Dem Dienstherrn fallen jedoch keine nennenswerten wirtschaftlichen Belastungen an, da es sich um eine Fortsetzungserkrankung handelt und er daher nach sechs Wochen keine weiteren Fortzahlungen mehr leisten muß. Schwerwiegender könnten hingegen die betrieblichen Störungen sein. Der Schulbetrieb ist darauf angewiesen, daß die Lehrer möglichst anwesend sind. Die Schüler bedürfen einer kontinuierlichen Präsenz eines Lehrers im jeweiligen Fach. Nur so ist eine faire Benotung gesichert. Außerdem besteht bei kurzen, häufigen Fehlzeiten die Gefahr, daß die entsprechende Vertretung fachfremd ist und den jeweiligen Stoff der Klasse nicht kennt. Es ist zu befürchten, daß die Schüler das Lehrpensum nicht bewältigen und damit erhebliche Lücken am Ende des Schuljahrs entstehen könnten. Dementsprechend ist in jedem Einzelfall zu bestimmen, ob aufgrund der Reaktion des Infizierten auf die neuen Medikamente mit einer positiven Entwicklung zu rechnen ist oder ob die Erkrankungen eventuell auch durch die auftretenden Nebenwirkungen zunehmen. Dann dürfte in der Schule schon bald die Voraussetzung für eine krankheitsbedingte Kündigung zu bejahen sein. Teilweise wird vertreten, daß bei der Abwägung auch das Verschulden des Arbeitnehmers an seiner Erkrankung zu berücksichtigen sei.[771] Diese Ansicht verkennt zum einen, daß es aufgrund der langen Latenzphase oftmals gar nicht feststeht, wie sich der Infizierte die Infektion geholt hat.[772] Zum anderen ist der Arbeitnehmer seinem Arbeitgeber nicht zu einem bestimmten Privat- und schon gar nicht Intimleben verpflichtet.

---

768 BAG in BB 1983, 1988; Eich in NZA 1987 Beilage 2, 10, 19; Löwisch in DB 1987, 936, 942.

769 BAG in NZA 1986, 359; Eich in NZA 1987 Beilage 2, 10, 19; Lichtenberg/Schücking in NZA 1990, 41, 46; Richardi in NZA 1988, 73, 79.

770 Eich in NZA 1987 Beilage 2, 10, 19; Lichtenberg/Schücking in NZA 1990, 41, 46; Löwisch in DB 1987, 936, 942; Richardi in NZA 1988, 73, 79.

771 Bruns in MDR 1988, 95, 98; Eich in NZA 1987 Beilage 2, 10, 19.

772 Bruns in MDR 1988, 95, 98.

2) Außerordentliche Kündigung

Eine außerordentliche, fristlose Kündigung eines Lehrers ist nur denkbar, wenn ein wichtiger Grund vorliegt. Ein solcher ist bei einer HIV-Infektion bzw. Aids-Erkrankung eines Lehrers nicht gegeben, da Aids im Rahmen des Unterrichtsbetriebes keine nennenswerten Gefahren hervorrufen kann. Ein aufgrund des § 53 BAT unkündbarer Lehrer kann aber im Wege der außerordentlichen Kündigung entlassen werden, wenn dem Dienstherrn aufgrund längerer Fehlzeiten eine Weiterbeschäftigung des Lehrers nicht mehr zuzumuten ist.[773] Da es sich um einen Ausnahmefall handelt, muß der Dienstherr eine Auslauffrist einhalten, die der für die ordentliche Kündigung maßgebenden Kündigungsfrist entspricht.[774] Die Unkündbarkeit dient dem Schutz des Arbeitnehmers. Mit dieser Funktion läßt sich nicht vereinbaren, wenn der Arbeitgeber in Fällen, in denen er im Falle der Kündbarkeit nur zu einer ordentlichen Kündigung berechtigt wäre, einen unkündbaren Arbeitnehmer fristlos entlassen dürfte.[775]

3) Druckkündigung

Möglicherweise kann die Schule einen infizierten oder erkrankten Lehrer auch nach den Grundsätzen der Druckkündigung kündigen. Die Voraussetzungen einer Druckkündigung sind bereits oben dargestellt worden.[776] Eine Druckkündigung in der Schule ist auch bei Lehrern nicht möglich. Die Schule und damit der Staat muß vielmehr erhebliche Aufklärungsbemühungen leisten, um die auftretenden Problem zu bewältigen. Dies gilt um so mehr als bei einem Lehrer die Gefahren objektiv so gering sind, daß eine Kündigung nicht nachvollziehbar wäre. Außerdem ist zu beachten, daß der Staat sich gegen repressive Maßnahmen entschieden hat und auf breite Aufklärung setzt. Damit wäre es verantwortungslos, wenn der Staat als erster dem Druck einer öffentlichen auf Unaufgeklärtheit und Vorurteilen basierenden Hysterie nachgibt und den infizierten Lehrer, der des besonderen Schutzes vor Diskriminierung und Ausgrenzung bedarf, entlassen würde.

---

773 Fürst GKÖD § 54 BAT Rn. 58.

774 BAG in AP § 626 BGB (Krankheit) Nr. 3.

775 BAG in NZA 1987, 102, 104; ErfK/Müller-Glöge § 622 BGB Rn. 3.

776 siehe oben S. 200.

4. Kapitel: Exkurs: Staatshaftung

Sollte es in der Schule zu einer Ansteckung mit HIV kommen oder die Infektion eines Schülers oder Lehrers ohne dessen Einwilligung bekannt werden, stellt sich die Frage, ob der Betroffene von der Schule Ersatz für Verletzungen der Gesundheit (durch Ansteckung, siehe A) oder der Persönlichkeit (durch unbefugte Datenübermittlung, siehe B) verlangen kann. Im folgenden sollen kurz die denkbaren Ersatzmöglichkeiten und die sich dabei ergebenden Probleme skizziert werden. In Anbetracht der Tatsache, daß diese Arbeit lediglich die in der Schule beim Auftreten einer HIV-Infektion notwendigen und zulässigen Maßnahmen darstellen soll, unterbleibt eine ausführliche Auseinandersetzung mit dieser Problematik.

A. Ansteckung in der Schule

Wie bereits oben dargestellt,[777] ist eine Übertragung der HIV-Infektion in der Schule bei Unfällen im Werk- und Sportunterricht oder bei Raufereien nicht auszuschließen. Fraglich ist, ob der so Infizierte von der Schule seine materiellen und immateriellen Schäden ersetzt verlangen kann. Dabei ist zu unterscheiden, ob die Ansteckung auf mangelnder Aufsicht bzw. Nichteinhaltung der vorgeschriebenen Hygieneregeln - also auf einer Pflichtverletzung (I) - beruht oder trotz Einhaltung aller notwendigen Vorsichts- und Aufsichtsmaßnahmen - also ohne vorhergehende Pflichtverletzung (II) - eingetreten ist.

I. Verletzung von Aufsichtspflichten - Nichteinhaltung der vorgeschriebenen Hygieneregeln

Zu überlegen ist, ob die Schule im Falle einer Pflichtverletzung haftet.

1) Ansprüche nach § 839 I BGB iVm. Art. 34 GG

Haftungsgrundlage könnte § 839 I BGB iVm. Art. 34 GG sein. Art. 34 GG stellt keine eigene Anspruchsgrundlage dar, sondern ordnet die Überleitung der

---

[777] siehe oben S. 19 f.

Haftung für unerlaubte Handlungen eines Amtsträgers auf den Staat an (sog. mittelbare Staatshaftung).[778] Ein Anspruch nach § 839 I BGB besteht, wenn jemand in Ausübung eines öffentlichen Amtes infolge der Verletzung einer Amtspflicht, die ihm gegenüber einem Dritten obliegt, einen Schaden verursacht. Der Amtsträger muß schuldhaft handeln.

Zu überlegen ist, ob im Falle einer HIV-Übertragung in der Schule eine derartige Amtspflichtverletzung vorliegen kann. Die Pflichtverletzung muß sich in Ausübung eines öffentlichen Amtes ereignen. Unerheblich ist, ob es sich dabei um ein Tun oder pflichtwidriges Unterlassen handelt.[779] Dies bedeutet, daß auch das Unterlassen notwendiger Aufsichtsmaßnahmen bzw. vorgeschriebener Hygieneregeln grundsätzlich eine Pflichtverletzung im Sinne des § 839 BGB darstellt. Zu prüfen ist, ob diese Unterlassungen dem öffentlichen Recht zuzuordnen sind. Aufsichtspflicht und Hygieneregeln sind Ausfluß der Fürsorgepflicht der Schule. Diese wiederum ergibt sich unmittelbar aus Art. 7 I GG[780] und ist damit öffentlich-rechtlicher Natur. Soweit die Lehrer - und damit die Schule - ihrer Fürsorgepflicht nachkommen, handeln sie demzufolge in Ausübung eines öffentlichen Amtes. Dementsprechend ist auch das pflichtwidrige Unterlassen dieser Handlungen öffentlich-rechtlich.

Weiterhin muß es sich um eine drittgerichtete Amtspflicht handeln, d. h. die gegenüber dem Dienstherrn bestehende Dienstpflicht muß gleichzeitig auch die Interessen eines Dritten schützen.[781] Die Schule muß aufgrund der Fürsorgepflicht die ihre anvertrauten Schüler vor Krankheiten, Unfällen oder anderen Gesundheitsgefahren bewahren. Die Fürsorgepflicht dient damit dem Interesse der Schüler und ist folglich drittgerichtet.

Der Amtsverpflichtete muß schuldhaft handeln. Fahrlässigkeit reicht aus. Ein Verschulden dürfte bei Verletzungen der Fürsorgepflicht regelmäßig zu bejahen sein.

---

778 Ossenbühl 2. Teil II; Rüfner in Erichsen AllgVerwR § 48 Rn. 7.

779 BGHZ 69, 128, 136 ff.; Ossenbühl 2. Teil III 4; Rüfner in Erichsen AllgVerwR § 48 Rn. 7.

780 siehe oben S. 64 f.

781 BGHZ 121, 65, 67; Ossenbühl 2. Teil III 3; Rüfner in Erichsen AllgVerwR § 48 Rn. 16.

Gedeckt sind alle Schäden, die adäquat auf die Amtspflichtverletzung zurückzuführen sind.[782] Dies dürfte bei Ansteckungen, die sich infolge von Raufereien und Unfällen ereignen, regelmäßig der Fall sein. Nach der Lehre vom rechtmäßigen Alternativverhalten ist außerdem zu beachten, ob der Schaden (hier: die Ansteckung) auch dann entstanden wäre, wenn der Schädiger keine Pflichten verletzt hätte. In diesem Fall entfällt die Pflichtwidrigkeit der Rechtsgutverletzung und damit ein Schadensersatzanspruch.[783] Ein Amtshaftungsanspruch besteht daher grundsätzlich nur, wenn die Schule den Austausch von Körperflüssigkeiten und damit die Ansteckung bei Beachtung der notwendigen Aufsicht bzw. Hygiene hätte vermeiden können.

Die Haftung kann im Einzelfall nach § 839 I 2 BGB ausgeschlossen sein. Soweit dem Amtsträger nur Fahrlässigkeit zur Last fällt, scheidet ein Anspruch aus, wenn dem Geschädigten ein anderweitiger Ersatzanspruch gegen einen Dritten zusteht. Diese Vorschrift bezweckte ursprünglich, die Handlungsfreiheit der Beamten durch drohende Haftungsansprüche Dritter nicht übermäßig zu beschränken.[784] Durch die Einführung des Art. 34 GG, der die Freistellung des Beamten sichert, ist diese Vorschrift jedoch überholt.[785] Der BGH sieht aber die Notwendigkeit ihres Fortbestehens in der Entlastung der öffentlichen Kassen.[786] Allerdings ist im Gegensatz zur Vergangenheit nunmehr auch nach Ansicht des BGH eine restriktive Auslegung des Begriffes „anderweitige Ersatzmöglichkeit" angezeigt.[787] Entscheidend ist demnach, welche Zweckbestimmung diesen Ansprüchen innewohnt und mit welchem Ziel sie von der Rechtsordnung gewährt werden. Haben diese Ansprüche die Aufgabe, endgültig auch Schäden abzufangen, die ihren Grund in der unerlaubten Handlung eines Dritten haben, so kann auf sie verwiesen werden.[788] Im Falle einer HIV-Übertragung in der Schule könnte der Geschädigte Ansprüche gegen den Schädiger selbst, d. h. das infizierte Kind bzw. dessen Eltern, seine Krankenversicherung oder die gesetzliche Unfallversicherung haben. Zu überlegen ist, ob derartige Ansprüche die

---

782 BGH in NJW 1988, 1262, 1263; Ossenbühl 2. Teil III 4; Rüfner in Erichsen AllgVerwR § 48 Rn. 23.

783 BGHZ 96, 157, 172 ff.; Ossenbühl 2. Teil III 4; Rüfner in Erichsen AllgVerwR § 48 Rn. 23.

784 Ossenbühl 2. Teil IV 1 a; Rüfner in Erichsen AllgVerwR § 48 Rn. 27.

785 Ossenbühl 2. Teil IV 1 a; Papier in HStR VI § 157 Rn. 47; Rüfner in Erichsen AllgVerwR § 48 Rn. 27.

786 BGHZ 13, 88, 104.

787 BGHZ 91, 48, 54; BGH in NJW 1993, 1647.

788 BGHZ 91, 48, 54.

Haftung des Amtsträgers nach § 839 I 2 BGB entfallen lassen. Ansprüche gegen den direkten Schädiger, d. h. das infizierte Kind oder dessen Eltern, schließen eine Haftung des Staates aus. Soweit der infizierte Schüler um die Ansteckungsgefahr weiß und die Konsequenzen seines Handelns überblicken kann (§ 829 BGB), haftet er nach § 823 I BGB. Eine Verantwortlichkeit der Eltern könnte sich ergeben, wenn diese trotz entsprechender Verpflichtung[789] die Schule nicht über eine HIV-Infektion ihres Kindes unterrichtet haben. Die Haftung richtet sich dann nach § 823 I BGB bzw. § 832 BGB.[790] Ansprüche gegen die Krankenversicherung lassen die Haftung nach § 839 I BGB unberührt. Die Krankenversicherung des Geschädigten deckt alle Gesundheitsschäden des Versicherten ab und ist demzufolge gerade nicht auf unerlaubte Handlungen Dritter zugeschnitten. Darüber hinaus zeigen §§ 67 VVG, 116 SGB X, die einen Übergang der Ersatzansprüche auf den zahlenden Versicherungsträger anordnen, daß die Haftung der Versicherung gerade keine endgültige Regulierung darstellen soll.[791] Anders liegt der Fall bei der Schülerunfallversicherung. Für diese schließt § 104 SGB VII im Falle einer Unternehmerhaftung einen Forderungsübergang auf den Unfallversicherungsträger gerade aus. Daraus folgt, daß eine endgültige Regelung über die Unfallversicherung erfolgen soll.[792] Damit entfällt der Anspruch nach § 839 I BGB zumindest für solche Schäden, die die Unfallversicherung deckt. Hingegen lebt § 839 I BGB für Schmerzensgeldansprüche, die nach der Unfallversicherung nicht gezahlt werden (siehe unten III), wieder auf.[793]

Soweit nach diesen Ausführungen eine Amtshaftung zu bejahen ist, hat der Geschädigte Anspruch auf Ersatz seines materiellen Schadens; außerdem steht ihm gemäß § 847 BGB ein angemessenes Schmerzensgeld zu.

2) Aufopferung

Weiterhin könnte ein Anspruch aus Aufopferung bestehen. Der Aufopferungsanspruch dient der Konfliktlösung zwischen Gemeinwohl und Individualrecht und wurde erstmals 1794 in §§ 74, 75 Einl.ALR normiert. Eine Haftung aus Aufopferung besteht, wenn jemand durch eine hoheitliche Maßnahme, die dem

---

789 siehe oben S. 46 ff.

790 siehe oben S. 46 ff.

791 BGHZ 79, 26; Ossenbühl 2. Teil IV 1 b ee; Rüfner in Erichsen AllgVerwR § 48 Rn. 28.

792 BGH in NJW 1982, 37, 38.

793 Ossenbühl 2. Teil III1) b) bb) Fn. 44.

Wohle der Allgemeinheit zu dienen bestimmt ist, in seinen nichtvermögenswerten Rechtsgütern verletzt wird und dadurch ein Sonderopfer erbringt. Verschulden oder Rechtswidrigkeit sind nicht erforderlich. Voraussetzung ist jedoch eine Handlung des Staates, bloßes Untätigsein reicht nicht aus.[794] Daraus folgt, daß allein die Nichtbeachtung notwendiger Aufsichts- und Hygienemaßnahmen keinen Aufopferungsanspruch begründen kann. Möglicherweise läßt sich die Haftung aber aus der allgemeinen Schulpflicht ableiten, durch die der einzelne verpflichtet wird, eine Schule zu besuchen.[795] Derartige allgemeine Zwänge sind dann zur Begründung einer Aufopferungslage geeignet, wenn der eingetretene Schaden nicht typischerweise mit dieser Zwangsmaßnahme einhergeht. Es handelt sich dann nicht um ein Sonderopfer, sondern um Beeinträchtigungen die jedem aufgrund dieser Maßnahme auferlegt werden. Weiterhin darf sich mit dem eingetretenen Schaden nicht lediglich das allgemeine Lebensrisiko verwirklichen, die Verbindung zur Zwangsmaßnahme also nicht nur zufällig sein.[796] Raufereien unter Schülern sind nicht schulspezifisch. Es ist sogar davon auszugehen, daß Kinder außerhalb des Unterrichts in ihrer Freizeit beim Spielen viel eher kämpferisch aufeinandertreffen als in der Schule, in der sie regelmäßig unter Aufsicht stehen und die überwiegende Zeit im Unterricht verbringen. Soweit es im Rahmen einer Rauferei in der Schule zu Verletzungen kommt, durch die eine HIV-Infektion übertragen wird, realisiert sich dementsprechend ein Risiko, dem die Kinder nicht nur in der Schule, sondern überall ausgesetzt sind. Ein Anspruch aus Aufopferung scheidet daher aus. Anders liegt der Fall hingegen bei Unfällen im Werk- oder Sportunterricht. Hier realisiert sich der schulische Zwang, durch den die Kinder zur Teilnahme an gefahrgeneigten Tätigkeiten gezwungen werden.[797] Dabei stellt die Ansteckung mit einer unheilbaren, zum Tod führenden Krankheit ein Sonderopfer dar, da es sich nicht um eine typischerweise mit den Gefahren des Unterrichts verbundene Schädigung handelt, sondern weit darüber hinaus geht.

Der Aufopferungsanspruch sieht eine angemessene Entschädigung in Geld vor.[798] Ein Schmerzensgeldanspruch ist nach herrschender Meinung abzulehnen. Zur Begründung wird insbesondere auf § 253 BGB verwiesen, nach dem grundsätzlich nur der materielle Schaden ersetzt werden kann. Außerdem beinhaltet

---

794 Rüfner in Erichsen AllgVerwR § 49 Rn. 60.

795 BGHZ 46, 327; Ossenbühl 3. Teil II 5.

796 BGHZ 17, 172, 175; BGHZ 46, 327; Ossenbühl 3. Teil II 5; Rüfner in Erichsen AllgVerwR § 49 Rn. 87.

797 BGHZ 46, 327.

798 BGHZ 40, 49; Ossenbühl 3. Teil IV 1.

der Schmerzensgeldanspruch eine Genugtuungsfunktion, die nur bei rechtswidrigen, schuldhaften Handlungen gerechtfertigt ist.[799] Der Aufopferungsanspruch besteht aber auch bei rechtmäßigen, schuldlosen Eingriffen des Staates.

II. Ansteckung ohne vorausgegangene Pflichtverletzung

Soweit einer Ansteckung keine Pflichtverletzung vorausgeht, scheidet ein Amtshaftungsanspruch mangels Verletzung einer Amtspflicht aus. Ein Aufopferungsanspruch besteht aus den bereits oben dargestellten Gründen nur bei Ansteckungen, die nicht auf Raufereien zurückzuführen sind.

III. Ansprüche aus der Schülerunfallversicherung

Zu überlegen ist, ob Schäden, die bei einer HIV-Infizierung in der Schule entstehen, von der Schülerunfallversicherung gedeckt sind. Nach § 2 I Nr. 8 SGB VII sind Schüler in der Schule und auf dem Schulweg in der gesetzlichen Unfallversicherung versichert. Versicherungsfälle sind nach § 7 I SGB VII der Arbeitsunfall und die Berufskrankheit. Ein Arbeitsunfall ist nach § 8 SGB VII ein zeitlich begrenztes, von außen auf den Körper einwirkendes Ereignis, das zu einem Gesundheitsschaden oder zum Tode führt. Einer Ansteckung mit HIV in der Schule geht regelmäßig ein Unfall im Werk-, Sportunterricht oder in der Pause voraus. Es stellt sich die Frage, ob Schäden, die in der Schule aufgrund von Raufereien entstanden sind, noch Unfälle darstellen. Raufereien sind üblicherweise auf ein willensgesteuertes Verhalten zurückzuführen und könnten daher möglicherweise nicht mehr den Tatbestand eines Unfalls erfüllen. Dabei ist aber zu beachten, daß sich vor allem kleine Kinder über die möglichen Folgen ihres Handelns nicht bewußt sind. Der Unfallbegriff muß daher den Charakter und das besondere Schutzbedürfnis des kindlichen Spieltriebs berücksichtigen. Dementsprechend sind auch Folgen kindlicher Raufereien grundsätzlich mitversichert.[800] Versichert sind alle Schäden, die kausal auf den Unfall zurückzuführen sind. Im Sozialversicherungsrecht gilt die „Theorie der wesentlichen Ursache“. Danach sind alle Schäden zu ersetzen, für die der Unfall eine

799 BGHZ 45, 46, 77; Rüfner in Erichsen AllgVerwR § 49 Rn. 91; aA: Ossenbühl 3. Teil IV 2.

800 BGHZ 67, 279, 283; Krasney in Brackmann § 8 SGB VII Rn. 168.

wesentliche Bedingung darstellt.[801] Dies ist bei einer Ansteckung mit HIV infolge eines Schulunfalls unproblematisch der Fall, da dieser die offene Wunde verursacht und damit den Austausch der Körperflüssigkeiten überhaupt erst ermöglicht.

B. Rechtswidrige Information anderer Schüler oder Eltern

Soweit die Schule unerlaubterweise weitere Personen über die HIV-Infektion eine Kindes informiert, stellt sich die Frage, ob eine Ersatzpflicht besteht.

I. Anspruch nach § 839 BGB iVm. Art. 34 GG

Möglicherweise besteht eine Haftung nach § 839 I BGB iVm. Art. 34 GG. Die Information könnte von Lehrern, Schülern und Eltern weitergegeben werden, da diese - wie oben dargestellt[802] - im Schulbetrieb Kenntnis über die HIV-Infektion erlangen dürfen. Auch für diese Schüler und Eltern muß der Staat grundsätzlich einstehen, da § 839 I BGB ein weiter Beamtenbegriff zugrundeliegt, nach der jede Person, die in Ausübung eines öffentlichen Amtes handelt, haftet.[803] Dies gilt auch für Eltern und Schüler, die Ämter in schulischen Gremien ausüben, da diese Gremien schulische und damit öffentlich-rechtliche Aufgaben wahrnehmen. Problematisch ist hier, daß alle Beteiligten die Information möglicherweise nicht in ihrer öffentlich-rechtlichen Funktion, sondern privat weitergeben. Von § 839 I BGB sind aber nur solche Pflichtverletzungen erfaßt, die in Ausübung der Amtspflicht erfolgen. Es muß daher ein äußerer und innerer Zusammenhang zu der Amtspflicht bestehen.[804] Die private Weitergabe einer Information erfolgt jedoch gerade nicht in Ausübung einer Amtspflicht. In diesen Fällen scheidet daher eine Haftung nach § 839 I BGB aus. Anders ist es hingegen, wenn sich diese Personen in ihrer Funktion als Amtsträger zur Information anderer Personen berechtigt oder sogar verpflichtet fühlen. Dann handeln sie in Erfüllung einer vermeintlichen Dienstpflicht und damit in Ausübung

---

801 BSGE 1, 72, 76; BSGE 61, 127, 128; Krasney in Brackmann § 8 Rn. 310.

802 siehe oben S. 129 ff.

803 BGH in VersR 1958, 705 f.; BGH in NJW 1992, 1227; Ossenbühl 2. Teil III 1; Rüfner in Erichsen AllgVerwR § 48 Rn. 14.

804 BGHZ 69, 128, 132; Ossenbühl 2. Teil III 1 c; Papier in HStR VI § 157 Rn. 29; Rüfner in Erichsen AllgVerwR § 48 Fn. 5.

eines öffentlichen Amtes. Die Verschwiegenheitspflicht von Lehrern sowie Eltern und Schülern, die in schulischen Gremien tätig sind, dient unmittelbar dem Schutz des Persönlichkeitsrechts des Betroffenen und ist demnach drittgerichtet. Ist dem Amtsträger in diesen Fällen Verschulden vorzuwerfen, besteht daher grundsätzlich eine Haftung des Staates nach § 839 I BGB iVm. Art 34 GG.

Zu überlegen ist, welche Schäden zu ersetzen sind. In Frage kommt hier allenfalls die Verletzung der Persönlichkeit, da der Betroffene ein Recht an der Geheimhaltung seiner Krankheit hat. Derartige Verletzungen sind nur im Rahmen eines Schmerzensgeldes auszugleichen. Ob hier ein derart schwerer Eingriff in das Persönlichkeitsrecht vorliegt, daß dieser mit einem Schmerzensgeld zu vergüten ist,[805] hängt von den Umständen des Einzelfalls ab. Dabei dürfte insbesondere auch zu berücksichtigen sein, wie die Schule über die Krankheit informiert, insbesondere ob sie versucht, mögliche Diskriminierungen und Panikreaktionen zu vermeiden.

Möglicherweise wird ein Kind nach Bekanntwerden seiner Infektion derart drangsaliert, daß sich die Eltern entschließen, die Schule zu wechseln. Unter Umständen entstehen hierdurch Kosten durch Umzug o.ä.. Fraglich ist, ob diese ersetzbar sind. Dagegen spricht, daß nicht die Schule, sondern andere Schüler oder Eltern den Schaden verursachen. Das Hinzutreten eines Dritten beseitigt die Haftung aber nur in Ausnahmefällen.[806] Soweit die Reaktion des Dritten vorhersehbar war und damit eine adäquate Reaktion auf die Handlung des Amtsträgers darstellt, muß der Staat auch für die dadurch verursachten Schäden aufkommen.[807] Die Schule muß angesichts der verbreiteten Vorurteile in der Bevölkerung gegen HIV-infizierte Menschen mit unangemessenen Reaktionen rechnen. Entsprechend besteht auch eine Haftung des Staates für diese Schäden. Ein solcher Ersatzanspruch wird aber nur dann zu bejahen sein, wenn das Verbleiben am bisherigen Wohnort unzumutbar geworden ist. Zunächst ist daher zu versuchen, den Reaktionen der Gesunden durch Aufklärung entgegenzuwirken. Nur wenn diese Maßnahmen nicht helfen und das Kind auch nicht auf eine andere, in zumutbarer Entfernung liegende Schule wechseln kann, ist an einen Umzug der ganzen Familie zu denken.

---

805 vgl. die Rechtsprechung zu Schmerzensgeld bei Persönlichkeitsrechtsverletzungen in BVerfG in NJW 1973, 1221; BGHZ 26, 349; BGHZ 35, 363, 369; BGHZ 128, 1, 12.

806 MüKo/Grunsky vor § 249 BGB Rn. 52; Ossenbühl 2. Teil III 4; Palandt/Heinrichs vor § 249 BGB Rn. 77; Staudinger/Schiemann § 249 Rn. 59.

807 Ossenbühl 2. Teil III 4; Palandt/Heinrichs vor § 249 BGB Rn. 74.

Ein anderweitiger Ersatzanspruch ist nicht ersichtlich. Insbesondere können andere Schüler oder deren Eltern nicht zum Umgang mit dem infizierten Kind gezwungen werden.

II. Aufopferung

Die Schäden könnten auch unter dem Gesichtspunkt der Aufopferung zu ersetzen sein. Der Eingriff ist hier in der Information selbst zu sehen, die der Infizierte dulden muß. Auch dieser ist nur dann als hoheitliche Maßnahme zu qualifizieren, wenn die jeweiligen Personen in ihrer Funktion als Amtsträger und nicht privat handeln. Zu überlegen ist, ob auch Persönlichkeitsrechtsverletzungen nach Aufopferungs-gesichtspunkten zu ersetzen sind. Die Rechtsprechung hat Aufopferungsansprüche bislang nur für Gesundheits-, Lebens- und Freiheitsverletzungen gewährt. Hierbei handelt es sich aber offenbar nicht um eine abschließende Aufzählung, da der BGH diese Rechtsgüter nur als „insbesondere“ geschützt ansieht.[808] Dem Geschädigten ist eine angemessene Entschädigung in Geld zu zahlen. Ein Schmerzensgeldanspruch scheidet aus.

---

808 BGHZ 65, 196, 206; Ossenbühl 3. Teil II 2; Rüfner in Erichsen AllgVerwR § 49 Rn. 83.

5. Kapitel: Gesetzgebungsbedarf

I. Pflicht zur Information der Schule

Die datenschutzrechtlichen Regelungen der Schulgesetze weisen erhebliche Lücken auf. In einigen Ländern können selbst die im Schulalltag notwendigen Daten nur freiwillig erhoben werden. Sollten Eltern besonderen Wert auf ihr Recht auf informationelle Selbstbestimmung legen, könnte sich dies verheerend auf die schulische Arbeit auswirken. Darüber hinaus hat diese Arbeit gezeigt, daß die Einführung abschließender Datenkataloge zwar das Recht auf informationelle Selbstbestimmung verstärkt, aber beim Auftreten neuer, beim Erlaß der Datenkataloge nicht bedachter Situationen die Erfüllung schulischer Aufgaben in erheblichem Maße behindern kann. Es ist daher allen Ländern dringend zu empfehlen, eine Verpflichtung zur Angabe der notwendigen Daten in die Schulgesetze aufzunehmen. Darüber hinaus sollten die Datenkataloge so ausgestaltet sein, daß die Schule auch in Ausnahmesituationen angemessen reagieren kann.

Im Zusammenhang mit Aids stellt sich darüber hinaus das Problem, daß die Schule die Notwendigkeit einer Frage nach HIV aufgrund des schwierigen Verdachtstatbestandes nicht erkennen kann. In der Regel wird die Schule demnach nicht nach HIV fragen dürfen. Es stellt sich daher die Frage, ob hier nicht bessere Regelungen erforderlich wären. Dabei ist aber zu beachten, daß bislang nur sehr wenige HIV-positive Kinder die Schule besuchen. Die meisten von ihnen sind zudem nicht aggressiv. Eine besonderer Notwendigkeit, die Schule zu informieren, ergibt sich somit nicht. Soweit sich in Zukunft aufgrund steigender Infektionszahlen und Überlebensdauer die Zahl der infizierten Kinder deutlich erhöhen sollte, sind im übrigen auch geringere Anforderungen an das Vorliegen eines Gefahrenverdachts zu stellen. Die Schule wäre dann eher als heute zu einer entsprechenden Frage berechtigt. Weitergehende Regelungen sind daher nicht notwendig.

II. Vorschriften für die Weitergabe der Information an die Eltern oder Schüler in namentlicher oder anonymisierter Form

Aus den im vorgehenden angestellten Überlegungen wäre eine Information der Eltern oder Schüler unverhältnismäßig. Aus diesen Gründen darf auch eine entsprechende gesetzliche Regelung nicht verabschiedet werden. Der Schutz der anderen Schüler ist - soweit die Schule über die Infektion unterrichtet ist - ausreichend gesichert. Eine Information anderer wäre im übrigen auch kontraproduktiv. Solange die Eltern sich sicher sein können, daß die Schule die Information nicht weitergeben darf, werden sie auch viel eher zur freiwilligen Angabe und Offenheit bereit sein. Dies gilt um so mehr, als die Eltern nicht verpflichtet sind, die Schule von sich aus über die HIV-Infektion ihres Kindes zu informieren.

III. Im Falle einer HIV-Infektion zu treffende Maßnahmen

Ansteckungsrelevante Situationen sind nur denkbar, wenn sich ein Kind nicht adäquat verhält. Hier ist in allen Bundesländern notfalls sogar ein Schulausschluß zulässig, wobei dem betroffenen Kind allerdings Hausunterricht erteilt werden muß. Weitere Maßnahmen erscheinen angesichts der Gefahrenlage nicht notwendig.

6. Kapitel: Zusammenfassende Thesen

HIV und Aids zählen im Einzelfall auch in der Schule zu den ansteckungsrelevanten Krankheiten. Die Schule hat daher grundsätzlich ein Interesse daran, über das Auftreten dieser Infektion unterrichtet zu sein. In Einzelfällen muß sie auch konkrete Maßnahmen zum Schutz gesunder Schüler treffen. Daneben hat sie das Recht, im Rahmen des allgemeinen Sexualkundeunterrichts über Aids aufzuklären.

1. Als Hauptproblem stellt sich dabei zunächst die Frage, wie die Schule überhaupt von einer HIV-Infektion eines Schülers oder Lehrers Kenntnis erlangen kann, wenn der Infizierte oder dessen Eltern nicht zu einer freiwilligen Information bereit sind. Informationspflichten berühren die Grundrechtssphäre des Betroffenen, insbesondere sein aus Art. 2 I und 1 I GG abgeleitetes Recht auf informationelle Selbstbestimmung. Eine Offenbarungspflicht bedarf demnach nach der Wesentlichkeitstheorie des Bundesverfassungsgerichts einer ausdrücklichen gesetzlichen Grundlage. Dies gilt auch im Schul- und Beamtenverhältnis.

2. Die Eltern eines aggressiven, HIV-infizierten Kindes sind zivilrechtlich verpflichtet, die Schule von sich aus über eine bestehende HIV-Infektion zu informieren. Grundlage dieser Verpflichtung sind die zivilrechtlichen Verkehrspflichten, die jedoch keine öffentlich-rechtliche Verpflichtung begründen, da sie als richterliche Rechtsfortbildung des privaten Rechts nicht ohne weiteres auf das öffentliche Recht übertragbar sind. Insbesondere entsprechen sie weder dem Gesetzesvorbehalt noch dem Bestimmtheitsgrundsatz des öffentlichen Rechts.

   Eine Verkehrspflicht zur Information der Schule ergibt sich aber daraus, daß die Ansteckung mit einer Krankheit den Betroffenen in seiner Gesundheit verletzt und durch die rechtzeitige Information der Schule eine verstärkte Aufsicht gewährleistet und damit eine Ansteckung vermieden werden kann. Eine Pflicht zur Information besteht aber nur bei aggressiven, infizierten, nicht bei friedlichen oder aggressiven, gesunden Kindern.

   - Durch die Einhaltung der vorgeschriebenen Hygieneregeln ist eine Übertragung der Infektion zwischen friedlichen Kindern nahezu ausgeschlossen.

- Bei aggressiven, gesunden Kindern greifen diese entgegen der kindlichen Natur das infizierte Kind an. Dieses verhält sich entsprechend seiner Krankheit und ist im Rahmen der Fürsorge- und Aufsichtspflicht der Schule gegenüber den Übergriffen des gesunden Kindes zu schützen. Eine Informationsverpflichtung ist daher unverhältnismäßig.
- Lediglich dem aggressiven, infizierten Kind ist eine Offenbarung der Infektion in Anbetracht seines ansteckungsfördernden Verhaltens zuzumuten. In diesen Fällen ist die Schule, nicht aber andere Schüler oder Eltern zu unterrichten. Die Schule übernimmt kraft Gesetz die Aufsichtspflicht gegenüber den Kindern. Sie kann daher am ehesten die in der Schule auftretenden Gefahren einschätzen und entsprechende Maßnahmen einleiten.

Die eine Informationspflicht auslösenden Aggressionen liegen vor, wenn das Kind wiederholt in ansteckungsrelevanter Weise gehandelt hat (Bisse, Kratzer etc.) oder ein derart schwerwiegendes Fehlverhalten vorliegt, daß eine Beherrschbarkeit für die Zukunft auszuschließen ist.
Die als Verkehrspflicht ausgestaltete Offenbarungspflicht kann nicht vorbeugend eingeklagt werden, da keine konkrete Gefahr für eine bestimmte Person vorliegt. Die Verkehrspflichten begründen daher lediglich Schadensersatzansprüche für den Fall einer Ansteckung.
Die gleichen Erwägungen gelten für die zivilrechtliche Aufsichtshaftung der Eltern.

3. Ein Lehrer muß seine Infektion im laufenden Dienstverhältnis nicht offenbaren. Eine Informationsverpflichtung des Lehrers ergibt sich nicht aus der Treuepflicht des angestellten oder beamteten Lehrers gegenüber seinem Dienstherrn. Eine solche besteht nur, wenn der Dienstherr ein berechtigtes Interesse, insbesondere die Notwendigkeit der Information zur Erfüllung eigener Aufgaben wie zum Beispiel der Fürsorgepflicht gegenüber anderen Lehrern und Schülern geltend machen kann und dem Lehrer diese Information zumutbar ist. Von einem Lehrer gehen im allgemeinen Schulbetrieb praktisch keine Ansteckungsgefahren aus. In Anbetracht dieser allenfalls theoretischen Ansteckungsgefahr und der Tatsache, daß eine infizierte Person auf die Gemeinschaft angewiesen ist und vor Diskriminierungen geschützt werden muß, ist eine Informationspflicht unverhältnismäßig.

4. Eine bereits im Vorfeld durchsetzbare Informationsverpflichtung kann demnach nur aufgrund eines Fragerechts der Schule bestehen. Die

allgemeinen Datenschutzgesetze verpflichten den Einzelnen nicht zur Auskunft. Hierfür bedarf es ausdrücklicher, bereichsspezifischer Vorschriften.

a) Baden-Württemberg und Sachsen verfügen bislang nicht über spezielle Regelungen für den Schulbereich.

b) Berlin, Bremen, Niedersachsen und Sachsen-Anhalt haben eine Verpflichtung zur Auskunft nicht in die Schulgesetze aufgenommen.

c) Hessen, Nordrhein-Westfalen und das Saarland sehen zwar eine Verpflichtung zur Information vor; dies gilt jedoch nicht für Fragen nach HIV und Aids, da aufgrund ausdrücklicher Datenkataloge Gesundheitsdaten nur in Ausnahmefällen oder freiwillig erhoben werden dürfen.

d) Bayern, Brandenburg, Hamburg, Mecklenburg-Vorpommern, Rheinland-Pfalz, Schleswig-Holstein und Thüringen sehen eine Informationsverpflichtung vor, wenn die Schule die Daten zur Aufgabenerfüllung benötigt. Diese Vorschriften sind trotz ihrer Unbestimmtheit grundsätzlich geeignet, die Frage nach dem Gesundheitszustandes eines Kindes und nach HIV zu rechtfertigen.
   - Dies gilt nicht für friedliche Kinder, da bei diesen eine Ansteckung im allgemeinen Schulbetrieb bei Einhaltung der vorgeschriebenen Regelungen ohnehin ausgeschlossen ist. Die bloße Erinnerung an eine korrekte Aufgabenerfüllung ist für das Informationsbedürfnis nicht ausreichend.
   - Ein solches besteht daher allenfalls beim Aufeinandertreffen friedlicher und aggressiver Kinder. Da die Schule die Information zur Abwehr einer Gefahrenlage benötigt, muß ein Gefahrenverdacht vorliegen, da andernfalls beinahe jedes Kind nach HIV gefragt werden könnte. Friedliche Kinder darf die Schule nicht nach einer HIV-Infektion fragen. Bei diesen ist das Ansteckungsrisiko sehr gering, da nur eine Fallkonstellation, nämlich das Aufeinandertreffen dieses Kindes mit einem aggressiven Kind gefährlich werden könnte. Außerdem sind friedliche Kinder ohnehin vor aggressiven Kindern zu schützen. Aggressive Kinder dürfen hingegen nach einer HIV-Infektion gefragt werden, wenn zumindest Verdachtsmomente auf eine HIV-Infektion hindeuten. Ein solcher Verdacht ist im Schulbereich nicht nach dem Bundesseuchengesetz zu beurteilen, da dieses zum

Schutz der Volksgesundheit sehr weitgehend ist und Eingriffe schon unterhalb des Gefahrenverdachts zuläßt. Ein Gefahrenverdacht liegt aber in jedem Fall bei ersten Krankheitszeichen vor. Diese treten erst im letzten Krankheitsstadium auf. Außerdem reicht die Zugehörigkeit zu einer Risikogruppe aus, zu der Prostituierte, intravenös Drogenabhängige sowie Hämophile über fünf Jahre zählen. Darüber hinaus besteht eine Ansteckungsverdacht, wenn die Mutter des betreffenden Schülers HIV-positiv ist, nicht aber wenn auch bei ihr lediglich ein entsprechender Verdacht besteht. Äußerungen durch Dritte können nur im Einzelfall einen Verdacht begründen. Dabei muß die Schule das Verhältnis des Dritten zum Betroffenen sowie etwaige Motive etc. beachten. Spontanäußerungen eines Kindes darf die Schule erst mit über 14 Jahren als wahr ansehen. Bis zu diesem Zeitpunkt begründen entsprechende Äußerungen eines Kindes höchstens einen Gefahrenverdacht, der durch Rückfrage bei den Eltern abzusichern ist. Soweit eine Frage nach HIV und Aids zulässig ist, sind die Eltern über den Zweck der Datenerhebung sowie die beabsichtigten weiteren Verwendungen aufzuklären. Zuständig ist der Schulleiter.

5. Die Schule ist nicht berechtigt, andere Eltern oder Schüler über die HIV-Infektion eines Kindes zu unterrichten. Zwar muß die Schule aufgrund der grundrechtlichen Schutzpflichten die Schüler vor einer Ansteckung bewahren; auf welche Weise sie dieser Verpflichtung nachkommt, steht aber in ihrem Ermessen. In Anbetracht des weiten Handlungsspielraums darf sie jedoch nur aufgrund einer ausdrücklichen Ermächtigung in die Grundrechte Dritter eingreifen. Die Schutzverpflichtung allein legitimiert einen solchen Eingriff nicht.

a) Die Datenschutzgesetze können nicht als Ermächtigungsgrundlage herangezogen werden.
   - In Berlin, Brandenburg, Hessen, Mecklenburg-Vorpommern und Schleswig-Holstein bieten die Datenschutzgesetze keine derartige Ermächtigungsgrundlage, da die Datenverarbeitung in der Schule nur mit Einwilligung des Betroffenen erfolgen darf.
   - In Bremen darf eine Übermittlung nur im Eigeninteresse des betroffenen Schülers, nicht - wie hier - im Fremdinteresse anderer Kinder erfolgen.

- In Nordrhein-Westfalen dürfen Gesundheitsdaten nur dann verarbeitet werden, wenn sie für Unterrichtszwecke erforderlich sind. Dies ist bei HIV und Aids nicht der Fall.
- Im Saarland dürfen Gesundheitsdaten nur mit Zustimmung der Eltern verarbeitet werden, wobei sich diese auch auf die Übermittlung beziehen muß.
- In Bayern, Hamburg, Rheinland-Pfalz und Thüringen darf eine Übermittlung an Dritte erfolgen, wenn diese ein rechtliches Interesse an der Information geltend machen können. Ein solches kann nur außerhalb des Schulverhältnisses im Verhältnis Dritter und Betroffener begründet sein, ist hier aber nicht ersichtlich.
- Baden-Württemberg, Niedersachen, Sachsen-Anhalt und Sachsen normieren keine ausdrücklichen Tatbestandsvoraussetzungen für eine Datenübermittlung an Dritte. Angesichts der Schwere des Eingriffs reicht dies nach der Wesentlichkeitstheorie nicht aus.
- Zur Vorbereitung eines Zivilprozesses beispielsweise nach erfolgter Ansteckung dürfen in Berlin, Bayern, Hamburg, Rheinland-Pfalz und Thüringen die Personalien eines infizierten Kindes übermittelt werden.

b) § 34 StGB bietet keine Ermächtigungsgrundlage im öffentlichen Recht. Soweit Teilbereiche bereits abschließend geregelt sind, liegt ein Verstoß gegen den Gesetzesvorrang vor. Darüber hinaus erfüllt § 34 StGB in Anbetracht seiner Unbestimmtheit nicht die Kriterien der Wesentlichkeitstheorie. Weder Zuständigkeiten noch Eingriffsbefugnisse sind geregelt. Es besteht daher die Gefahr der Umgehung bestehender Zuständigkeits- und Verfahrensvorschriften.

c) Auch ein Lehrer kann sich nicht auf § 34 StGB berufen. Dies verlangt die Einheit der Rechtsordnung, da ansonsten verschiedenen Rechtmäßigkeiten auftreten würden. Nur in Ausnahmefällen, wenn der Lehrer privat handelt, darf er sich auf § 34 StGB berufen. Dies wird regelmäßig nur dann der Fall sein, wenn er zum Schutz der eigenen Person tätig wird.

6. Das Erziehungsrecht der Eltern nach Art. 6 II GG begründet einen Anspruch auf Information über Vorgänge, die das eigene Kind betreffen. Sie sind daher auch über eine Krankheit ihres Kindes zu informieren. Nur in Ausnahmefällen kann das Wohl des Kindes dieses Recht beseitigen.

Hingegen besteht kein Anspruch über die Belange anderer Kinder informiert zu werden, da Art. 6 II GG nur Eingriffe in die Rechte des eigenen Kindes zuläßt. Das Informationsrecht der Eltern endet mit Eintritt der Volljährigkeit des Kindes.

7. Zur Vorbereitung von weitergehenden Maßnahmen wie einem Schulausschluß darf die Schule die aufsichtsführenden Lehrer, die in den Konferenzen vertretenen Lehrer, Schüler und Eltern sowie die Schulaufsichtsbehörden informieren.

a) Die Information von Lehrern, Schülern und Eltern stellt in diesem Fall keine Datenübermittlung, sondern eine bloße Nutzung dar, da sie innerhalb der Schule als speichernder Stelle verbleibt.
- In Bremen, Berlin, Mecklenburg-Vorpommern, Thüringen und Schleswig-Holstein ist eine Nutzung nach den Datenschutzregelungen der Schulgesetze erlaubt, soweit dies - wie hier - zur Aufgabenerfüllung erforderlich ist.
- In Brandenburg, Hamburg und Niedersachsen, Rheinland-Pfalz und Sachsen-Anhalt ergibt sich die Zulässigkeit aus der Tatsache, daß eine Übermittlung an die höheren Schulbehörden erlaubt ist und daher ein Weniger - die Nutzung in der Schule - ebenfalls zulässig sein muß.
- In Baden-Württemberg, Bayern, Hessen, Nordrhein-Westfalen, dem Saarland und Sachsen berechtigen ausnahmsweise die allgemeinen Datenschutzgesetze zur Datennutzung in der Schule.
- Inwiefern eine Datennutzung ohne Einwilligung erfolgen darf, ergibt sich auch aus der Art und Weise, wie die Schule die Daten erhalten hat. Soweit sie diese - wie in einigen Ländern der Fall - nur auf freiwilliger Basis erlangen und verarbeiten darf, gilt dies auch für die Nutzung.
- Soweit Eltern und Schüler nach diesen Vorschriften zu informieren sind, ist zu beachten, daß diese als Amtsträger auftreten und daher eine unbefugte Information Dritter nach § 203 StGB strafbar wäre.

b) Die Schulbehörden dürfen, soweit die Information für deren Aufgabenerfüllung erforderlich ist, in Bayern, Berlin, Brandenburg, Bremen, Hamburg, Hessen, Mecklenburg-Vorpommern, Niedersachsen, Nordrhein-Westfalen, Rheinland-Pfalz, dem Saarland, Sachsen-Anhalt, Schleswig-Holstein und Thüringen aufgrund der schulgesetzlichen

Regelungen informiert werden. In Baden-Württemberg und Sachsen richtet sich die Übermittlung nach den allgemeinen Datenschutzgesetzen. Zu beachten ist aber, daß die Übermittlung in einigen Ländern nur mit Einverständnis der Eltern erfolgen darf.

8. Die Schule darf andere Eltern und Schüler auch nicht dann über das Vorhandensein eines HIV-infizierten Schülers oder Lehrers unterrichten, wenn sie dessen Namen nicht nennt. Auch diese Auskunft greift in das Recht des Infizierten auf informationelle Selbstbestimmung ein, da er aufgrund seines äußeren Verhaltens weiterhin bestimmbar bleibt.

9. Aids-Aufklärung erfolgt im Rahmen des Sexualkundeunterrichts in der Schule. Dieser ist aufgrund des Erziehungsauftrags zulässig. Die Schule muß dabei auf die Erziehungsvorstellungen der Eltern hinreichend Rücksicht nehmen, die Persönlichkeitsrechte insbesondere das natürliche Schamgefühl und den jeweiligen Reifegrad der Kinder sowie das Toleranzgebot achten. Aufklärungsunterricht muß sich an bestehenden Realitäten orientieren und darf daher in neutraler Art und Weise auch über Homosexualität und die Benutzung eines Kondoms aufklären.

   Die Schüler müssen am Aufklärungsunterricht teilnehmen. Eine Befreiungsanspruch besteht nicht. Die Eltern können auf den Sexualkundeunterricht auch keinen Einfluß durch Mehrheitsbeschluß nehmen, da dieser unter Abwägung aller widerstreitender Interessen als Ergebnis der praktischen Konkordanz zu erteilen ist. Klagen gegen die Art und Weise des Aufklärungsunterrichts sind grundsätzlich möglich, aber nur in wenigen Ausnahmefällen begründet.

10. Die Schule darf regelmäßig weder von einem Lehrer noch von Schülern einen Aids-Test verlangen. Wird ein Lehrer in Hinblick auf die Weigerung, einen entsprechenden Test durchzuführen, nicht eingestellt, kann er im Klagewege eine neue Entscheidung verlangen.

    a) Nach Art. 33 II GG richtet sich die Auswahl der Bewerber für den öffentlichen Dienst nach Eignung, Befähigung und Leistung. Hierzu zählt auch die gesundheitliche Eignung, die mit der gegenwärtigen und zu erwartenden zukünftigen Dienstfähigkeit gleichzusetzen ist. Zur Ermittlung der körperlichen Eignung darf in allen Bundesländern eine amtsärztliche Untersuchung durchgeführt werden. Zwar enthält nur das niedersächsische Beamtengesetz eine ausdrückliche Ermächtigung; in den anderen Ländern ergibt sich das Recht aber aus der Befugnis der Behörde, die für die Einstellung relevanten Daten zu erheben. Allerdings ist ein Aids-Test im Regelfall nicht verhältnismäßig. In Hinblick auf das fehlende Ansteckungsrisiko bei Lehrern darf die Behörde nur dann einen Aids-Test vornehmen, wenn Anhaltspunkte für das Vorliegen einer Infektion sprechen. An das Vorliegen dieser Verdachtsmomente sind unter Abwägung der fiskalischen und der Interessen des betroffenen Lehrers hohe Anforderungen zu stellen. Verdachtsmomente liegen daher nur beim Auftreten sichtbarer Krankheitszeichen vor.

b) Im Angestelltenverhältnis gilt ebenfalls Art. 33 II GG. In Anbetracht der grundsätzlichen Kündigungsmöglichkeit darf die Behörde im Rahmen einer Einstellungsuntersuchung nach § 7 I BAT nur die gegenwärtige Dienstfähigkeit feststellen. Diese entfällt erst nach dem Ausbruch von Aids. Ein Aids-Test ist daher nur möglich, wenn bereits Anzeichen eines Krankheitsausbruches erkennbar sind.

c) Schüler dürfen im Rahmen der Schulgesundheitspflege nicht auf HIV untersucht werden. Die schulgesetzlichen Regelungen lassen einen Eingriff in das Recht auf körperliche Unversehrtheit regelmäßig nicht zu. Hierfür bedarf es vielmehr eines Rückgriffs auf § 31 BSeuchenG. Aber auch dann muß die Untersuchung an einen schulischen Zweck gebunden bleiben. In Anbetracht der Tatsache, daß der Schularzt eine Aggression des Schülers nicht kennt, haben HIV und Aids grundsätzlich keine schulische Bedeutung.

d) Lehrer können nur im Wege des einstweiligen Rechtsschutzes gegen ihre Nichtberücksichtigung bei der Einstellung vorgehen. Eine Konkurrentenklage nach erfolgter Ernennung des Konkurrenten bzw. nach Abschluß des Arbeitsvertrages ist nicht mehr möglich. Sie müssen daher die Einstellung des Konkurrenten verhindern. Bei Beamten fehlt einer Klage auf erneute Entscheidung nach Ernennung des Konkurrenten das Rechtsschutzinteresse, da diese aus Gründen der Ämterstabilität nicht mehr rückgängig gemacht werden kann. Bei Angestellten ist der abgeschlossene Arbeitsvertrag wirksam. Damit ist in jedem Fall die ausgeschriebene Stelle besetzt. Der abgelehnte Bewerber kann aber im Wege der Fortsetzungsfeststellungsklage (Beamte) bzw. Feststellungsklage (Angestellte) die Rechtswidrigkeit feststellen lassen, da im Falle der erneuten Bewerbung wiederum die Gefahr einer Ablehnung wegen eines fehlenden Aids-Testes besteht. Darüber hinaus kann er die Einstellung des Konkurrenten im einstweiligen Rechtsschutz über eine Sicherheitsanordnung verhindern. Die Einstellungsbehörde muß aufgrund des Art. 19 IV GG alle Bewerber rechtzeitig über die beabsichtigte Auswahl unterrichten.

11. Schüler können im Falle unbeherrschbarer Aggressionen, durch die sich die Gefahr einer Ansteckung erhöht, vom Schulbesuch ausgeschlossen werden.

    a) Rechtsgrundlage ist nicht § 34 BSeuchenG, da der Schulausschluß durch das Gesundheitsamt abschließend bereits in § 45 BSeuchenG geregelt ist.

    b) In Rheinland-Pfalz und Nordrhein-Westfalen kann die Schule einen infizierten Schüler nach schulgesetzlichen Regeln beim Vorliegen einer ernsten Gesundheitsgefahr für andere Schüler ausschließen. Dies gilt nur, wenn das infizierte Kind, nicht aber, wenn das gesunde Kind aggressiv ist. Im letzteren Fall ist der infizierte Schüler nach der Theorie der unmittelbaren Verursachung nicht Störer, sondern lediglich Veranlasser der Gefahr.

    c) In allen anderen Ländern darf ein Schulausschluß aufgrund der disziplinarrechtlichen Regelungen erfolgen, die nicht nur der Erziehung, sondern auch dem Schutz anderer Personen dienen. Gleichzeitig muß die Schule die Erteilung von Hausunterricht anordnen.

    d) Darüber hinaus darf die Schule nach diesen Regeln einen aggressiven Schüler auch von einzelnen Schulveranstaltungen wie beispielsweise Klassenreisen ausschließen, wenn sich hierbei eine erhöhte Ansteckungsgefahr ergibt.

    e) Ein Schulausschluß nach den Grundsätzen der arbeitsrechtlichen Druckkündigung ist wegen der wesensverschiedenen Interessen der Schule und eines wirtschaftlich denkenden Unternehmens nicht zulässig.

12. Soweit die Schule einen Schulausschluß anordnet, hat der Schüler einen Anspruch auf Hausunterricht. Der Lehrer muß einer entsprechenden

Weisung seines Vorgesetzten Folge leisten. Diese stellt sich als Änderung des Geschäftsplans dar und ist grundsätzlich rechtmäßig, da eine Gefährdung des Lehrers so gut wie ausgeschlossen ist und sonstige Rechte des Lehrers nicht beeinträchtigt sind.

13. Die Schule darf einen HIV-infizierten Lehrer mangels Gefahren für die ihm anvertrauten Schüler nicht kündigen. Erst nach Ausbruch von Aids kann sie diesen Lehrer beim Auftreten häufiger Erkrankungen in den einstweiligen Ruhestand versetzen (Beamte) oder kündigen (Angestellte). Eine Kündigung nach den arbeitsrechtlichen Grundsätzen der Druckkündigung ist auch hier nicht zulässig.

14. Für eine Übertragung von HIV in der Schule haftet grundsätzlich die Schülerunfallversicherung. Schmerzensgeld wird aber nur dann gewährt, wenn gleichzeitig auch eine verschuldete Amtspflichtverletzung der Schule vorliegt. Haftungsansprüche gegen den Staat wegen der unbefugten Weitergabe der Information über eine HIV-Infektion bestehen nur dann, wenn die mit der Information befaßten Personen diese in ihrer Eigenschaft als Amtsträger, also nicht im privaten Bereich offenbaren.

15. Ein Gesetzgebungsbedarf im schulischen Bereich besteht nur in den Ländern, die noch immer keine bereichsspezifischen Regelungen für den Datenschutz in der Schule erlassen bzw. eine Informationsverpflichtung nicht ausdrücklich normiert haben. Darüber hinaus ist allen Ländern dringend zu empfehlen, keine abschließenden Datenkataloge festzulegen, um im Einzelfall flexibel bleiben zu können.

FSC
www.fsc.org
MIX
Papier | Fördert gute Waldnutzung
FSC® C083411

Kolibri 360 GmbH
Ferdinand-Jühlke-Straße 7
99095 Erfurt, Deutschland
produktsicherheit@kolibri360.de

Druck:
CPI Druckdienstleistungen GmbH
im Auftrag der
Kolibri 360 GmbH
Ferdinand-Jühlke-Str. 7
99095 Erfurt